国家社科基金一般项目"民族自治地方治理体系现代化研究"
（批准号：14ZZ031）最终成果

云南师范大学学术精品文库资助

国家治理视域下
民族自治地方治理体系现代化研究

周朗生　卢石英　著

中国社会科学出版社

图书在版编目（CIP）数据

国家治理视域下民族自治地方治理体系现代化研究／周朗生，卢石英著． —北京：中国社会科学出版社，2024.3

ISBN 978–7–5227–3290–9

Ⅰ.①国… Ⅱ.①周…②卢… Ⅲ.①民族区域自治—现代化管理— 研究—中国 Ⅳ.①D633.2

中国国家版本馆 CIP 数据核字（2024）第 055538 号

出 版 人	赵剑英
责任编辑	李凯凯　涂世斌
责任校对	李　莉
责任印制	王　超

出　　版	中国社会科学出版社
社　　址	北京鼓楼西大街甲 158 号
邮　　编	100720
网　　址	http://www.csspw.cn
发 行 部	010–84083685
门 市 部	010–84029450
经　　销	新华书店及其他书店
印　　刷	北京君升印刷有限公司
装　　订	廊坊市广阳区广增装订厂
版　　次	2024 年 3 月第 1 版
印　　次	2024 年 3 月第 1 次印刷
开　　本	710×1000　1/16
印　　张	14
插　　页	2
字　　数	209 千字
定　　价	75.00 元

凡购买中国社会科学出版社图书，如有质量问题请与本社营销中心联系调换
电话：010–84083683
版权所有　侵权必究

目　录

导　论 …………………………………………………………（1）

第一章　推进中国民族自治地方治理体系现代化的总体思考 ……（10）
　一　民族自治地方治理体系现代化建设：何以必要 ………（11）
　二　民族自治地方治理体系现代化建设：何以紧迫 ………（16）
　三　民族自治地方治理体系现代化建设：何以可能 ………（21）
　四　民族自治地方治理体系现代化建设：何以可行 ………（26）

第二章　中国民族自治地方治理体系现代化的目标任务 ………（40）
　一　构建稳定有序、民主法治的政治治理体系 ……………（42）
　二　构建生产发展、市场繁荣、供需平衡的现代化
　　　经济体系 ………………………………………………（46）
　三　构建和完善民族自治地方共建共治共享的社会
　　　治理制度体系 …………………………………………（49）
　四　构建推动民族自治地方社会主义文化繁荣的制度体系 ……（51）
　五　构建民族自治地方健全的生态文明制度体系 …………（54）

第三章　民族自治地方治理体系现代化的历史回溯 ……………（57）
　一　党对民族自治地方治理体系的早期探索阶段
　　　（1921—1949年）………………………………………（58）
　二　民族自治地方治理体系现代化建设基本形成阶段
　　　（1950—1957年）………………………………………（61）

三　民族自治地方治理体系现代化建设遭遇挫折阶段
（1958—1977 年） ………………………………………（67）
四　民族自治地方治理体系现代化建设的恢复重建阶段
（1978—2000 年） ………………………………………（69）
五　民族自治地方治理体系现代化建设的发展阶段
（2001—2012 年） ………………………………………（75）
六　民族自治地方治理体系现代化建设的全面推进阶段
（2013 年至今） …………………………………………（78）

第四章　民族区域自治地方治理体系的现状剖析 …………（84）
一　民族自治地方治理体系结构与功能的现状 …………（86）
二　民族自治地方现代治理制度体系的现状 ……………（92）
三　民族自治地方治理体系运行方法的现状 ……………（95）
四　民族自治地方政治过程的现状 ………………………（102）

第五章　民族自治地方治理体系现代化建设的成效与经验 ……（112）
一　民族自治地方治理体系现代化建设的成效 …………（113）
二　民族自治地方治理体系现代化建设的经验 …………（129）

第六章　民族自治地方治理体系现代化建设中存在的问题
分析 ……………………………………………………（139）
一　民族自治地方经济发展水平不高、内生动力
不强的问题 ……………………………………………（140）
二　民族自治地方治理体系中多元主体能力不足问题 ………（145）
三　民族自治地方治理体系中文化认同弱化的问题 …………（150）
四　民族自治地方治理体系中生态环境恶化的问题 …………（155）
五　民族自治地方治理体系中制度运行不畅的问题 …………（158）
六　民族自治地方社会治理体系中分化和碎片化的
问题 ……………………………………………………（161）

第七章　民族自治地方治理体系现代化建设的路径优化 …………（167）

　一　坚持党的领导，确保民族自治地方治理体系现代化
　　　建设的正确方向 ……………………………………………（168）

　二　加强"五个认同"教育，凝聚中华民族伟大复兴
　　　共识 …………………………………………………………（171）

　三　提升政府治理能力，打造互嵌与共生的多民族社区
　　　共同体 ………………………………………………………（183）

　四　培育治理主体的责权利，实现治理主体的多元化和
　　　互动化 ………………………………………………………（186）

　五　调适治理体系结构，推进治理结构的网络化和
　　　功能优化 ……………………………………………………（193）

　六　健全民族法律制度体系，实现民族事务治理的
　　　民主化法治化 ………………………………………………（196）

　七　创新和转化治理方式，推进治理手段的多样化
　　　文明化 ………………………………………………………（198）

参考文献 ……………………………………………………………（202）

导　论

　　党的百年奋斗成功道路是党领导人民独立自主探索开辟出来的，马克思主义的中国篇章是中国共产党人依靠自身力量实践出来的，贯穿其中的一个基本点就是中国的问题必须从中国基本国情出发，由中国人自己来解答。①

　　我国是一个区域发展、人口分布、资源禀赋不平衡的国家。改革开放以来，"党实施区域协调发展战略……推动西部大开发形成新格局，推动东北振兴取得新突破，推动中部地区高质量发展，鼓励东部地区加快推进现代化，支持革命老区、民族地区、边疆地区、贫困地区改善生产生活条件"②。2020年11月23日，我国贵州省宣布最后9个贫困县退出贫困县序列，至此，全国832个贫困县全部摘帽。这是见证中国治理历史的伟大时刻。2014年，全国832个贫困县名单公布，涉及22个省市区。其中，贫困县覆盖率最高的是西藏自治区，全区74个县都是贫困县。从2016年开始，我国贫困县逐年脱贫，退出数量在2019年达到峰值。连续7年来，我国每年减贫人口都在1000万人以上，贫困人口从2012年底的9899万减至2019年底的551万人，贫困发生率从10.2%降至0.6%。这是世界反贫困史上的奇迹，减贫的中国方案、中国智慧不仅为广大发展中国家和地区提供交流分

---

　　① 习近平：《高举中国特色社会主义伟大旗帜　为全面建设社会主义现代化国家而团结奋斗——在中国共产党第二十次全国代表大会上的报告》，人民出版社2022年版，第19页。

　　② 《中共中央关于党的百年奋斗重大成就和历史经验的决议》，人民出版社2021年版，第36页。

享经验，也为我国进入后扶贫时代进行了思想准备、方向指引和制度创新。为此，习近平总书记指出："全面建成社会主义现代化强国，一个民族也不能少。""把改善民生、凝聚人心作为民族地区经济社会发展的出发点和落脚点，推动民族地区融入新发展格局、实现高质量发展，不断提高公共服务保障能力和水平，促进发展成果公平惠及各族群众。"① 转换视角，管中窥豹，从民族自治地方的"中国之制"看"中国之治"，这既是十八大以来推进民族自治地方治理体系现代化建设的瞩目成就，也是"第十四个五年规划和二〇三五年远景目标"开启中国式现代化、铸牢中华民族共同体意识、续航中华民族伟大复兴的新起点和新坐标。中国共产党作为领导中华民族伟大复兴的最高政治力量，是边疆民族地区治理格局建构的核心主体，是当代中国边疆民族区域治理的关键性要素。百余年来，党擘画边疆民族区域治理蓝图、规制边疆民族区域治理导向、创制边疆民族区域治理战略、统摄边疆民族区域治理进程，为推动边疆民族地区经济发展、政治稳定、文化繁荣、社会和谐、生态良好奠定了坚实的基础。

正如马克思所说："问题是时代的格言，是表现时代自己内心状态的最实际的呼声。"② 21 世纪以降，在全球范围内出现了"言必称治理"的国际热潮。中国共产党第十八次全国代表大会提出了"推进国家治理现代化"的目标要求，随之接连出台国家治理新政策，调整经济治理结构，关注边疆民族发展，提高治国理政水平，主动应对市场疲软、政策失灵和世界变局，在"知己知彼"的基础上积极推进国家治理体系和治理能力现代化建设。就"知己"而言，在传统政治体系向现代化国家治理体系转型的同时，也出现了多头治理、短期行为、部门主义和地方主义等滞后性、落后性甚至离散化现象；就"知彼"而言，治理一经提出后就不胫而走，迅速成为了英文社会科学研究的核心内容。正是治理研究类别的多样性、内容的宽泛性和议题的包容

---

① 习近平：《铸牢中华民族共同体意识 推进新时代党的民族工作高质量发展》，《求是》2024 年第 3 期。

② 《马克思恩格斯全集》第 1 卷，人民出版社 2002 年版，第 203 页。

性，导致"治理"研究的"膨胀"，出现一定程度的滥用和误用，这是需要警惕的。① 因此，"中国之治"既要立足中国本土"治国必治边，治边先稳藏"的战略思想，又要借鉴吸取国际治理的经验教训，创新治理研究范式，推进民族自治地方治理体系现代化，铸牢中华民族共同体意识，才能全面推进国家治理体系现代化，确保包括我国社会主义政治文明在内的各项文明建设的顺利实现，确保中华民族伟大复兴中国梦的实现。

现代化是近代以来中国各族人民矢志不渝的奋斗目标。在新中国成立之前的百年里，现代化的目标和行动被帝国主义一次又一次地打断，新中国的成立开启了中国现代化建设的新路。早在20世纪60年代，执政不久的中国共产党第一次提出了现代化的具体目标——工业、农业、国防、科学技术"四个现代化"。经过半个世纪艰苦卓绝的奋斗，十八届三中全会正式提出了第五个现代化——推进国家治理现代化。相比较而言，"四个现代化"更侧重于物质层面的"硬实力"方面，"第五个现代化"更侧重于制度层面的"软实力"方面。可见，"第五个现代化"必将是一场深刻的制度变革和治理变革，它"既是国家制度的现代化和制度执行力的现代化，也是执政党执政方式和执政能力适应现代化发展的一次华丽转身"②。十八届三中全会之前关于"国家治理体系和治理能力现代化"的研究比较鲜见，之后研究开始见诸报刊并随之成为研究热点。在《人民日报》《学习时报》等重要报纸上，相继发表了周平、张贤明、陶希东等知名学者的理论文章，分别对国家治理体系和治理能力现代化的必要性、内涵特征、相互关系、衡量标准及基本内容等问题进行了宏观的梳理探究，为进一步研究提供了初步的指南和参考。实际上，直接相关的理论研究成果也较为显著，譬如以孙柏瑛、杨雪冬等为代表的对治理理论的研究；以周平、方盛举等为代表的对民族自治地方政府治理的研究等等。总之，

---

① 臧雷振：《国家治理：研究方法与理论建构》，社会科学文献出版社2016年版，第14页。

② 虞崇胜、唐皇凤：《第五个现代化：国家治理体系和治理能力现代化》，湖北人民出版社2015年版，第2页。

短短几年内"国家治理"就跃升为中国"治理"主题研究中的十大热门词汇之一，成为了政学两界关注度高的一个前沿性课题。

国家治理现代化为治国理政谋新篇。放宽研究的视界，近年来政治体系、现代化和治理问题的研究无不与治理体系现代化的研究产生关联。笔者粗略梳理，成果主要体现在以下方面：一是对政治体系基础理论的研究。杨龙对西方政治学中的系统方法进行了评价，高永久等阐述了民族政治体系的建构问题。二是对我国政治体系的历史演变、基本特征、运行机制等进行研究。周平阐述了少数民族政治体系的历史演变，蔡明干和于春洋分别阐述了少数民族政治体系的特征和基本类型，侯德泉从角色、结构与功能的视角对民族区域自治的政治体系进行了探讨。三是对我国政治体系存在的问题和完善途径的研究。何增科认为，我国政治体系运行存在结构不合理、功能不明确、信息传递渠道不健全、控制模式不成功等四大弊病，同时提出相应的措施。四是对中国国家治理体系进行了总体性探究。中央提出"推进国家治理体系和治理能力现代化"的命题后，国家治理体系方面的研究如雨后春笋。许耀桐"力图从治理的由来和发展、国家建构和治理的类型与转型、国家治理现代化的基本特点、中国特色国家治理体系的系统结构以及如何认识中国特色国家治理体系要素等多方面展开研究"[①]。燕继荣从阐释中国现代国家治理体系的内涵、构成、特征，以及国家治理能力的含义及其提高的方法与路径，最后提出国家治理的评估指标体系。[②] 巨建国认为，"现代国家治理体系建设，是一项基于宪法计量模型的中国所有组织转型升级的系统工程。"[③] 其实，研究成果远远不止这些。

国外有关治理、现代化等理论资源可参考。国外学者提出的一些现代化理论、政治体系理论和治理理论对于本研究具有重要的参考价值。如罗兹曼、布莱克等的"现代化理论"，帕森斯的"结构功能理论"，伊斯顿、阿尔蒙德和艾森斯塔的"政治体系理论"，格里·斯托

---

① 许耀桐：《中国国家治理体系现代化总论》，国家行政学院出版社2016年版，第9页。
② 燕继荣等：《中国现代国家治理体系的建构》，社会科学文献出版社2018年版，第1页。
③ 巨建国：《现代国家治理体系》，中共中央党校出版社2014年版。

克、詹姆斯·罗西瑙的"治理理论"等。还进一步出现了诠释国家发展转型的理论范式群——"比较优势与依附理论""发展型国家理论""稳固主权理论""国家资本主义""统制型经济理论""不稳定的多元化""韧性权威主义""折中混合理论"等。

综上所述,学术界在政治体系、现代化和治理的研究上提出了一些富有价值和启发意义的思想观点,为推进治理体系现代化研究提供了理论支持和思想资源。然而,对于我国这样一个统一的多民族国家,民族自治地方治理体系现代化问题需要高度关注,但尚无专门的研究成果,是政治学研究领域的一个薄弱环节。从根本上说,民族自治地方治理体系现代化与全国其他地区是一致的,都是以完善和发展中国特色社会主义制度为总目标。但在具体推进上,民族自治地方治理体系现代化有着特殊的历史和现实影响因素。这主要有:一是民族自治地方类型多样——(1)以一个少数民族聚居区为主建立的自治地方,如新疆维吾尔自治区等;(2)以两个少数民族聚居区联合建立的自治地方,如青海省海西蒙古族藏族自治州等;(3)以多个少数民族聚居区联合建立的自治地方,如广西龙胜各族自治县等;(4)在一个大的少数民族自治地方内,人口较少的少数民族聚居区建立自治地方,如广西壮族自治区恭城瑶族自治县等;(5)一个民族在多处有聚居区的,建立多个自治地方,如宁夏回族自治区、甘肃省临夏回族自治州、河北省大厂回族自治县等。二是民族自治地方民族关系复杂,主要是族际关系。三是民族自治地方地处边疆,各种民族政治文化相互交织、纷繁复杂。上述边疆因素、民族因素、宗教因素和国际因素等诸因素的交叠就需要我们对民族自治地方治理体系现代化问题进行深入的专项研究。同时,上述诸因素也是我们分析民族自治地方社会发展与稳定时不可回避并且必须高度重视的四个维度,新中国成立七十多年来是这样,改革开放四十多年来是这样,今后也仍将是这样。特别是在"两个大局"①的背景之下,推进民族自治地方治理体系现代化和铸牢

---

① 习近平总书记曾经讲过两个大局,一个是当今世界处于百年未有之大变局,一个是中华民族实现伟大复兴战略全局。

中华民族共同体意识的意义非同寻常。一是微观上，可以为降低我国民族自治地方治理体系的离散化、滞后性风险提供针对性的预防措施和具体策略。二是中观上，为推进民族自治地方治理体系现代化提供理论参考和对策思路，进而服务于边疆民族政策的制定、执行以及相关治理问题的解决。三是宏观上，能为全面认识民族自治地方治理体系现代化提供前瞻性的系统知识，有助于拓展和完善中国特色的民族区域自治制度，为推进我国民族自治地方治理体系现代化提供理论依据和实践经验，为中央和地方党委和政府的相关决策提供科学依据。

研究的逻辑思路清晰明了。本书围绕"为什么要构建这样的体系，构建什么样的体系以及如何构建"的逻辑展开。首先是确立问题意识，结合十八届三中全会以来的精神和以往的历史，论证民族自治地方治理体系现代化为什么是我国国家治理体系现代化中的重大问题，这是文本立论的现实依据和逻辑起点；其次是论证民族自治地方治理体系现代化的理论基础、目标指向和历史回顾，增强课题研究的理论关怀、方向指引和历史底蕴；再次是实地调查，全面深入地了解民族自治地方治理体系现代化的经验教训、主要难题和制约因素；最后是提出对策，从理论与实践相结合的角度，具体探讨我国民族自治地方治理体系现代化的基本内容和实施策略。

研究内容全面深入，所持观点和结论明确。全书除导论外一共分为七章：第一章是推进中国民族自治地方治理体系现代化的总体思考。主要是回答民族自治地方治理体系现代化建设四个"何以"的问题——何以必要、何以紧迫、何以可能和何以可行。即从全球和中国国家治理演进的规律出发，分析我国民族自治地方治理中出现的传统性、滞后性、疏离性和落后性的表现、根源和危害，阐明为什么要构建现代化的民族自治地方治理体系。同时指出，我国民族自治地方治理体系现代化是一个自觉的过程，应该有明确的理论支持，主要阐述"民族区域自治理论""民族—国家建构理论""现代化理论""政治体系理论"和"治理与善治理论"等；第二章是民族自治地方治理体系现代化的目标任务。主要提出了民族自治地方治理体系现代化建设的目标体系，即在民族自治地方逐步构建起稳定有序、民主法治的政治治理体系，生产发展、市场繁荣、供需平衡的现代化经济体系，共建共治共享的社会治理制度体系，社会主义文化繁荣发展的观念文化体系，健全的生态文明制度体系；第三章是民族自治地方治理体系现代化的历史回溯。主要是探讨和梳理了中国共产党成立以来对民族自治地方治理体系的早期探索阶段（1921—1949年）、现代构建基本形成阶段（1950—1957年）、建设遭遇挫折阶段（1958—1977年）、恢复重建阶段（1978—2000年）、发展阶段（2001—2012年）、全面推进阶段（2013年至今）；第四章是民族区域自治地方治理体系的现状剖析。主要选取民族自治地方治理体系的结构与功能、制度体系、运行方法、政治过程的现状四个方面展开分析探讨；第五章是民族自治地方治理体系现代化建设的成效与经验。主要运用实地调查获得的经验资料，总结民族自治地方构建现代治理体系的典型案例和经验教训；第六章是民族自治地方治理体系现代化建设中存在的问题或制约因素分析。主要探讨了民族自治地方经济发展水平不高、内生动力不强的问题，多元主体能力不足问题，中华文化认同弱化问题，生态环境恶化的问题，制度运行不畅问题，以及社会治理中的分散化和碎片化问题。第七章是民族自治地方治理体系现代化建设的路径选择。主要围绕坚持党的领导，加强"五个认同"教育，提升政府治理能力，培育治理主体的责权利，调适治理体系结构，健全民族法律制度体系，创新和转化治理方式等七个方面展开。总之，全书在基本观点上始终坚持认为：一是民族自治地方治理体系现代化是一项系统工程，既涵盖经济、政治、文化、社会、生态五大系统，又关涉党、政、企、社、民、媒六大方面，是国家治理体系现代化的重要组成部分，也是民族自治地方稳定与发展的政治保证，必须对其进行专项研究。二是推进民族自治地方治理体系现代化，必须明确其系统性、整体性、协同性的目标要求，才能处理好国家建设与民族自治地方发展之间的关系，防止民族自治地方治理的滞后性、落后性和离散化。三是推进民族自治地方治理体系现代化是国家治理体系现代化的深化和具体化，只有全面深入地认识和把握民族自治地方治理体系现代化的理论基础、实践经验、制约因素、基本内容和实施策略，才能确保中华民族伟大复兴的中国梦顺利实现。

　　研究方法合理运用。本书在研究中主要以马克思主义的辩证唯物主义和历史唯物主义为指导，采用了以下四种方法：一是文献研究法。收集和分析国内外有关民族自治地方治理体系现代化的研究文献和理论成果，收集政府部门公布的民族自治地方的有关统计数据和治理体系现代化的经验材料，增强研究结论的科学性、权威性和可靠性。二是历史分析法。就是要把民族自治地方治理体系现代化放在它所产生的特定的历史条件和背景下加以分析和研究，以此来更全面地把握其产生和发展的来龙去脉。正如列宁所说："考察每个问题都要看某种现象在历史上怎样产生、在发展中经过了哪些主要阶段，并根据它的这种发展去考察这一事物现在是怎样的。"① 三是调查研究法。调查研究是马克思主义政治学的重要研究方法。正如毛泽东同志所说："没有调查，没有发言权。"② "大略的调查和研究可以发现问题，提出问题，但是还不能解决问题。要解决问题，还须做系统的周密的调查工作和研究工作，这就是分析的过程。"③ "调查就像'十月怀胎'，解决问题就像'一朝分娩'。调查就是解决问题。"④ 所以，选择广西、云南等民族自治地方作为实地调查点，通过问卷调查、参与观察、焦点群体座谈会和深度访谈等方法，收集治理体系现代化的经验资料就非常重要。四是案例研究法。"案例研究可服务于五个目的：检验理论、创造理论、辨识前提条件、检验前提条件的重要性，以及解释具有内在重要价值的案例。"⑤ 分析和总结民族自治地方治理体系现代化的地方实践、典型案例和成功经验，探索民族自治地方治理体系现代化的内在规律。

　　全书呈现以下三个方面的创新之处：一是问题新。民族自治地方

---

① 《列宁专题文集　论辩证唯物主义和历史唯物主义》，人民出版社2009年版，第283页。
② 《毛泽东选集》第1卷，人民出版社1991年版，第109页。
③ 《毛泽东选集》第3卷，人民出版社1991年版，第839页。
④ 《毛泽东选集》第1卷，人民出版社1991年版，第110—111页。
⑤ ［美］斯蒂芬·范埃弗拉：《政治学研究方法指南》，陈琪译，北京大学出版社2006年版，第53页。

治理体系现代化是国内政治学研究的薄弱环节，本书首次对该问题进行系统研究，及时回应了我国推进国家治理体系和治理能力现代化理论和实践的迫切需要。二是观点新。提出中华民族共同体意识的铸牢是民族自治地方治理体系现代化的关键，各民族平等政治权利的实现是民族自治地方治理体系现代化的核心，国家利益、民族利益以及民族间利益的协调是民族自治地方治理体系现代化的根本，民族政策的调整是民族自治地方治理体系现代化的要件等观点。三是内容新。从六个方面研究民族自治地方治理体系现代化的问题，涵盖范围比较广泛，各个部分之间逻辑关系较为严密，拓展和丰富了该问题的研究内容。

当然，由于著者的理论水平和研究能力的限制，书稿中难免存在不足、缺点乃至谬误，敬请学界前辈、同人和广大读者批评斧正。

第一章

推进中国民族自治地方治理体系现代化的总体思考

各级党委要增强"四个意识"、坚定"四个自信"、做到"两个维护",不断提高政治判断力、政治领悟力、政治执行力,牢记"国之大者",认真履行主体责任,把党的领导贯穿民族工作全过程,形成党委统一领导、政府依法管理、统战部门牵头协调、民族工作部门履职尽责、各部门通力合作、全社会共同参与的新时代党的民族工作格局。①

众所周知,民族问题和民族地区的治理问题一直是历朝历代中央政府关注的重大问题。近代以降,列强入侵,边疆危机空前爆发,外患内忧致使我国传统的王朝国家秩序崩解,致使"国家蒙辱、人民蒙难、文明蒙尘,中华民族遭受了前所未有的劫难"②。中国共产党的成立,尤其是中华人民共和国的成立,为中国国家治理体系现代化开辟了新路。全国各族人民在中国共产党领导的领导下,坚持把马克思主义民族理论与中国民族实际相结合,创造性地走出一条具有中国特色解决民族问题的正确道路,开辟了中国民族自治地方治理体系现代化建设的新篇章,为中华民族伟大复兴奠定了坚实的政治基础。不过,

---

① 《习近平在中央民族工作会议上强调 以铸牢中华民族共同体意识为主线 推动新时代党的民族工作高质量发展》,《人民日报》2021年8月29日第1版。

② 习近平:《在庆祝中国共产党成立100周年大会上的讲话》,人民出版社2021年版,第2页。

随着改革开放以来中国社会快速而又深刻的变迁以及世界范围内民族主义思潮的涌动，民族自治地方出现以往传统社会不曾经历的诸多新型问题，包括民族观点上的纷争、民族关系融洽问题的凸显、民族事务治理体系的失调、各民族"认同政治"等，在一定程度上阻抑了我国民族自治地方治理体系现代化的进程。关于这样一些新型民族问题的来龙去脉，理论界和社会界都有不同声音。在推进国家治理体系和治理能力现代化的关键时期，党中央及时作了回应和澄清。我们也必须深入剖析民族自治地方治理的结构与功能体系、制度体系、方法体系、运行体系和治理能力出现的新型问题，分析影响民族自治地方治理体系现代化建设存在的问题与原因，坚持和完善民族区域自治制度，持续不断推进民族自治地方治理体系现代化建设。

本章是对全面推进中国民族自治地方治理体系现代化的总体思考。总体围绕全面推进民族自治地方治理体系现代化建设"何以必要、何以紧迫、何以可能、何以可行"的逻辑思路展开。首先是确立问题意识，结合十八届三中全会以来的精神和以往历史论证民族自治地方治理体系现代化为什么是我国国家治理体系现代化中的重大问题，这是本书立论的现实依据和逻辑起点；其次是论证民族自治地方治理体系现代化的历史演进，增强课题研究的历史厚度；再次是通过一定的实地调查，结合历史分析，探寻民族自治地方治理体系现代化的经验教训、存在问题及原因；最后是提出民族自治地方治理体系现代化的实施策略。还有需要说明的是，把有关"治理"的理论放在了本章的"何以可行"部分，是为了夯实本书的理论基础、学术底蕴和保持研究框架的合理性和科学性。

一 民族自治地方治理体系现代化建设：何以必要

民族自治地方治理体系现代化建设，是经济全球化进程与中国社会变迁提出的全新的理论命题和实践议题，是中国国家治理体系和治理能力现代化的深化和落实。中国自古具有"百国之和"的美称，从封邦建国到大一统的王朝国家再到新中国现代民族国家的成立,各民族在漫长历史发展的进程中,经过"你来我去、我来你去"的民族交往交流交融,最终形成"你中有我,我中有你"的多元一体而又渊源共生的民族格局。历代中原王朝处理周边少数民族关系时坚持"怀柔""羁縻""抚远"等政策。然而,民族与区域聚居与分散的不平衡,以及族际之间的内在张力并未消弭。面对这样一种境况,中国共产党在领导中国人民解决民族问题的过程中,以马克思主义民族理论为指导,结合中国民族分布的区域格局和大一统的历史传统,创制和完善民族区域自治制度,并以这一制度为依托对民族聚居区进行了民族识别、地域界定和具体政策的落实。一方面在制度及实践层面保障了民族自治区域的合法权益,与此同时,推动这些区域经济社会的全面发展也是这一制度的基本红利,由此奠定了民族区域治理的最为基本的制度架构。民族区域自治制度的创制和推进充分考量民族因素与区域因素、历史因素与现实因素、政治因素与经济因素、文化因素与社会因素等,是中国共产党的伟大创举,从根本上保障了各少数民族的合法权益,成功推动了民族自治地方经济社会全面发展。进入新时代,推进民族自治地方治理体系现代化是国家顶层制度设计中的一个核心议题和重要任务,是衡量我国民族区域治理绩效的一个基本指标,是事关中华民族伟大复兴和国家治理体系现代化的一个重大问题。概而论之,当前推进民族自治地方治理体系现代化建设的必要性如下。

(一)推进治理体系现代化是解决民族自治地方治理难题的客观要求

我国全面深化改革的总目标是"完善和发展中国特色社会主义制度、推进国家治理体系和治理能力现代化"①,这一总目标统摄和涵盖民族自治地方治理体系和治理能力现代化两个方面的建设。现代化是中国近代以来国家发展进程的一大轴心力量。治理体系和治理能力现代化涉及诸多方面的问题,从全国的工作大局到一个小的乡村地方都

---

① 《中共中央关于全面深化改革若干重大问题的决定》,人民出版社2013年版,第3页。

存在治理的特定主题和问题。在深化改革开放的发展过程中，民族自治地方治理体系现代化也必有自身特定的问题。其中，既有与全国各省、市、县普遍的共性问题，也有作为民族区域自治区、州、县（旗）特殊的个性问题。作为民族自治地方，如何在社会发展和时代变迁中解决好普遍性和特殊性的关系，抓住区域性治理体系现代化的时代主题，主动融入国家发展战略，这始终是贯彻在本书研究过程中一个基本指导理念。推进民族自治地方治理体系现代化，就是要改革那些与民族自治地方的经济、政治、文化、社会和生态文明发展不相适应的、落后过时的体制机制及治理难题，实现民族自治地方制度体系的优化。譬如，我国民族地区①与全国经济增长速度在2011—2017年都呈现总体的下降趋势，但民族地区的降速明显快于全国，其中，到2017年，民族八省区农村居民人均消费支出绝对水平比全国平均水平低17.9%。②民生改善、乡村振兴任务依然繁重，资源开发中的环境污染、人口迁徙、国家认同弱化、跨境犯罪、"三股势力"及其暴恐活动一段时期内仍处在活跃高发阶段，给民族自治地方的治理带来风险和挑战，严重威胁到了民族团结、社会稳定和国家安全。因此，不断优化治理的体制机制，使民族自治地方在经济、政治、文化、社会、生态和党建等各方面的体制机制更加科学合理，推动民族自治地方各项工作制度化、规范化、程序化，为民族自治地方更加科学有效的治理提供民主法治保障。通过制度体系的建设和优化，确保民族自治地方经济、政治、文化、社会、生态在内"五位一体"新格局全面协调、整体推进和永续发展。

---

① 我国"民族地区"通常指民族八省区，包括内蒙古自治区、广西壮族自治区、新疆维吾尔自治区、西藏自治区和宁夏回族自治区5个民族自治区，以及贵州省、云南省和青海省3个少数民族人口集中的省份。在一定意义上，民族地区和民族八省区可以通用，而民族自治地方是一个泛称，泛指所有民族自治区、州、县（旗），甚至乡的区域范围，在总体意义上使用，有时也与民族地区通用。

② 参阅国家民族事务委员会经济发展司、国家统计局国民经济综合统计司编《中国民族统计年鉴2018》，中国统计出版社2019年版。

（二）治理体系现代化是实现民族自治地方全面科学发展的重要保障

治理体系的核心是制度体系。新中国的成立，民族区域自治的成功实行，为民族自治地方治理体系的现代构建提供了制度保障。改革开放以来中国社会快速而又深刻的变迁，在民族自治地方发展过程中，社会日益分化、社会群体间关系日趋复杂，民族自治地方出现以往传统社会不曾经历的诸多新型问题，包括民族间利益分化、涉民族因素的负面舆情和案（事）件易发多发、民族观点上的纷争、各民族非均衡发展的凸显、治理碎片化等。同时在国家推动民族自治地方由传统社会向全面现代社会转型和开放的过程中，出现了"三州三区"民生改善效果欠佳，民族地区产业结构单一，新旧动能转化尚未完成，经济发展的内生动力不足，对互联网领域中"网络大 V"等重点人物的教育引导不足，生态保护压力加大等问题。因此，民族自治地方治理难度与以往任何历史时期相比显著增加。在推进国家治理现代化的进程中，以上诸方面问题的合理、有效、及时解决从根本上依赖于民族自治地方治理体系和治理能力现代化。可见，民族自治地方治理体系的丰富和完善是民族自治地方全面发展、协调发展、永续发展的重要保障。

（三）民族自治地方治理体系现代化是落实和丰富国家治理体系的关键环节

国家治理、治理体系等是我国社会政治经济发展进程中的一个重要的概念供给。习近平总书记指出："国家治理体系是在党领导下管理国家的制度体系，包括经济、政治、文化、社会、生态文明和党的建设等各领域体制机制、法律法规安排，也就是一整套紧密相连、相互协调的国家制度"[①]，是一个具有主体性多、层次性强、领域性宽、互动性强的制度集合体。简言之，"国家治理体系就是实现国家治理

---

① 《习近平谈治国理政》，外文出版社 2014 年版，第 91 页。

所必需的一套'国家生活'的制度体系和行为规范"[1]。从整个国家治理战略构成看，民族自治地方治理体系现代化是国家治理体系现代化整个中长期行动框架不可或缺的重要组成部分，二者是整体与部分、统一与自治、指导与被指导的关系。面对新冠疫情，党带领全国各族人民科学谋划、沉稳应对，成功阻断了新冠疫情的蔓延，有效保护了人民的生命财产。同时，民族自治地方治理战略对国家治理战略具有能动作用，没有民族自治地方治理战略和治理体系现代化的成功，很难说有国家治国战略和治理体系的成功。因此，推进民族自治地方治理体系现代化既是民族自治地方现代化的需要，更是国家治理体系现代化的落实和丰富，事关全面深化改革总目标的达成和实现。

（四）民族自治地方治理体系现代化可为全球治理中的民族问题提供中国方案

民族问题是一个在全世界范围内都比较敏感和复杂的问题，欧美民族问题出现极端化和民粹化趋势，处理不善导致严重后果——种族屠杀、民族分裂、国家解体——的情况已有先例。当然，在我国，党的民族政策和对民族地区的制度安排为促进民族自治地方治理体系现代化奠定了坚实基础。中国共产党领导并推进民族自治地方治理体系现代化建设的世界意义包含两方面的内容。一是实践上的溢出效应，党治理少数民族地区，处理民族问题的同时，其治理的角度、方式和解决程度也会影响到世界上其他国家的少数民族治理。具体而言，一国民族问题的解决会从正反两个方面对周边及其以外的世界产生影响。即当一国民族问题得到妥善处理或处理得比较彻底，这种良好效应具有放大功能，有利于邻国及其以外民族问题的良性发展，有助于邻国及其以外民族问题的有效解决。如我国在民族自治地方严厉打击"三股势力"、偷渡贩毒等国际犯罪，既保证了我国民族自治地方的稳定，也降低了邻国边疆民族区域动乱的风险。相反，当一国民族问题无法

---

[1] 《政治学概论》编写组：《政治学概论》，高等教出版社 2020 年第 2 版，第 259 页。

妥善解决甚至进一步扩大，超出国家控制范围，就会殃及邻国及其以外国家，给它们解决民族问题造成巨大压力。例如，一国边疆居民贫困、社会动荡，邻国边疆富裕、社会稳定，若边防管理松弛，一旦具备某个诱因，就会有大量边民外逃，涌向邻国，这无疑会给邻国边疆增加压力，也会导致邻国边疆秩序紊乱。二是理论上的引导功能。党在成立以来的不同历史阶段，把马克思主义理论与中国民族发展实际相结合形成了毛泽东民族理论与中国特色社会主义民族理论体系，既保证了民族问题解决中科学理论指导的普遍性，同时又确保了民族问题解决的方法论的特殊性，制定了具有中国特色的、与时俱进的民族政策体系。正是基于正确的民族理论指引，党领导治理民族自治地方取得了历史性成效，即民族自治地方政治稳定有序，经济持续发展，社会协同进步，文化繁荣昌盛，生态日益良好的"中国之治"。对外观之，世界上一部分国家的族群区域政治无序，经济衰退，社会动荡，族群分裂、战乱频仍，居民流离失所，特别是新冠肺炎疫情的爆发，更加剧了这种趋势。两相对比可知，党在推进民族自治地方治理体系现代化的过程中积累的一些经验可称为"民族区域自治的中国模式"，它应该是雷默所称之为"中国模式"的一部分，同样对世界其他多民族国家的民族治理提供借鉴，从而赋予现实的世界意义。

二 民族自治地方治理体系现代化建设：何以紧迫

2035年基本实现现代化到新中国成立100周年全面建成现代化强国，实现中华民族伟大复兴的中国梦，推进民族自治地方治理体系现代化的时间任务非常紧迫、意义价值非同寻常。要以时不我待、只争朝夕的决心和勇气，科学规划、精心组织打赢脱贫攻坚、疫情防控等一场场硬仗，离不开科学有效的贫困治理体系、疫情防控体系和国家治理体系。当然，面对边疆地区、民族地区、革命老区发展不平衡、不充分的矛盾，我们也不能一蹴而就、急于求成。毕竟，民族自治地方选择什么样的治理体系，是由这个国家及其民族自治地方的历史传承、文化传统、经济社会发展水平决定的,是由这个国家及其民族自治地方的人民决定的。换句话说,我们选择民族自治地方治理体系现代化的战略战术需要同时考虑三大问题:一是地域性,在国家统一领导下,作为一种内生性演化的地方治理体系,即民族自治地方治理体系现代化的路径选择要关注本国本地区独特的历史传承和文化传统。二是时代性,以经济社会发展水平为核心内涵的"时代性",当代中国的现实国情决定了对现代化发展阶段的认识和发展道路的选择,以及民族自治地方治理体系现代化各个阶段性目标的权衡与抉择。三是共享性,民族自治地方治理体系现代化的最终目的是增进民族自治地方人民福祉,让改革红利惠及民族自治地方全体人民,这是检验民族自治地方治理体系现代化水平的根本标尺。其中,以什么样的核心价值为引领和以什么样的基本制度为保障推进民族自治地方治理体系现代化并深刻反思这一历史进程,是全面思考和总体设计国家治理特别是民族自治地方治理体系现代化战略路径必须直面的首要问题。特别是改革开放以来,世情、国情、民情、党情都发生了一系列重大而深刻的变化,产生了诸多新型的民族事务和民族问题,及时处理和回应社会关切,加快推进民族自治地方治理体系现代化建设变得尤为紧迫。

(一)满足民族自治地方人民群众日益增长的美好生活需要

民族自治地方的民生改善一直是党的一项重要的民生工程。党的十八大以来,民生问题被提到了新高度,以习近平同志为核心的党中央坚持全面深化改革、坚持以人民为中心的发展理念、坚持总体国家安全观,顺应人民群众对美好生活的向往,把精准扶贫和全面决胜小康作为硬任务,把改革成果共享、增进人民福祉、促进人的全面发展作为检验一切工作的出发点和落脚点,从人民群众最为关心的现实利益问题出发,协调统筹做好各领域民生工作,不断提高各族人民生活水平。① 实际上改革开放以来,随着"以经济建设为中心"方针的确

---

① 《习近平谈治国理政》,外文出版社2014年版,第4页。

立，整个社会活力被激发，经过四十年突飞猛进的发展，中国经济总量稳居世界第二，社会的主要矛盾发生了历史性的变化。但在国内，民族自治地方的经济总量及社会发展程度方面与非民族自治地方相比，差距还较大（如表1-1）。面对全国832个贫困县全部摘帽的减贫成绩，各民族自治地方的党和政府更是重任在肩。如广西指出："我区经济总量偏小，产业结构不优，工业化、城镇化、信息化进程滞后，城乡居民收入水平较低，民生保障和社会治理短板弱项不少，发展不平衡不充分仍是最突出的矛盾，后发展欠发达仍是最大的区情。"① 云南25个边境县（市）有23个少数民族自治县，共生活着21个少数民族。其中，壮族、傣族、哈尼族、苗族、拉祜族、瑶族、傈僳族、佤族、阿昌族、布朗族、景颇族、彝族、布依族、独龙族、怒族、德昂族等16个民族跨境而居。"云南欠发达的基本省情并没有根本改变，既有发展不平衡不充分问题，又有与现代化差距较大的问题，支撑云南省高质量发展的基础还不牢固……适应边疆民族地区特点的治理体系和治理能力现代化制度体系尚未健全。"②

表1-1　全国居民按东、中、西部及东北地区分组的可支配收入③　　单位：元

组别	2013	2014	2015	2016	2017	2018
东部地区	23658.4	25954.0	28223.3	30654.7	33414.0	36298.2
中部地区	15263.9	16867.7	18442.1	20006.2	21833.6	23798.3
西部地区	13919.0	15376.1	16868.1	18406.8	20130.3	21935.8
东北地区	17893.1	19604.4	21008.4	22351.5	23900.5	25543.2

为此，习近平总书记曾把民族自治地方现阶段治理的特征概括为

---

① 《中国共产党广西壮族自治区委员会关于制定国民经济和社会发展第十四个五年规划和二〇三五年远景目标的建议》，《广西日报》2020年12月14日第1版。

② 《中共云南省委关于制定云南省国民经济和社会发展第十四个五年规划和二〇三五年远景目标的建议》，《云南日报》2020年12月18日第1版。

③ 国家统计局编：《中国统计年鉴2019》，http：//www.stats.gov.cn/tjsj/ndsj/2019/indexch.htm，2020年12月15日。

"五个并存"①，这"五个并存"反映出民族自治地方经济基础薄弱、治理能力不强、体制机制不活的现实状况。因此，进入后扶贫时代，援与建并举，继续改善民族自治地方的生产生活条件，使民族自治地方群众更好地享受发展成果，过上美好生活，已成为加快推进民族自治地方治理体系现代化即时的紧迫课题——"摘帽不是终点，而是新生活、新奋斗的起点。"②"扶上马"，还要"送一程"。

（二）回应民族自治地方治理主体自身存在危机与挑战的需要

民族问题的内容很复杂，民族问题的产生是多种因素综合作用的结果，民族问题的治理也必然是多方面的综合治理和系统治理。在我国，民族问题治理主体应当包括中国共产党、人民代表大会、政治协商会议、国务院及各级政府、企业、社会组织、各民族群众、各类媒体等。改革开放以来，在实际的治理体系运行中，各类主体都发挥积极了作用，推动着民族自治地方不断发展。但快速变化的国际国内和地方形势对民族自治地方治理形成了新的危机和挑战，除了常说的民族关系问题、宗教问题、边疆问题、毒品与艾滋病问题、特殊群体问题以及本身自然条件和发展落后外，还存在一些阻滞民族自治地方治理现代化发展的难题。譬如，在中心工作上，经济建设的中心工作与其他各项工作的统筹，经济结构矛盾突出，民生保障存在短板，发展方式依然粗放等；在政治文明建设上，依然还存在政治安全与稳定、民主法治建设、各种府际关系协同等问题；在社会建设上，依然还存在治理弱项，教育、医疗、社会保障等公共服务均等化问题；在生态文明建设上，局部改善和总体恶化的态势有所遏制，但部分区域依然存在污染排放存量较大，资源环境约束趋紧等问题，生态环保任重道

---

① 一是改革开放和社会主义市场经济带来的机遇和挑战并存，二是民族地区经济加快发展势头和发展低水平并存，三是国家对民族地区支持力度持续加大和民族地区基本公共服务能力建设仍然薄弱并存，四是各民族交往交流交融趋势增强及涉及民族因素的矛盾纠纷上升并存，五是反对民族分裂、宗教极端、暴力恐怖斗争成效显著和局部地区暴力恐怖活动活跃多发并存。（国家民族事务委员会：《中央民族工作会议精神学习辅导读本》，民族出版社2015年版，第58页）

② 习近平：《在决战决胜脱贫攻坚座谈会上的讲话》，人民出版社2020年版，第12页。

远；此外，还有意识形态安全、网络安全、危机突发事件的联合应急反应、治理的碎片化等等。这些难题不断地考验着民族自治地方治理体系中各治理主体的统合能力。

（三）增强"五个认同"①，铸牢中华民族共同体意识的要求

新中国的成立、改革开放的实行和全面深化改革的推进，民族自治地方遭遇前所未有的变局。传统社会所不曾经历的诸多民族宗教问题，如民族认同与国家认同博弈问题、跨境民族问题、境外敌对势力宗教渗透问题、社会暴恐问题、民族博弈加剧问题、"三股势力"问题，各民族跨区域大流动中出现了一系列的社会排斥问题、民族污名化问题，以及栖居于城市的少数民族异域融入困境和他者认同危机等问题，还有社会（尤其民族自治地方）的利益分化导致的一系列的结构性紧张问题。② 这种结构性紧张又使得民族自治地方的族际之间矛盾冲突加剧，而当前社会转型期又尚未完全建构起化解这种结构性张力导致的矛盾冲突的有效解决机制，导致民族自治地方治理体系现代化建设出现一定程度的阻滞。加之中国的和平崛起引起一些国家的警惕，在国际交往中一些国家利用中国疆域辽阔、民族众多、区域不平衡的国情与中国展开地缘政治博弈之时，往往把目光聚焦在民族自治地方，以民族宗教问题为抓手，在中国民族宗教问题上频频发声和施压，导致一些民族自治地方部分民众甚至出现国家认同淡化、中华民族认同弱化、中华文化认同虚化、政治认同退化等问题。尤其是在我国边疆多民族聚居之地，一些少数民族甚至跨境而居，这种认同的淡化、弱化、虚化和退化问题，在一定程度上还有死灰复燃的趋势。

---

① 2010 年 5 月，中央新疆工作座谈会召开。会议明确提出中国民族工作的"四个认同"。会议指出："增强各族人民对伟大祖国的认同、对中华民族的认同、对中华文化的认同、对中国特色社会主义道路的认同。"2014 年 5 月，第二次中央新疆工作座谈会召开，再次强调了"四个认同"。2015 年 8 月，中央第六次西藏工作座谈会召开，民族工作的"四个认同"拓展为"五个认同"。会议强调，要"不断增进各族群众对伟大祖国、中华民族、中华文化、中国共产党、中国特色社会主义的认同"。

② 朱碧波、王砚蒙：《论我国边疆治理的体系转型和能力重构》，《湖南师范大学学报》2014 年第 6 期。

由于民族团结是中国多民族社会和谐的根基，各民族的政治认同是国家崛起的前提，再加上边疆多民族地区又是国家安全防御的战略屏障和军事回旋之地。如果中国民族事务治理不能从根源上扭转一些民众错误认同问题蔓延升级的趋势，那么，不仅仅将从深层次上影响民族地区、民族自治地方的和谐与安宁，而且还会持续地对国家长治久安、和平崛起和中华民族伟大复兴造成难以言喻的伤害。一言以蔽之，推进民族自治地方治理体系现代化的同时，要以"中华民族一家亲，同心共筑中国梦"为目标任务，坚决正确贯彻党的民族宗教政策，加强民族团结教育，增强民族凝聚力，增进"五个认同"，铸牢中华民族共同体意识。这是对我国民族关系长远发展的战略擘画和远景期许，更是当前推进民族自治地方治理体系现代化构建的价值指引和行动方案。

三 民族自治地方治理体系现代化建设：何以可能

一个国家的民族地区选择什么样的治理体系以及怎样选择，是由这个国家和民族地区的政治传统、历史传承、文化传统、经济社会发展水平等因素决定的，是由这个国家和地区的人民决定的，同时还深受国际环境的影响。我国今天的民族自治地方治理体系，是由中国共产党在我国民族地区历史传承、文化传统、经济社会发展的基础上长期准备，历经革命、建设和改革的检验构建的。当前民族自治地方出现的一些新型民族事务与民族问题，能否通过推进民族自治地方治理体系现代化建设来解决？改革完善还是推倒重来？答案显然是前者，这是非常明确的。当然，我国民族自治地方治理体系需要改进和完善，但怎么改、怎么完善，我们要有主张、有定力。因为我国民族自治地方治理体系现代化建构是一个涉及治理结构体系、治理功能体系、治理制度体系、治理方法体系、治理运行体系和治理能力体系等诸多方面的复杂综合体。民族自治地方治理体系现代化建设之所以可能，概而论之，有以下几个方面。

（一）有利于不断对民族自治地方治理的研究框架进行深化与拓展

国家治理体系和治理能力现代化的提出和实行，为民族自治地方治理体系现代化建设提供了理论指导和制度基础。我国是一个统一的多民族国家，采用单一制国家结构形式，这有利于不断从国家治理的整体视角来审视民族自治地方治理的广度和深度。一是民族理论的中国化、时代化指引着民族自治地方治理的方向。众所周知，我国民族自治地方治理体系现代化建设是一个自主自觉的过程：从传统的华夷之辨到现代的马克思主义民族理论，形成了具有中国特色的民族区域自治制度；从费孝通提出的中华民族多元一体格局到以习近平同志为核心的党中央提出铸牢中华民族共同体意识，形成了新时代的中国国家认同，夯实了中华民族伟大复兴的心理基础。马克思主义民族理论中国化、时代化为推进民族自治地方治理体系现代化建设提供科学指南，反过来，民族自治地方治理体系现代化建设又进一步深化了马克思主义民族理论。二是坚持问题导向，持续做好新时代民族工作。"坚持问题导向是马克思主义的鲜明特点。"①习近平总书记强调："民族工作涉及方方面面，方方面面都有民族工作。"②因此，推进民族自治地方治理体系现代化，就需要深入剖析民族自治地方治理体系中存在问题的表现、根源和危害，坚持典型引路法，对标中央部委、先进地区，选准各行业各领域民族工作先进典型，选树一批民族工作先进典型宣传推广，推动形成学典型、争一流、创佳绩的良好局面，以推动民族自治地方治理体系现代化建设目标任务的实现为抓手，最终实现中华民族伟大复兴和社会主义现代化强国建设。这正是习近平总书记所强调的"坚持问题导向……为解决问题提供新理念、新思路、新办法"③的真实写照。三是民族区域自治制度七十多年的生动实践为民族自治地方治理体系现代化的历时

---

① 习近平：《在哲学社会科学工作座谈会上的讲话》，《人民日报》2016年5月19日第2版。
② 习近平：《以铸牢中华民族共同体意识为主线　推动新时代党的民族工作高质量发展》，《人民日报》2021年8月29日第1版。
③ 习近平：《学习马克思主义基本理论是共产党人的必修课》，《求是》2019年第22期。

性考察和共时性研究提供了丰富资源。民族自治地方治理体系现代化是一项复杂的体系、过程和政策，需要坚持系统观念、放宽历史视野，才能深化与拓展民族工作。

（二）有利于不断推进民族自治地方社会治理体制的框架设计的定型

对于社会治理，特别是民族自治地方社会治理体制存在的弊端，中国共产党有着深刻的、清醒的认识，因而，党的十八大报告给出了答案，即"加快形成党委领导、政府负责、社会协同、公众参与、法治保障的社会管理体制"①。十九届四中全会在此基础上进一步完善：一是把"尽快形成"修订为"完善"；二是新增"民主协商"和"科技支撑"两条；三是把"社会管理体制"修订为"社会治理体系"②。对于民族自治地方如何"加快形成……社会管理体制"转化为"完善……社会治理体系"提供了统一而又明确的指导要求。党的二十大报告确定为"完善社会治理体系。健全共建共治共享的社会治理制度，提升社会治理效能"③。不过民族自治地方与非民族自治地方并不完全一样，如何在落实自治权上发挥出治理主体的积极性、主动性和创造性，形成和而不同、特色鲜明的和美社会（社会治理共同体），就需要充分了解各民族自治地方的党政情况、社会结构、人口状况、公众参与、民族宗教、法治力量、公共服务、社会组织等，这是推进和完善民族自治地方社会治理体系现代化的前提条件。这需要花大力气和长时间去做，因为探索和创新社会治理模式，是一项非常复杂、刻不容缓的系统工程，同时也是一个长期的过程，特别是针对民族自

---

① 胡锦涛：《坚定不移沿着中国特色社会主义道路前进　为全面建成小康社会而奋斗——在中国共产党第十八次全国代表大会上的报告》，人民出版社2012年版，第34页。

② 党的十九届四中全会《决定》指出：社会治理是国家治理的重要方面。必须加强和创新社会治理，完善党委领导、政府负责、民主协商、社会协同、公众参与、法治保障、科技支撑的社会治理体系，建设人人有责、人人尽责、人人享有的社会治理共同体，确保人民安居乐业、社会安定有序，建设更高水平的平安中国。

③ 习近平：《高举中国特色社会主义伟大旗帜　为全面建设社会主义现代化国家而团结奋斗——在中国共产党第二十次全国代表大会上的报告》，人民出版社2022年版，第54页。

治地方。

（三）有利于不断关注治理主体的现代转型，促进各民族包容性发展

治理主体主要关涉党的各级组织、各级政府、社会组织和公民个体等，民族自治地方一定时期出现的各种治理难题和治理体系失谐问题，在很大程度上都与改革开放以来社会分化和族际分化导致的利益结构紧张直接相关，以及治理主体未能及时转型发展的问题，表现为党的领导力弱化、政府能力老化、社会协同力淡化。因此，当前民族自治地方治理体系现代化建设的基础就是要积极推进治理主体的现代化转型，解决各种稀缺性资源在各民族中的"分配正义"的问题，即如何推动各民族"包容性发展"的问题。在推动各民族"包容性发展"的过程中，要注意"区域主义"视角和"弱势关怀"取向，要尽量实现同一区域不同民族的公共服务均等化。十八大以来，党中央集中精力加快民族地区生产力的发展，着力在改善少数民族底层群体的民生问题上取得实效，"按可比价格计算，2011—2017年民族八省区地区生产总值年均增速达9.8%，比同期全国国内生产总值7.5%的年均增速高2.3个百分点。"[①] 在此基础上，中央继续精准施策，如期"完成脱贫攻坚、全面建成小康社会的历史任务"[②]，治理主体能力显著增强，各民族包容性发展成效更加显著。

（四）有利于不断落实完善民族区域自治制度，正确构建不同主体之间的关系

作为一项基本政治制度，民族区域自治制度构成了具有中国特色的社会主义制度的有机构成部分，是具有中国特色的民族事务治理的制度设计，它在发展民族地方经济、保障少数民族权益、推动

---

① 张丽君、吴本健、王飞等：《中国少数民族地区扶贫进展报告（2018）》，中国经济出版社2019年版，第2页。

② 习近平：《高举中国特色社会主义伟大旗帜　为全面建设社会主义现代化国家而团结奋斗——在中国共产党第二十次全国代表大会上的报告》，人民出版社2022年版，第4页。

民族团结、维护国家统一和社会稳定等方面起到极其重要的作用。民族自治地方治理体系现代化建设需要我们正确地理解民族区域自治制度的深刻内涵、衍生逻辑和价值意义，从而正确形塑民族自治地方党委、政府、市场、社会、公民的关系。健全和实践民族区域自治制度是一个系统工程，既要在整体上兼顾民族与区域相协调而不顾此失彼，又要把民族与区域、政治与经济、历史和现实等多因素结合好，要全面而又深刻地理解民族区域自治制度，并不是片面简单地强调"民族自治"或地方自治，而是坚持国家统一与民族自治相结合，民族自治与区域共治相结合，是在少数民族当家作主的基础上，各民族共同探讨民族聚居地方治理体系的善政与善治之道。

（五）有利于不断推进民族事务、民族问题治理法治化

民族事务、民族问题治理法治化是全面依法治国、依宪治国理念在民族事务、民族问题上的彰显，也是民族自治地方治理体系现代化建设的基本方略。民族事务、民族问题治理法治化要求在民族事务、民族问题治理过程中，将社会问题与民族问题、民族问题与法律问题脱敏，防止"社会问题民族化，民族问题政治化"。民族事务、民族问题治理法治化还强调各民族的民族—文化身份不能逾越法律—公民身份，任何人不管何种身份都没有超越法律的特权。民族事务、民族问题治理法治化还要求法律面前人人平等，"对极少数蓄意挑拨民族关系、破坏民族团结的犯罪分子，对搞民族分裂和暴恐活动的分子，不论出身什么民族、信仰哪种宗教，都要坚决依法打击"[①]。可见，民族地区事务治理、问题解决的法治化构成了民族自治地方治理体系以及国家治理体系现代化的前提和基础，没有前者的建构和完善，就没有后者的实践与应用。

---

① 参见丹珠昂奔《沿着中国特色解决民族问题的道路前进——中央民族工作会议精神学习体会》，《民族论坛》2014年第12期。

四 民族自治地方治理体系现代化建设：何以可行

中国特色社会主义民族理论政策体系之所以是推进民族自治地方治理体系现代化的理论指引和政策支持，是因为这个理论的生命力——"理论只要说服人，就能掌握群众；而理论只要彻底，就能说服人。所谓彻底，就是抓住事物的根本。"① 概念是学术研究的逻辑起点，理论是学术研究的指引，政策是学术研究的应用。我国民族自治地方治理体系现代化是一个自主自觉的过程，不仅有概念供给，而且有明确的理论基础和政策支持，所以确保了我国民族自治地方治理体系现代化的顺利推进。就理论基础而言，有马克思主义民族理论、现代化理论、民族区域自治理论和治理理论；就政策体系而言，有中央和国家层面的宏观民族政策、民族自治区的中观政策和民族自治州与县的微观政策。一言以蔽之，民族理论是民族工作的行动指南，民族政策是民族团结的生命线。

（一）马克思主义民族理论的引领

马克思主义民族理论是以马克思主义经典作家、革命领袖关于民族和民族问题的论述为基石，并吸取了苏联和我国等社会主义国家长期以来积累的处理民族问题的实践经验，而逐步形成的体系化的完整的理论、纲领和政策，是马克思主义认识人类社会民族现象、把握民族问题发展规律和解决民族问题的科学思想体系。② 其主要内容包括以下方面：一是明确民族平等是解决民族问题的基本原则；二是强调生产力在民族形成、民族关系和民族内部结构中起决定作用；三是揭示了民族问题与阶级问题的关系；四是解决民族问题的出路在于走社

---

① 《马克思恩格斯文集》第1卷，人民出版社2009年版，第11页。
② 刘闽、吕永红：《我国民族理论研究范式的竞存与创新的》，《新疆大学学报》（哲学社会科学版）2010年第6期。

会主义道路；五是号召各民族无产阶级平等团结起来，争取民族独立和无产阶级的解放。① 中国共产党在革命、建设和改革进程中，始终坚持用马克思主义民族理论解决中国的民族问题，推动了马克思主义民族理论中国化，形成了毛泽东民族理论和中国特色社会主义民族理论体系。其中，中国特色社会主义民族理论，是以马克思主义民族理论为理论来源，以毛泽东民族理论为理论基础，以邓小平民族理论、以江泽民同志为主要代表的中国共产党人的民族理论、以胡锦涛同志为主要代表的中国共产党人的民族理论以及以习近平同志为核心的党中央的民族理论为理论主干的中国化的马克思主义民族理论。②

中国特色社会主义民族理论在当前集中体现在以下十二个方面：③（一）民族是在一定的历史发展阶段形成的稳定的共同体。（二）民族的产生、发展和消亡是一个漫长的历史过程。（三）社会主义时期是各民族共同繁荣发展的时期，各民族间的共同因素在不断增多，但民族特点、民族差异和各民族在经济文化发展上的差距将长期存在。（四）民族问题既包括民族自身的发展，又包括民族之间，民族与阶级、国家之间等方面的关系。（五）中国特色社会主义道路是解决我国民族问题的根本道路。（六）我国是各族人民共同缔造的统一的多民族国家。（七）各民族不分人口多少、历史长短、发展程度高低，一律平等。（八）民族区域自治是我们党解决我国民族问题的基本政策，是符合我国国情的一项基本政治制度，是发展社会主义民主、社会主义政治文明的重要内容，必须长期坚持和不断完善。（九）平等、团结、互助、和谐是我国社会主义民族关系的本质特征，汉族离不开少数民族，少数民族离不开汉族，各少数民族之间也相互离不开。（十）各民族共同团结奋斗、共同繁荣发展是现阶段民族工作的主题。

---

① 参见周传斌、王春华《民族理论学科建设研究回顾》，《黑龙江民族丛刊》1998年第2期。

② 青觉：《马克思主义民族理论的新飞跃——习近平新时代中国特色社会主义民族理论研究》，《中央民族大学学报》（哲学社会科学版）2017年第6期。

③ 《中共中央国务院关于进一步加强民族工作加快少数民族和民族地区经济社会发展的决定》，即中央2005第10号文件提出。

（十一）文化是民族的重要特征，少数民族文化是中华文化的重要组成部分。（十二）培养选拔少数民族干部是解决民族问题、做好民族工作的关键，是管长远、管根本的大事。

上述理论观点是相互联系、密不可分的一个整体，有着重要的科学价值和现实指导意义，体现了当今中国和世界发展的时代精神，具有鲜明的时代特点，是我们观察和认识民族问题的指南，是新时代民族工作的根本指导思想。

（二）民族区域自治理论的创制

我国民族区域自治理论，起源于马克思主义民族理论，形成于毛泽东民族理论和中国特色社会主义民族理论体系之中，是中国特色民族理论体系的重要组成部分。在金炳镐教授看来：这一理论主要阐释了民族区域自治的本质、内容、形式、原则、特点、作用及民族区域自治的产生、发展和运行规律。它既是中国民族区域自治实践基础上的科学概括，也是在指导中国民族区域自治实践过程中得到实践检验的经验的升华。这一理论为解决我国民族问题的政策形成提供了理论依据，也为我国处理民族关系的基本法律提供了理论指导，还为民族区域自治制度成为我国的基本政治制度之一提供了理论支撑，表明了民族区域自治这一重要理论成果的科学性和重要地位。[1]

正是中国共产党在革命、建设和改革的实践探索中，把马克思主义关于民族问题的理论创造性地运用于解决中国民族问题的实践中去，在科学认识中国民族问题——中华民族形成过程的"主流是由许多分散存在的民族单位，经过接触、混杂、连接和融合，同时也有分裂和消亡，形成一个你来我去、我来你去、我中有你、你中有我，而又各具个性的多元统一体。"[2]——历史和现实状况的基础上，提出并实践了民族区域自治制度。这一制度是马克思主义民族理论与中国国情相结合的产物，是解决中国民族问题的有效方案和经验结晶。主要包括以下

---

[1] 金炳镐：《中国民族区域自治理论创新思路》，《满族研究》2007年第4期。
[2] 费孝通：《中华民族的多元一体格局》，《北京大学学报》1989年第4期。

内容：第一，自治界定。"民族区域自治，就是在国家不可分割的领土内，在最高国家机关统一领导下，以少数民族聚居区为基础建立民族自治地方，以实行自治的民族成员为主组成自治机关，按民主集中制原则，充分行使自治权利，遵照国家总的方针政策，自主管理本民族、本地方的事务，并积极参与全国的政治生活。"① 第二，自治主体。民族区域自治的主体是聚居在某一地域范围内的特定少数民族群体，它不同于民族自决理论下的自治主体，即自治主体既可以是一个民族，也可以是多个民族。第三，自治区域。由于我国的民族分布特点，我国民族自治区域往往只是在一个特定的区域（并非少数民族分布的自然区域），为聚居人口较多的少数民族设立自治地方。第四，自治层级。民族区域自治地方分为自治区、自治州、自治县（旗）三级，都是中国的地方政府，存在行政层级的差异。第五，自治权力。民族区域自治地方是中国单一制国家体系下特殊的自治区域，设立的自治机关是国家一级的地方政权机关。

历史与实践证明，党和国家统一领导下的民族区域自治理论和制度，体现了"民族因素与区域因素的统一，政治因素与经济因素的统一，制度因素与法律因素的统一，历史因素与现实因素的统一"②，符合我国的基本国情，受到了各民族的拥护与支持，并在各民族长期的摸索中形成了各具特色的治理模式，为民族自治地方治理体系现代化提供了重要的理论基础和制度基石。

（三）现代化理论的底蕴

现代化理论认为，现代化是人类历史发展的必经阶段，是社会经济、政治体制从传统型向现代型变迁的过程。这个过程从17世纪到19世纪形成于西欧和北美，而后扩展到其他欧洲国家，并在19、20世纪转入南美、亚洲和非洲大陆。③ 它包含了人类思想和行为领域变

---

① 王惠岩主编：《政治学原理》，高等教育出版社1999年版，第175页。
② 戴小明、潘弘祥：《民族区域自治的宪政分析》，《中南民族大学学报》2004年第5期。
③ 参见艾森斯塔德《现代化：抗拒与变迁》，中国人民大学出版社1988年版。

化的多个方面,是一个革命的进程、系统的进程、全球的进程、长期的进程、阶段性进程、同质化进程、不可逆进程和进步的进程。[①] 该理论提出于20世纪50年代,随着现代化进程的推进,早期现代化理论的议题被不断深化、发展和修正,视野不仅指向发展中国家,也关注发达国家,形成了"第二次现代化理论"。通过表1-2经典现代化的现代性与表1-3第一次和第二次现代化的部分特征比较,我们可以窥见社会发展的目标。

表1-2　　　　　　　　　经典现代化的现代性

领域	传统性	现代性
政治	专制的、封建的、宗教的	民主的、法治的、科层化(官僚化)
经济	小农经济、自给自足、分散的	工业化、专业化、规模化、集中的
社会	乡村的、家族的、宗教的、稳定性	城市化、福利化、分化与整合、社会流动
个人	保守的、被动的、依赖的、情感的、等级的观念、社区价值取向	开发性、参与性、独立性、平等性、个人利益取向
文化	宗教的、迷信的、宿命论、自然的、教育不发达、封闭的	世俗的、理性的、功利主义、现代主义、普及初等教育、大众传播

资料来源:何传启:《东方复兴》,商务印书馆2003年版。

表1-3　　　　　　　第一次和第二次现代化的部分特征比较

领域	第一次现代化	第二次现代化
政治	民主化、法治化、科层化	知识化、国际化、个性化
经济	工业经济、工业化、专业化、集中化	知识经济、非工业化、信息化、全球化、智能化
社会	工业社会、城市化、分化和整合、福利化	知识社会、非城市化、分散化、社区化、网络化
知识	知识科学化、普及初等教育、大众传播	知识产业化、普及高等教育、创新社会化
文化	宗教世俗化、观念理性化、经济主义	文化多元化、文化产业化、生态意识

资料来源:何传启:《第二次现代化》,高等教育出版社1999年版。

---

① 参见S. 亨廷顿《导致变化的变化:现代化、发展与政治》,载布莱克《比较现代化》,上海译文出版社1996年版,第44页。

新中国的成立，为现代化奠定了制度基础。1964 年提出了"四个现代化"的宏伟目标。党的十八届三中全会提出了国家治理现代化，"现代化"这个关键词在《中共中央关于全面深化改革若干重大问题的决定》中共出现了 21 次之多。这是因为，我们现在比历史上任何时期都更接近建成社会主义现代化国家的目标。从四个现代化到第五个现代化——国家治理体系和治理能力现代化，预示着现代化理论和实践的深化。中国国家治理现代化的目的是完善和发展中国特色社会主义制度，国家治理体系现代化的长远目标就是构建系统完备、科学规范、运行有效的制度体系，使各方面的制度更加成熟定型。民族自治地方治理体系现代化就是要服从和服务于国家治理的长远目标。可见，民族自治地方治理体系现代化是一个内涵丰富的概念，在把握其内涵时应抓住如下几个特点：一是制度性。民族自治地方治理体系主要是指党领导人民管理民族自治地方的制度体系，包括民族自治地方基本制度，法律法规安排以及经济、政治、文化等各领域的体制机制。二是人民性。以人民为中心，推进民族自治地方治理体系现代化，必须坚持民族自治地方人民主体地位，把以人为本落实到民族政治和边疆治理的各领域。三是系统性。民族自治地方由于采用民族区域自治制度从而具有了系统的特性——集合性、相关性、阶层性、整体性、目的性和适应性。

（四）治理的兴起及其作为分析工具的运用

治理成为一个流行热词，源于 1989 年世界银行首次使用"治理危机"，治理一词在学术界不胫而走。其代表性的观点主要有：（1）联合国的观点。治理是公共或私人机构管理共同事务诸多方式的总和，它是一种持续的过程，在这一过程中，不同利益者和冲突者的矛盾得以调和并能够联合起来共同行动。它也是一种制度安排，既包括各种正式制度和规则，也包括各种非正式的制度（这种制度安排必须获得人们的同意或符合人们的利益）。[①]（2）格里·斯托克（Gerry Stoker）的关于治理的五个维度的观点。即：第一，治理是一套社会公共机构和

[①] 全球治理委员会：《我们的全球伙伴关系》，伦敦：牛津大学出版社 1995 年版，第 23 页。

行为者，这些公共机构和行为者可以是政府机关，也可以不是政府机关；第二，在为社会和经济问题寻求解决方案时，治理具有界限和责任方面的模糊性；第三，各社会公共机构之间存在何种权力依赖关系需要治理给予明确；第四，治理意味着各治理行为主体最终将形成一个自主的网络；第五，能否把事情办好并不取决于政府的权力及其权威，关键在于政府能否动用新的工具和技术，这种新的工具和技术就是治理。①
(3) 治理的六种用法。英国人罗茨（R. Rhodes）认为，由于统治条件的变化，治理主要用于以下六个方面：第一，作为最小国家，国家应削减公共开支，以最小的成本获取最大的效益；第二，作为公司治理，它指的是一种组织体制，这种组织体制能有效指导、控制和监督企业的运行；第三，作为新公共管理，就是要把市场机制和私人管理手段引入政府管理行为中；第四，作为"善治"，即强调指公共服务的效率、法治、责任精神；第五，作为社会-控制系统，即指政府与私人部门、与民间组织的合作与互动；第六，作为自组织网络，即指一种社会协调网络，这种网络是建立在协调与自愿基础之上。② (4) 罗西瑙（J—N. Rosenau）认为，治理涉及社会的一切活动领域，是一系列管理机制，尽管没有得到官方授权，但不影响其发挥作用。统治却不同，统治是有国家强制力支持的活动。治理的主体未必是政府，其活动是受一种共同目标所支配，无须依靠国家的强制力量来保证目标的实现。同时，目标的设定也不依赖于国家正规的职责与机制，不必要迫使别人无条件服从。这就揭示出，治理比统治的内涵更丰富，既包含正式机制，也包含非正式机制。③ 正是在这些列出和还未列出的一系列观点的基础上形成了治理—善治理论体系。下面通过列表的形式，分别列举有关"治理"的各种类型（表1-4）、不同话语背景讨论下

---

① ［英］格里·斯托克：《作为理论的治理：五个论点》，载《治理与善治》，社会科学文献出版社2000年版，第31—49页。

② ［英］罗伯特·罗茨：《新的治理》，载《治理与善治》，社会科学文献出版社2000年版，第86—96页。

③ ［美］詹姆斯·罗西瑙：《没有政府的治理》，张胜军等译，江西人民出版社2001年版，第5—6页。

的善治比较（表1-5），供学习参考借鉴。

表1-4　　　　　　　　　治理类型特征简表

类型	善治	全球治理	多层级治理	互动治理	元治理	智性治理
兴起的理论与现实背景	新公共管理理论兴起、公民社会崛起	各国权力下放的改革实践、全球化加速	欧洲一体化实践	公共部门民营化改革与电子政务广泛运用	金融危机后国家自主性及能力建设再次兴起	应对治理失灵、国家治理的灵活性与实用性
倡导者	国际组织	国际组织	学者	欧盟学者	欧盟学者	福柯及其追随者
分析单位、时空视界	国家与区域	世界市场	区域	区域及社区	区域	全球与区域
假设前提	理性政治人、经济人	理性政治人、经济人	阶序等级	阶序等级、理性经济人	理性政治人	理性政治人
理论实践	世界治理指数	国际组织实践	欧盟实践	合作政府变革	后科层制变革	发展性国家实践
成效准则与理念设计	有效配置资源	协商共识	有效达到目标	有效达到目标	有效应对复杂社会	有效调整适应
国家作用	退出	退出	半退出	半退出	持续渗透	持续渗透
意识形态价值观	淡化	淡化	保持常态	保持常态	正常	正常
话语体系	主流	主流	区域兴起	区域兴起	理论推广	理论争鸣
制度层面影响	去官僚化、分权	官僚化、分权	分权	后民主化、分权	官僚化、分权	弹性回应、分权
技术层面影响	公民社会兴起、政府主动	全球性组织作用凸显、政府主动	社会参与层序分明、政府主动	个体、组织参与对话协商、政府协同	政府主动	政府主导

资料来源：臧雷振：《国家治理：研究方法与理论建构》，社会科学文献出版社2016年版，第26页。

表 1-5　　　　　　　不同话语背景讨论下的善治比较

要点	新自由主义模式	人类发展模式	发展人权模式
善治目标	高效的资源管理	可持续的人类发展	实现每个人的全部人权
善治重点	协助市场繁荣	通过可持续发展实现减贫	保护并使每个人和团体享有人权，尤其是穷人和弱势群体
支持者	世界银行、国际货币基金组织、亚洲开发银行、经济合作与发展组织、八国首脑高峰会议、欧盟、发达国家政府等	联合国机构	非政府组织、民众运动、穷人组织、工会、妇女团体、联合国难民事务署
核心要素	责任、法律权威性、透明性、参与	回应、共识、民主建设、平等、效率和分权	平等权、公正对待、保护权利、人人享有人权、人的规划与实施
政府作用	政府渐退	强势政府	干预政府
市场作用	统治地位	重要但非统治地位	在治理中起到有限作用
公民社会作用	参与者之一	重要参与者	活跃的公民社会

资料来源：[印度]哈斯·曼德、穆罕默德·阿斯夫：《善治：以民众为中心的治理》，国际行动援助中国办公室编译，知识产权出版社 2007 年版，第 34 页。

"治理"一词在中国本土政治文化的语境中，早已有之。治理最早见于《荀子·君道》中的"明分职，序事业，材技官能，莫不治理，则公道达而私门塞矣，公义明而私事息矣"和《汉书·赵广汉传》中的"一切治理，威名流闻"，以及《孔子家语·贤君》中的"吾欲使官府治理，为之奈何"，此时均指管理统治之义。而在晋代袁宏《后汉纪·献帝纪三》中的"上曰：'玄在郡连年，若有治理，迨迁之；若无异效，当有召罚。何缘无故征乎？'"此则演变为理政的绩效。再到清代王士稹《池北偶谈·谈异六·风异》所述："帝王克勤天戒，凡有垂象，皆关治理。"以及清代严有禧《漱华随笔·限田》中的"蒋德璟出揭驳之：'……由此思之，法非不善，而井田既湮，势固不能行也。'其言颇达治理"，表达的是"治理政务的道理"等意义。从以上简要的列举中，可以窥见国内治理概念的语义变迁。当下，治理成为中国政治文件中的高频词汇和关键术语，既根源于中国政治历史的传统，又对接中国现实政治的经验，还顺应现代政治的趋势。改革开放后，治理作为政治文件中的关键术语，内涵不断丰富。仅以表1-6所显示的那样，意味着"治理"使用频次的增加和范围的拓展，治理的相关理论在政治实践中逐渐得到认可，初步形成了"知己知彼"和"通古识今"的治理意识。

表1-6　　"治理"在中共历届三中全会文件中的使用变化
（1978年至今）

		十三届三中	十四届三中	十五届三中	十六届三中	十七届三中	十八届三中	十九届三中
使用频次	公报	11	1	2	1	0	9	6
	决定	—	1	9	3	9	24	23
典型用法		治理（经济环境）	（社会治安）综合治理	（水利、环境、社会治安）综合治理	法人治理综合治理	法人治理环境治理综合治理	国家治理社会治理	国家治理社会治理治理体系治理能力

总而言之，治理一词的基本含义是指在一个既定的范围内运用权威维持秩序，满足公众的需要。治理的目的是在各种不同的制度关系中运用权力去引导、控制和规范公民的各种活动，以最大限度地增进公共利益。从政治学的角度看，治理是指政治管理的过程，它包括政治权威的规范基础、处理政治事务的方式和对公共资源的管理。它特别地关注在一个限定的领域内维持社会秩序所需要的政治权威的作用和对行政权力的运用。"'治理'，是一个对'是什么'进行分析的实证主义概念，而与之相比，'善治'是一种分析'应该是什么'的标准化概念。"① 所谓的"没有政府的治理"往往是学者书斋里的一厢情愿。国家治理概念的提出，是治理—善治理论体系在我国的创新发展，

---

① 臧雷振：《国家治理：研究方法与理论建构》，社会科学文献出版社2016年版，第25页。

是对"没有政府的治理"的强势回应。因此,出现了国家治理、社会治理、地方治理、治理体系等新的概念来反映我国政治实践的新变化,以及"民族国家不是正在消亡,而是正在被重新想象、重新设计、重新调整以回应挑战"① 的新需求,这就是中国语境下的国家治理。

(五) 核心—边缘结构理论的支撑

该理论最早由 J. R. 弗里德曼于 1966 年提出,根据地理空间的区位关系,把不同区域划分为核心区和边缘区。任何区域都可以由核心区和边缘区构成。其中,核心区,是指城市或城市集聚区,工业发达,技术水平较高,资本集中,人口密集,经济增长速度快的区域。边缘区,是指国内经济较为落后的区域。它又可细分为两类:过渡区域和资源前沿区域,过渡区域又可再细分为两类:一是上过渡区域,联结两个或多个核心区域的开发走廊,处在核心区域外围;二是下过渡区域,其社会经济特征处于停滞或衰落的向下发展状态。核心边缘理论是一种解释经济空间结构演化模式的理论,它试图解释区域如何由互为关联、孤立发展,再变成彼此联系、发展不平衡,最后变为相互关联的、平衡发展的区域系统。后来,该理论从国内区域经济空间结构进一步拓展为国内到国际政治空间结构。认为世界上所有的区域差不多都具有核心、边缘两部分,而且地域规模级别和层次越高就越明显。现实世界的资源、市场和环境,客观上存在着空间差异性,由此带来某些地方的人口和资源利用优先形成空间集聚态势,从而得以较快发展。随着空间集聚的累积效应,这类地区在经济文化和政治等方面会比边缘地区强大,从而具有竞争优势,因而构成一定的地域经济空间上的"制高点"或核心。由于发展核心的存在,边缘地区的集聚发展受到抑制,发展相对落后从而不得不依附于核心,中心之间的空间结构竞争又导致了外围腹地的空间划分,从而形成了核心、边缘空间结构。

---

① [英] 鲍伯·杰索普:《重构国家、重新引导国家权力》,何子英译,《求是学刊》2007年第4期。

美籍荷兰裔国际政治学家尼古拉斯·斯皮克曼则在《和平地理学》一书中进一步提出了"边缘地带理论"。他按照地理位置将国家区分为三种类型：内陆国家，海岛国家，与同时有海陆疆界的国家。其中，内陆国家与陆上邻国有安全问题，海岛国家则会受其他海权与邻近大陆的强权的影响，在面对邻近大陆强权时，海岛国家会以征服或殖民来维持一些海岸缓冲国家，并且支持陆上强权的权力平衡。他还进一步将世界划分为心脏地带、边缘地带和离岸岛屿与大陆。他同意心脏地带是独特的防卫位置，但是也只有防卫能力而已。边缘地带的特征是处于心脏与海权的边缘，但它是围堵心脏地带的关键。离岸岛屿与大陆，即麦金德理论的"岛屿大型陆地"和"外新月形地带"，包括欧亚大陆侧面的非洲与澳洲两个大陆和另一个在大西洋与太平洋阻隔之外的离岸大陆美洲，以及英国与日本两个强权离岸岛屿。基于此，斯皮克曼提出谁控制边缘地带就能统治欧亚进而控制世界的全球战略思想。

中国的民族区域自治地方，据统计，目前我国共建立了155个民族自治地方，其中包括5个自治区、30个自治州、120个自治县（旗）。在55个少数民族中，有44个建立了自治地方，实行区域自治的少数民族人口占少数民族总人口的71%，民族自治地方的面积占中国国土总面积的64%左右。除宁夏外，其他四大自治区都居于祖国的边疆地区，但如果放在国际政治格局中，则又处在战略的核心和要冲位置。

在上述理论（不止于这些理论）直接或间接指导下，从中央国家层面到自治区、自治州、自治县（旗）各层级出台了相应的民族政策法律制度①，形成了具有中国特色的民族政策法律制度体系。民族政策法律制度体系的有效运行，这就涉及治理的纵向和横向交叉协同的问题。从纵向维度来看，地方各级政府能力建设和激励是使国家各级

---

① 党的十八大以来，开启了脱贫攻坚、全面决胜小康社会的新征程，为此，从中央层面到自治地方都出台了相应的政策措施，笔者主要搜集民族8省区在脱贫攻坚领域的政策文件，从中可以看出支持的力度。

政府提高公共政策质量和连贯性的关键；从横向维度来看，区州县或地区间的合作是改善地方公共服务供给和实施发展战略的重要手段。①只有这样，才能确保我国民族自治地方治理体系现代化顺利推进。

据于此，课题组始终坚持以下三个基本观点：一是民族自治地方治理体系现代化是一项系统工程，既涵盖经济、政治、文化、社会、生态五大系统，又关涉党、政、企、社、民、媒六大方面，是国家治理体系现代化的重要组成部分，也是民族自治地方稳定与发展的政治保证，必须对其进行专项研究。二是推进民族自治地方治理体系现代化，必须明确其系统性、整体性、协同性的目标要求，才能处理好国家建构与民族自治地方发展之间的关系，防止民族自治地方治理体系的滞后性、碎片化和离散化。三是推进民族自治地方治理体系现代化是国家治理现代化的延伸和落实，只有全面深入地认识和把握民族自治地方治理体系现代化的理论基础、实践经验、制约因素、基本内容和实施策略，才能实现预期目标。

最后也顺便指出研究的创新与不足。就创新之处而言，一是问题新。民族自治地方治理体系现代化是国内政治学研究的薄弱环节，本课题首次对该问题进行系统研究，及时回应了我国推进国家治理现代化的迫切需要。二是观点新。提出全面坚持党的领导是民族自治地方治理体系现代化的核心，国家利益、民族利益以及民族间利益的协调是民族自治地方治理体系现代化的根本和基础，民族理论与民族政策的落实是民族自治地方治理体系现代化的重要条件等观点。三是内容新。尝试从多个方面研究民族自治地方治理体系现代化的问题，涉及范围比较宽广，各个部分间的内在逻辑结构较为严密，一定程度上拓展和丰富了该问题的研究内容。

当然，研究的不足之处也是较为明显的，一是资料的运用不够。由于民族自治地方治理涉及国家、民族、地方社会生活的各个领域，资料十分庞杂且又异常丰富，我们在如何选取资料、运用资料上还显

---

① 臧雷振：《国家治理：研究方法与理论建构》，社会科学文献出版社2016年版，第30页。

得不够严谨,不够充分。二是论证略显单薄。民族自治地方治理涉及学科领域广泛,需要扎实的理论知识和深厚的学术功底,由于课题组成员知识广度、学科结构的限制,撰写中存在论证不充分的问题。三是调查不够、实证研究不足。在研究的过程中,由于客观和主观方面的原因,一些原本计划调查的研究点未能成行,或者即使进行了调查,但调查的深度、广度和聚焦度也未能达到预期要求。总之,本著作尝试不仅从宏观层面探讨了民族自治地方治理的若干关切,而且对民族自治地方治理体系现代构建的具体实践展开实证研究,但由于上述所列的诸如知识、视野和能力等的限制,未能很好地实现初期愿景。存在问题不可怕,可怕的是对存在的问题熟视无睹,本课题的研究和著作的出版,能很好地起到抛砖引玉的作用。以问题为导向,课题研究存在的不足之处,将是本课题组在今后科研工作中进一步突破提升的方向。

第 二 章

中国民族自治地方治理体系
现代化的目标任务

从现在起，中国共产党的中心任务就是团结带领全国各族人民全面建成社会主义现代化强国、实现第二个百年奋斗目标，以中国式现代化全面推进中华民族伟大复兴。①

现代民族国家建设一项非常重要的工作就是"减少文化多元和种族团体间的不平等，发展共同的理念、规范与价值观，使特定国家的人民具有共同的价值观、社会巩固感和命运观。只有这样，国家才能达成共识、秩序与稳定，才能有政治、经济、社会发展"②。国家主导的核心价值观是国家凝聚社会、引领社会的重要精神力量，文化和价值是决定国家治理形态的基础性力量。现代国家的使命是要创造现实的社会团结、进步与发展。社会所提供的文化资源或其自身所创造的文化要素（如意识形态、核心价值、文化宣传等）是国家治理非常重要的资源，是国家有效整合和治理社会的基本力量。国家也在努力运用文化和价值的力量来培育现代公民、整合社会、巩固政权。改革开放以来，我们党开始以全新的角度思考国家治理问题。1980年8月邓小平同志在《党和国家领导制度的改革》讲话中指出："领导制度、

---

① 习近平：《高举中国特色社会主义伟大旗帜　为全面建设社会主义现代化国家而团结奋斗——在中国共产党第二十次全国代表大会上的报告》，人民出版社2022年版，第21页。

② 陈祖洲：《从多元文化到综合文化》，《南京大学学报》（社会科学版）2004年第6期。

组织制度问题更带有根本性、全局性、稳定性和长期性。"① 1992年邓小平同志南方谈话中进一步提出，再有30年的时间，我们才会在各方面形成一整套更加成熟、更加完善、更加定型的制度。他重点从法制的视角思考了制度的生命力问题，当时特别将制度体系化定型化的目标与改革开放的手段联系起来，强调："不搞改革开放，现代化不知要等到哪一年才实现。改革开放是手段，现代化是目的；不搞改革开放，现代化就是空想。"② 党的十八大以来，全面深化改革不止步，十九届四中全会的召开，为国家治理现代化提出了更加明确的目标任务③。党的二十大报告提出"以中国式现代化全面推进中华民族伟大复兴"④，并明确指出了"中国式现代化的本质要求"和"全面建成社会主义现代化强国总的战略安排"⑤。

民族自治地方治理体系是在党领导下管理民族自治地方的制度体系，包括经济、政治、文化、社会、生态文明和党的建设等领域体制机制、法律法规和政策措施安排。民族自治地方治理体系现代化就是中国共产党和人民政府运用公共权力，以民族区域自治制度为依托，运用法律等手段调动全社会资源来治理民族自治地方的过程，建设和巩固平等、团结、进步的社会主义新型民族关系，实现民族地区民族

---

① 《邓小平文选》第2卷，人民出版社1994年版，第333页。
② 倪德刚：《未被整理到"南方谈话"要点中的"要点"》，《学习时报》2014年6月23日第3版。
③ 党的十九届四中全会提出国家治理现代化的总体目标：到我们党成立一百年时，在各方面制度更加成熟更加定型上取得明显成效；到2035年，各方面制度更加完善，基本实现国家治理体系和治理能力现代化；到新中国成立一百年时，全面实现国家治理体系和治理能力现代化，使中国特色社会主义制度更加巩固、优越性充分展现。
④ 习近平：《高举中国特色社会主义伟大旗帜　为全面建设社会主义现代化国家而团结奋斗——在中国共产党第二十次全国代表大会上的报告》，人民出版社2022年版，第21页。
⑤ 党的二十大报告指出"中国式现代化的本质要求是：坚持中国共产党领导，坚持中国特色社会主义，实现高质量发展，发展全过程人民民主，丰富人民精神世界，实现全体人民共同富裕，促进人与自然和谐共生，推动构建人类命运共同体，创造人类文明新形态。全面建成社会主义现代化强国，总的战略安排是分两步走：从二〇二〇年到二〇三五年基本实现社会主义现代化；从二〇三五年到本世纪中叶把我国建成富强民主文明和谐美丽的社会主义现代化强国"。（习近平：《高举中国特色社会主义伟大旗帜　为全面建设社会主义现代化国家而团结奋斗——在中国共产党第二十次全国代表大会上的报告》，人民出版社2022年版，第23—24页。）

问题、民族事务治理的科学化、制度化和体系化。它是党对民族自治地方治理体系现代化指导思想的具体化和民族自治地方治理战略价值追求的现实反映。民族自治地方治理体系现代化的目标任务是：在国家治理现代化总体目标的指引下，到二〇三五年，各项制度更加完善，基本实现民族自治地方治理体系现代化；到二〇五〇年，全面实现民族自治地方治理体系现代化，使民族区域自治制度更加巩固、优越性充分展现。一句话，就是要构建起体系完备、科学规范、运行有效的民族工作制度体系和民族事务治理体系。为了更好地理解和说明上述目标任务，我们尝试把它分解为政治、经济、文化、社会、生态五个子目标群。这既是党和国家对民族工作和民族事务治理的期许，也是民族自治地方人民的愿景。

一 构建稳定有序、民主法治的政治治理体系

民族自治地方治理体系现代化的政治目标任务是：坚持国家统一、政治稳定和民族团结的最高政治原则，坚持和完善党的领导制度体系、政府行政体制、民主法治体系及党和国家监督体系等一系列的政治制度体系，推动创新民族工作领导格局和民族事务治理体系现代化。

（一）政治原则是民族自治地方治理体系现代化的底线

国家统一、政治稳定和民族团结是目标、原则和任务的统一体。在国家统一问题上，绝不让任何一块土地从中国分裂出去，在小康路上，决不让任何一个兄弟民族掉队，这是我们党和政府的庄严承诺。在改革开放和全球化趋势下，资本、技术、劳动力等生产要素的流动和配置以越来越大的规模在全球范围内展开，打破了以往国家封闭发展的状态，非传统性因素的存在与国家主权的排他性、专属性相冲突。民族自治地方从传统的边缘地带变成了对外开放的前沿，民族问题、宗教问题、"人权问题"等在国际政治较量中日益凸显。譬如，"三股势力"在新疆制造的暴恐案（事）件，造成的生

命财产损失无法估算,"人权原则"强调人权的保护与管辖往往超越属国原则,某些情况下一个属国的个人权益甚至受到国际法的直接干预,一些所谓的人权主义分子借势鼓吹"不为土地而战,而是为了价值观而战",使国家主权发生了某种程度的弱化。在我国约2.2万千米的陆地边境线中,民族自治地方与其他国家接壤的边境线就占到了80%以上,①西方渗透所带来的问题更加突出,在这种新趋势下,党在治理民族地区的过程中,越来越重视非传统安全这个因素,对一些借口人权,蓄意破坏国家利益的组织和个人坚决予以打击和制裁,确保国家安全和领土完整。

政治稳定和民族团结是相辅相成的,政治稳定是民族自治地方发展进步的基本前提。"民族地区社会政治稳定是指民族地区社会政治系统保持动态稳定的有序性和连续性,是整个国家政治稳定的重要组成部分,是民族地区社会系统稳定发展的关键因素。"②民族团结不仅是民族自治地方治理的基本要求,更是"中国历史上的头等大事"③。我国民族地区,边境线漫长、邻国情况复杂、民族成分众多、少数民族人口总量虽不到全国总人口的10%,但这里少数民族聚居区域却占全国面积的60%以上。因此,民族团结与否事关国家兴衰。2003年3月,胡锦涛同志参加全国政协十届一次会议少数民族界委员联组讨论时特别指出:"祖国统一,民族团结,是各族人民之福;祖国分裂、民族离乱,是各族人民之祸。这个道理是被历史和现实反复证明了的。""团结稳定是福,分裂动乱是祸",深刻揭示了维护民族团结、社会稳定和祖国统一的重大意义。习近平总书记更是形象地强调,在民族团结上各民族要像石榴籽一样紧紧抱在一起。只有这样,才能保证民族自治地方在社会构成的各个方面、各种要

---

① 在陆地边疆与外国接壤的省份中,吉林有768.5千米,辽宁有216.5千米,内蒙古自治区有4200千米,新疆维吾尔自治区有5000千米,西藏有3842千米,云南有4060千米。数据来源:人民网、中国网。

② 李普者:《论我国民族地区社会政治稳定》,《云南民族大学学报》(哲学社会科学版)2010年第1期。

③ 冯友兰:《中国哲学史新编回顾及其他》,见本书编委会编《文化:世界与中国》,生活·读书·新知三联书店1987年版,第231页。

素处于一种相互依存、相互协调、相互促进的状态，从而实现民族自治地方社会阶层结构合理、民族关系和谐、城乡协调发展、社区和睦、人地和谐的目标任务。

从中国共产党的一贯思想来看，国家统一、政治稳定、民族团结是党领导治理民族自治地方的政治目标。这也是中国的政治学、民族学、人类学、边疆学等学科研究一贯"遵循的最高政治原则"[①]。

（二）民族自治地方党的领导坚强有力

中国共产党的领导是中国特色社会主义最本质的特征，是中国特色社会主义制度的最大优势。党的十九大报告指出："党政军民学，东西南北中，党是领导一切的。"[②] 在民族自治地方治理体系现代化中，党是民族区域自治的最高政治领导力量，加强和完善党的各级组织建设，完善党的全面领导制度，把党的领导落实到民族自治地方——自治区、自治州、自治县（旗）及乡的党群社、机关企事业单位和村庄——治理各领域各方面各环节，健全党的各级组织及其领导各项事业的具体制度，完善全面从严治党制度。加强党对民族地区治理的全面领导，努力增强各民族同胞对中国共产党的认同和社会主义制度认同，铸牢中华民族共同体意识，坚持贯彻和落实民族区域自治制度，维护民族自治地方的政治稳定和社会秩序，进而为推动民族自治地方的全面发展提供政治保障，确保党始终总揽全局、协调各方。

（三）民族自治地方高效而民主的政府治理体系

现代中国是一个政党引领型和政府推动型社会。[③] 一个高效而民主的地方政府是民族自治地方治理体系现代化之必需。衡量民族区域

---

① 马大正：《边疆研究应该有一个大发展》，《东北史地》2008年第4期。
② 习近平：《决胜全面建成小康社会 夺取新时代中国特色社会主义伟大胜利——在中国共产党第十九次全国代表大会上的报告》，人民出版社2017年版，第20页。
③ 李海青：《砥砺前行——引领民族复兴的马克思主义使命型政党》，《教学与研究》2019年第10期。

自治政府高效而民主主要从以下五个方面来衡量：（1）合法性。民族自治政府获得本地区各族群众的认同和忠诚，具有合法律性、合道德性、合利益性，能获得民众的认同和忠诚。（2）法治化。将宪法、民族区域自治法等作为民族自治地方公共治理的最高权威，在法律面前人人平等。（3）透明性。自治政府治理中的信息公开性程度，表现为公民获取、知晓治理信息，并以此为基础参与治理。（4）责任性。完善公共服务体系，推进区域内基本公共服务均等化、可及性，改革并塑造向公民负责、提供稳定社会环境、履行公共责任的政府形象。（5）廉洁公正性。由于边疆民族地区政府官员的清正廉明保证不同性别、阶层、民族、宗教等公民在政治经济权利上的平等。同时，构建从中央到地方权责清晰、运行顺畅、充满活力的民族工作体系，保证民族自治地方的自治机关正确有效行使国家法律赋予的双重权力。

（四）民族自治地方人民当家作主和依法治理的制度体系

民主就是人民的统治。"人民民主是社会主义的生命。""没有民主就没有社会主义，就没有社会主义现代化。"① 推进国家治理现代化是全体中国人民的共同事业。民族自治地方治理体系现代化的实现离不开民主，只有依法实行民主选举、民主协商、民主决策、民主管理、民主监督，才能保证民族自治地方"全体居民群众真正平等地、真正普遍地参与一切国家事务"②。因此，健全民主制度，丰富民主形式，拓宽民主渠道，确保民族自治地方人民依法通过各种途径和形式管理国家和地方事务，管理经济文化事业，管理社会事务。具体而言，"积极发展全过程人民民主，健全全面、广泛、有机衔接的人民当家作主制度体系，构建多样、畅通、有序的民主渠道，丰富民主形式，从各层次各领域扩大人民有序政治参与。"③

---

① 《邓小平文选》第 2 卷，人民出版社 1994 年版，第 168 页。
② 《列宁全集》第 28 卷，人民出版社 1990 年版，第 111 页。
③ 《中共中央关于党的百年奋斗重大成就和历史经验的决议》，人民出版社 2021 年版，第 39 页。

法治是一切政体的基础。"法治应该包含两重意义，已成的法律获得普遍的服从，而大家所服从的法律又应该是制定得良好的法律。"① 社会主义民主之路到底怎么走，邓小平同志首次提出"民主的制度化、法律化"，吹响了中国特色社会主义法治化的第一声号角。中国特色社会主义法治体系现代化，就是要形成完备的法律规范体系、高效的法治实施体系、严密的法治监督体系、有力的法治保障体系以及完善的党内法规体系。② 对于民族自治地方，在此基础上形成以宪法关于民族工作的规定为根本，以《民族区域自治法》为主干的完备的民族法律法规体系和民族政策体系。

二 构建生产发展、市场繁荣、供需平衡的现代化经济体系

邓小平同志强调："实行民族区域自治，不把经济搞好，那个自治就是空的。"③ 习近平总书记提出："增进民生福祉是发展的根本目的。必须多谋民生之利、多解民生之忧，在发展中补齐民生短板……深入开展脱贫攻坚，保证全体人民在共建共享发展中有更多获得感，不断促进人的全面发展、全体人民共同富裕。"④ 党的十九届四中全会指出："必须坚持社会主义基本经济制度，充分发挥市场在资源配置中的决定性作用，更好发挥政府作用，全面贯彻新发展理念，坚持以供给侧结构性改革为主线，加快建设现代化经济体系。"⑤ 这为民族自治地方经济体系现代化指明了方向。民族自治地方经济是国民经济的重要组成部分，与其他非民族自治地方共同构成全国统一大市场，

---

① ［古希腊］亚里士多德：《政治学》，商务印书馆2008年版，第202页。
② 《中共中央关于坚持和完善中国特色社会主义制度 推进国家治理体系和治理能力现代化若干重大问题的决定》，人民出版社2019年版，第13页。
③ 《邓小平文选》第1卷，人民出版社1994年版，第167页。
④ 习近平：《决胜全面建成小康社会 夺取新时代中国特色社会主义伟大胜利——在中国共产党第十九次全国代表大会上的报告》，人民出版社2017年版，第23页。
⑤ 《中共中央关于坚持和完善中国特色社会主义制度 推进国家治理体系和治理能力现代化若干重大问题的决定》，人民出版社2019年版，第18—19页。

形成完善的市场体系；探索民族自治地方公有制多种实现形式，健全民族自治地方支持民营经济、外商投资企业发展的法治环境，完善构建亲清政商关系的民族政策体系；实施乡村振兴战略，巩固全面小康社会，民生较大改善；加快完善民族自治地方社会主义市场经济体制，建设现代金融体系；优化民族地区经济治理基础数据库，形成与主题功能协同的区域经济布局；健全科技管理体制和政策体系，形成完备的经济制度体系和经济政策体系。从而实现民族自治地方生产力提高、资源优化、竞争有序、全面小康基础上经济可持续发展的良好状态。

（一）适应民族自治地方生产力发展的经济制度体系

市场经济是法治经济，社会主义市场经济的充分发展需要完备的法律法规体系为之保驾护航。历史唯物主义表明，社会形态的转变、共同富裕的实现、社会制度优越性体现无不取决于发达的生产力。生产力是社会发展中最活跃的因素，解放和发展民族自治地方生产力最为关键。解放和发展生产力，不仅是我国社会主义初级阶段的根本任务，更是民族自治地方现代治理的根本任务。这就需要把国家的帮助和民族自治地方自力更生结合起来，因此，国家层面的政策支持体系和地方层面的政策有效衔接就至关重要。坚持社会主义基本经济制度不动摇，构建民族自治地方市场体系，发挥市场在资源配置中的决定性作用，主动融入全国统一市场，积极参与"一带一路"建设；更好地发挥民族自治地方各级政府作用，坚持以供给侧结构性改革为主线，形成打造地方品牌的体制机制；利用国家金融支持体系、兴边富民政策、经济治理基础数据库和科技管理与政策体系，完善民族经济法律法规体系建设，逐步形成适应民族自治地方生产力发展的社会主义市场经济制度体系。

（二）全面小康基础上经济持续发展、民生根本改善

民生是"民众基本的生存、生活和生产状态，以及民众的基本发

展机会、基本发展能力和基本权益保护的状况。"① 经济发展是民生改善的基础。民族自治地方全面贯彻中央关于经济工作的决策部署，持续以推进供给侧结构性改革为主线，推动经济社会又好又快发展，在脱贫基础上确保经济发展稳中有进、稳中向好，解决民族地区不平衡不充分发展的问题，满足人民日益增长的美好生活需要。持续巩固少数民族连片特困地区脱贫攻坚成果，转变经济发展方式、调整产业结构、提高产能、发展特色产业，构建现代农业，优化农业产业的生产、经营、服务体系，把民族自治地方的特色小产品做成农民群众增收大产业，从而实现人民群众可支配收入的持续递增，促进民族自治地方经济社会发展，为解决民族自治地方其他问题奠定物质基础。增进人民福祉、根本改善民生。保证幼有所育、学有所教、劳有所得、病有所医、老有所养、住有所居、弱有所扶等方面国家基本公共服务制度体系在民族自治地方得到全面落实，构建起统筹城乡的普惠性、基础性、兜底性的民生保障制度体系，群众基本生活得到根本保障。

（三）形成资源优化配置、竞争有序的民族经济发展环境

资源配置的手段有计划和市场两种。市场经济是竞争经济、法治经济。进入新时代以来，市场在资源配置中的决定性地位更加巩固，市场机制对资源的配置更加优化。民族地区自然资源丰富、少数民族文化资源多样，进一步加大民族自治地方市场的开发开放力度，既坚持国家对民族地区的总体战略规划，又保持区域发展的市场活力。在社会主义市场经济条件下，大力发展边境、民族特色产品贸易，做好内引外联工作，让市场通过自由竞争、自由选择、自由交换，由价值规律根据供给和需求双方的资源分布来自动调节，用市场机制进行优胜劣汰，防止人为干预导致商品价值扭曲和资源浪费，从而快速地实现对全社会资源优化配置的目的，实现民族自治地方净收益增加、生产发展、供需平衡、市场繁荣、民生改善。

---

① 吴忠民：《民生的基本涵义及特征》，《中国党政干部》2008年第5期。

三 构建和完善民族自治地方共建共治共享的社会治理制度体系

党的十九届四中全会提出:"完善党委领导、政府负责、民主协商、社会协同、公众参与、法治保障、科技支撑的社会治理体系。"[①]这为民族自治地方社会治理体系现代化提供了目标指向。从长远的国家战略步骤定位上看,民族自治地方到建党一百周年时,初步形成现代社会治理格局;到二〇三五年,基本形成现代社会治理格局;到新中国成立一百周年,形成比较完善的现代社会治理格局。其中,到二〇三五年社会治理具有如下特征:法治社会基本达成,民族自治地方治理体系和治理能力现代化基本实现,社会文明程度显著提高,民族地区群众生活明显宽裕,社会充满活力又和谐有序,美丽家园目标基本实现。

(一)民族自治地方社会治理制度体系较为健全

运用民族自治地方立法权,构建起系统完备、科学规范、运行有效的地方性民族法律法规体系;民族自治地方社会治理得到加强和创新,新时代民族团结进步示范区建设成效显著;民族社会矛盾纠纷多元预防调处化解综合机制更加完善,民族社会治安防控体系和地方应急管理能力体系建设更加优化;党组织领导的自治、法治、德治相结合的城乡基层治理体系更加健全,乡村治理领域法律的制定、修改、完善得到加强;边疆治理、兴边富民成效显著;民族自治地方落实国家安全体系的体制机制更加健全。总之,实现民族自治地方社会治理制度化,就是社会治理的社会化、法治化、智能化和专业化水平显著提高,民族团结、社会进步、公平正义、安定有序得到切实保障,民族自治地方人民群众有更多安全感、获得感、幸福感。

---

① 《中共中央关于坚持和完善中国特色社会主义制度 推进国家治理体系和治理能力现代化若干重大问题的决定》,人民出版社2019年版,第28页。

（二）民族自治地方基层治理体系较为完善

基层治理关乎国运治乱兴衰。民族自治地方基层治理体系重要性的认识显著提高，作为国家治理、社会治理、区域治理延伸和拓展的毛细血管更加畅通和灵敏。以党组织为核心的民族自治地方基层组织建设得到进一步加强，民族自治地方各层级治理体系进一步完善，治理的手段不断创新，治理的内容逐步充实，治理的目标更加清晰。自治、法治、德治能较好地结合，民族自治地方乡村治理的内生动力与外在力量的双重作用得到较好发挥。在实践中，民族地区乡村治理的实践经验得到及时总结，并适度推行乡村治理试点，民族地区乡村固有治理资源被吸纳，重视民族乡村社会智慧治理，注重民族乡村治理共识凝聚，民族乡村人才的积极作用得到有效发挥，民族乡村社会组织得到大力发展，其制度优势更加显著。

（三）民族自治地方社会活力得到很好激发

社会活力是指在一定自然、历史条件下，一定社会系统内部自生自发的生存与发展能力。[①] 民族自治地方社会活力主要体现在三个方面：一是在要素层面上，主要是能有效供给社会生产所需的各要素，包括自然资源土地、水源等的合理利用；社会资源如资金、人才、技术、设备的投入和利用；民族人文资源如思想、艺术、文化的形成与创造等。二是在制度层面上，主要是能有效满足社会生活自我更化、生生不息的一套制度化结构体系。三是在精神层面上，主要是能有效提供新的观念、知识和文化，满足社会中的人对价值和意义的追寻，影响和制约着人的精神状态，而且越来越成为制约和影响社会生活全局的基本社会资源和现实力量。国家激发民族自治地方社会活力的层面不同，产生的效果也不一样。新中国成立后，主要探寻从制度层面激活民族自治地方的社会活力；改革开放后特别是进入 21 世纪前后，

---

① 徐钦智：《激发社会活力是建构社会主义和谐社会的动力源泉》，《山东社会科学》2005年第 10 期。

主要从要素层面激活民族自治地方的社会活力；党的十八大以来，除了统合要素层面和制度层面，还运用精神层面——"五个认同"和铸牢中华民族共同体意识。可见，三者协同构成了推动民族自治地方社会治理体系现代化建设的动力源泉和现实力量。如此这般，民族自治地方社会治理的积极因素获得充分而又广泛的调动，各方面的创造活力得到激发，社会生产力得到进一步发展，形成了各民族共同团结奋斗、共同繁荣发展的思想观念和社会氛围，实现了民族平等、民族团结和各民族繁荣。

四 构建推动民族自治地方社会主义文化繁荣的制度体系

文化是一个民族生活的样法。中华文化是中华民族生活的样法，是凝聚中华民族的精神纽带和精神家园。今日中国特色社会主义文化，源自于中华优秀传统文化，熔铸于革命文化和社会主义先进文化，植根于中国特色社会主义伟大实践。① 国家治理现代化在文化治理体系中的目标任务是："必须坚定文化自信，牢牢把握社会主义先进文化前进方向，围绕举旗帜、聚民心、育新人、兴文化、展形象的使命任务，坚持为人民服务、为社会主义服务，坚持百花齐放、百家争鸣，坚持创造性转化、创新性发展，激发全民族文化创造活力，更好构筑中国精神、中国价值、中国力量。"② 民族自治地方文化治理体系现代化，就是要在国家文化共性的基础上突出其民族性和大众性，坚持创造性转化、创新性发展，涵养各民族文化，完善民族自治地方文化管理体制和文化生产经营机制、建立健全现代化公共文化服务体系、提升民族自治地方文化软实力，实现文化的包容性发展，不断铸就中华文化新辉煌。

---

① 习近平：《决胜全面建成小康社会 夺取新时代中国特色社会主义伟大胜利——在中国共产党第十九次全国代表大会上的报告》，人民出版社2017年版，第41页。

② 《中共中央关于坚持和完善中国特色社会主义制度 推进国家治理体系和治理能力现代化若干重大问题的决定》，人民出版社2019年版，第22页。

(一) 民族自治地方文化治理制度体系健全完善

文化因交流而多彩,文化因互鉴而丰富。马克思主义在意识形态领域指导地位的根本制度以及以社会主义核心价值观引领文化建设制度,习近平新时代中国特色社会主义思想得到全面贯彻落实;党的理论、路线、方针、政策在各层级各领域各环节形成线下和线上统合的学习制度;理想信念教育常态化、制度化和普及化,民族精神和时代精神得到弘扬;新时代民族团结、进步、文明实践教育成效显著;法治、德治和自治相结合,社会主义核心价值观的民族法律政策体系更加健全;征信机制完善、征信体系健全;社会组织和志愿者活动体系完善;民族政策全面落实,宗教活动依法依规开展,民族民间文化产品巨大丰富,精神文明建设成效显著;各民族间文化发展与交流的体制机制健全。具有民族地区特色的维吾尔文化、藏文化、蒙文化等少数民族文化传承发展多样化、特色化,与汉文化的交流交融常态化、机制化,各少数民族之间文化交流日益深化,同时,少数民族文化的民俗特色、地域特色、时代特色凸显,少数民族文化繁荣发展的治理体系日益完善。

(二) 民族自治地方思想政治教育得到加强,对文化的认识更加深刻

持续推进政治认同建设,形成少数民族的民族认同与国家认同最大限度内的重叠共识。正确认识民族认同与国家认同的差异性,主张用中华民族来统领各个民族,国家至上性深入人心;青少年的理想信念教育和党史、国史、改革开放史、民族团结进步史教育普及深化;民族分裂、宗教极端思潮得到根本遏制;"两个共同""三个离不开""五个认同"得到全面贯彻落实,各民族文化之间的互鉴与交流有序推动。充分认识到文化建设及其治理体系是构建社会主义和谐社会的重要内容,是民族自治地方治理现代化的重要内容。文化与经济、政治关系密切。"文化作为人们在认识世界和改造世界的实践中创造的精神成果,与经济、政治的联系越来越紧密。文化是经济、政治的反

映，又给予经济、政治能动的反作用。文化发展以经济为基础，经济发展创造文化成就，文化发展为经济发展提供支撑并开辟新的领域。文化与政治相互作用、相互推动，文化建设以政治为导向，政治建设以文化为依托，共同服务于经济。文化必须与经济、政治共同发展，削弱了文化建设，经济和政治发展就必然落后。"[①] 所以，各民族都要保持各自民族特色，团结统一而又五彩缤纷，传承和弘扬少数民族优秀传统文化，丰富和拓展中华文化内涵，涵育中国特色社会主义文化，铸牢中华民族共同体意识。

（三）中华民族共同体认同基础上的文化自信

随着民族自治地方治理体系和治理能力现代化的推进，中华民族共同体认同既是整合国内各民族利益的重要机制，又是构筑各民族共有精神家园的重要抓手，还是促进少数民族融入现代城市生活的精神支撑。文化自信成为了不同民族文化融合共同文化的黏合剂，在对内对外民族文化产业发展的过程中，民族文化影响力、自信力必然得到有效的提升；同时，任何民族矛盾和社会矛盾均能够获得更好、稳定的预期，为解决民族矛盾、社会矛盾和其他矛盾形成全新的民族共同体认同提供必要的时间支持和方案设计。"加强文化建设，明显提高全民族文明素质。社会主义核心价值体系深入人心，良好思想道德风尚进一步弘扬"[②]，具体地说就是要坚持以马克思主义为指导，立足民族自治地方实际，努力实施文化兴边战略，努力提高各民族的思想道德素质、科学文化素质和健康素质，形成比较完善的现代教育、科技、文化、体育、医疗卫生体系；弘扬主旋律，提倡多样化；大力开展民族团结进步教育，树立正确的政治观、国家观、民族观、文化观和历史观，铸牢中华民族共同体意识，从而实现民族自治地方各族群众文化自信、文化自觉的基本态势——"铸牢中华民族共同体意识，促进

---

① 《新华月报》编：《十六大以来党和国家重要文献选编》（上）（二），人民出版社2005年版，第1460页。

② 胡锦涛：《高举中国特色社会主义伟大旗帜 为夺取全面建设小康社会新胜利而奋斗——在中国共产党第十七次全国代表大会上的报告》，人民出版社2007年版，第20页。

各民族像石榴籽一样紧紧抱在一起"。

五 构建民族自治地方健全的生态文明制度体系

"建设美丽中国、走向社会主义生态文明的新时代"是党的十八大首次提出的我国生态文明建设的宏伟目标。党的十八届三中全会又特别提出:"紧紧围绕建设美丽中国深化生态文明体制改革,加快建立生态文明制度,健全国土空间开发、资源节约利用、生态环境保护的体制机制,推动形成人与自然和谐发展现代化建设新格局。"① 党的十九届四中全会明确提出"生态文明制度体系"。民族自治地方在我国的地理空间格局中占据着非常重要的战略地位,其生态治理和生态文明建设不仅承载着民族自治地方治理体系现代化,而且还承载着整个国家治理现代化的重任。民族自治地方生态治理体系现代化的目标任务可以概括为:紧紧围绕美丽中国建设,构建起与民族自治地方生态文明建设相适应的制度体系,以及区域功能明确、生态环境良好、人与自然和谐共生的美丽家园。

(一)建立健全民族自治地方生态文明建设的正式制度

民族自治地方积极响应,坚持绿水青山就是金山银山的生态治理和生态文明建设基本原则,在环境资源管理制度、法律补救制度、公众参与制度、企业主体与政府监督责任制度方面共同形成了生态文明制度的完整体系。国土空间开发保护制度和严格的水资源等环境资源的管理制度健全,耕地保护制度、生态补偿制度和环境损害赔偿制度完善,公民的环境权、赋予公民环境公益诉讼的权利得到保障,公民的节约意识、环保意识和生态意识显著增强。政府的决策与责任制度也纳入经济社会发展评价体系,建立起来体现生态文明要求的目标体

---

① 《中国共产党第十八届中央委员会第三次全体会议公报》,人民出版社2013年版,第6页。

系、考核办法、奖惩机制。通过以上制度的制定和完善，民族自治地方环境治理和生态文明制度成为了一个内容完备、科学规范、运转有效的正式制度体系，共享山川秀美、人与自然和谐共生的友好环境。

（二）生成民族自治地方促进生态文明建设的非正式制度体系

民族自治地方人民群众的价值观念、意识形态、伦理道德和宗教信仰等因素都是在民族文化的基础上产生和发展起来的，积极地利用，减少了正式制度强制执行和实施的成本。其中，生态保护意识是民族地区人们从自发到自觉形成的保护生态环境的一套认知体系和价值观，在新时代获得了更好的培育。在民族地区的生态伦理道德付诸实践中，能正确处理人类自身及其周围的动植物、环境和大自然等生态环境的关系，生态伦理源于群众内心的保护欲望及其约束控制，增强了环保的内在约束机制，同时降低了外在监督成本。民族地区宗教信仰继续发挥生态保护的内在约束力。宗教教义教规中对生态环境及其生态共荣圈相处时的行为规则、约定俗成、禁忌和世代相传的风俗习惯等得到进一步的挖掘和创造性转化。总之，积极发掘和活化少数民族传统文化中的生态保护的理念规范和习俗等，形成了独具一格的生态保护文化及体系，成为了生态文明制度建设和生态治理体系现代化的重要思想资源。

（三）多措并举，民族自治地方生态治理、环境整治持续向好发展

良好的生态环境是国家发展之本，人民幸福之源。民族自治地方由于地理环境、地质地貌的独特性，生态较为脆弱，破坏之后难以修复，故而我国在西部大开发之际，国务院于2000年1月26日印发关于实施《全国生态环境保护纲要》的通知。《纲要》对生态环境保护的指导思想、原则、目标、主要内容与任务、主要措施等做了全面明确的规定，要求各地区、各有关部门要根据实际情况，制订本地区、本部门的生态环境保护规划，积极采取措施，加大生态环境保护工作力度，扭转生态环境恶化趋势，实现保护祖国秀美山川的宏伟目标。并进一步指出："贯彻落实科学发展观，必须坚持走生产发展、生活

富裕、生态良好的文明发展道路，建设资源节约型、环境友好型社会，实现速度和结构质量效益相统一、经济发展与人口资源环境相协调，使人民群众在良好生态环境中生产生活，实现经济社会永续发展。"① 持续推进包括黄河、长江、澜沧江、雅鲁藏布江在内的许多江河的源头地和生态功能保护区建设。在土地荒漠化石漠化治理、水土流失整治、草场湖泊恢复上取得较大进展。持续加大民族自治地方自然保护区建设。新疆先后建立了 29 个以森林生态、野生动植物、湿地、荒漠等类型为主的自然保护区，西藏各类自然保护区达到 17 个，其中国家级 3 个，自治区级 14 个，自然保护区总面积达到 3819 万公顷，占全区国土总面积的近三分之一；内蒙古境内自然保护区名录共 88 家，其中国家级 25 家，自治区级 63 家，以保持森林、草原、湿地、特殊动植物等为主；宁夏现有 14 个自然保护区，其中，国家级自然保护区 9 个，自治区级保护区 5 个；广西已建立各种类型的林业自然保护区 63 个；等等。通过"一区一法"建设和确界工作，自然保护区生态环境的外溢效应显现。

民族自治地方生态治理体系现代化，意味着"要像对贫困宣战一样，坚决向污染宣战"的理念已经深入人心，民族自治地方自然生态环境得到重点保护，民族自治地方党委领导生态文明建设的作用更加突出，各级政府在推动生态文明建设过程中的监督责任进一步压实，生态治理过程中的法治环境显著提升，建立起科学的生态文明考核机制、生态治理中的协调机制和动态生态补偿机制，多彩乡村与城镇协同发展，山川秀美、绿水长流、人与自然和谐共生的美丽家园变成了活生生的现实。

---

① 中共中央文献研究室：《十七大以来重要文献选编》（上），人民出版社 2009 年版，第 709 页。

第 三 章

民族自治地方治理体系现代化的历史回溯

马克思让我明白，历史是一种工具，如果没有它，我们就不能理解这个世界正在发生的事情。①

中国民族自治地方治理体系现代化建设并非一日完成，而是自有其历史渊源和发展过程的，是伴随着近代中国追求独立自主、民族富强和中国民族国家构建而发展的。在中华人民共和国成立之前的1947年，中国共产党在内蒙古建立了中国第一个省级少数民族自治区——内蒙古自治区。1951年，云南建立了第一个县级自治区——峨山彝族自治区，之后掀起了民族区域自治的高潮，开启了民族自治地方治理体系现代化建设的新篇章。党的十八大以来，民族自治地方治理体系现代化建设进入新时代，全面推进的脚步更快了。反观七十多年来的历史，民族区域自治中有挫折有争论，但都回到了民族区域自治的轨道上来，实现了民族区域自治制度的一以贯之和理论政策的与时俱进，逐步形成了今天我们所讲的民族自治地方治理体系。

尽管"治理"概念的出现是一件非常晚近的事情，1989年世界银行首次使用"治理危机"一词之后，"治理"一词在学术界不胫而走。

---

① ［英］艾瑞克·霍布斯鲍姆、［意］安东尼奥·波立陶：《霍布斯鲍姆：新千年访谈录》，殷雄、田培义译，新华出版社2001年版，第7页。

2013年中共十八届三中全会提出了全面深化改革的总目标，"治理""治理体系"成为了一个关键性概念，但"治理""治理体系"这样一种现象的存在却可以追溯很远。同理，中国民族区域自治制度是新中国成立前后开始设立的，但民族或民族地方的"治理"或"治理体系"的构建至少可追溯到新中国成立前一段时期或者更远。因此，探讨中国民族自治地方治理体系现代化问题，我们必须考量中国民族自治地方"从哪里来、现在在哪里、将来要到哪里去"的大历史观，从而掌握民族自治地方治理体系现代化时间表、路线图和话语权。特别是在改革开放四十周年、中华人民共和国成立七十周年、全面建成小康社会、中国共产党成立一百周年以及中国特色社会主义提出四十周年的关键节点和重要时刻，检视民族自治地方治理体系现代化建设的历史进程，洞悉其渊源流变、来龙去脉，对继续推进民族自治地方治理现代化具有重要的价值和意义。

一 党对民族自治地方治理体系的早期探索阶段（1921—1949年）

近代以来，西方列强用坚船利炮打开中国封闭的国门，腐败的清王朝第一次强烈感受到了西方的威胁，在且战且退中采取了"师夷长技以制夷"的学器物、学制度、学文化的现代化路径取向。在这一过程中，"中国逐步成为半殖民地半封建社会，国家蒙辱、人民蒙难、文明蒙尘，中华民族遭受了前所未有的劫难"。[①] 为挽救民族危亡，孙中山领导的辛亥革命推翻中国历史上最后一个封建王朝国家——大清王朝，建立了具有现代资产阶级性质的民主共和国，并提出了中华民族的概念，但中国半殖民地半封建的社会性质、中国人民的悲惨命运和中华民族所遭受的劫难并未根本改变。"十月革命一声炮响，给中国送来了马克思列宁主义……中国产生了共产党，这是开天辟地的大

---

① 《中共中央关于党的百年奋斗重大成就和历史经验的决议》，人民出版社2021年版，第3页。

事变，中国革命的面貌从此焕然一新"①。大抵从 1920 年代开始，中国现代民族主义与民族国家思想在整个社会的主导层面已基本形成，"中华民族"作为中国各民族总称的观念逐渐得到各族人民的肯认。这是中国共产党诞生时的历史场域。从 1921—1949 年，中国共产党以马克思主义为指导，以为中华民族谋复兴为自己的初心使命，在新民主主义革命过程中积极探索处理民族地区和少数民族问题的政策方略，经历了由初期的民族自决原则，到中期的民族自决向民族自治的转型期，再到后期确定民族自治原则三个时段，中国民族自治地方治理体系就滥觞于这样一个时期。

（一）中国共产党探索民族区域自治原则的初始期

中国共产党从成立伊始便深受列宁、斯大林民族理论影响。列宁强调"民族自决也就是争取民族彻底解放，争取彻底独立和反对兼并的斗争"②。对被压迫民族来讲，民族自决权是非常有吸引力的。中国共产党面对国内复杂的民族问题，坚持以马克思主义民族理论为指导，借鉴和参考苏联经验，并受共产国际的影响，把民族自决作为处理民族问题的基本原则。1921 年 7 月中国共产党成立，1922 年 7 月中共二大文件就明确提出以"民族自决"原则来解决国内民族问题。其中，在党的最低纲领中提出："推翻国际资本主义的压迫，达到中华民族完全独立；统一中国本部（东三省在内）为真正民主共和国"③、"蒙古西藏回疆三部实行自治，成为民主自治邦；用自由联邦制，统一中国本部、蒙古、西藏、回疆，建立中华联邦共和国"④。

（二）中国共产党探索民族区域自治原则的转型期

从 1930 年起，中国共产党提出了发展生产、提高文化和培养选拔

---

① 《中共中央关于党的百年奋斗重大成就和历史经验的决议》，人民出版社 2021 年版，第 4 页。
② 《列宁全集》第 23 卷，人民出版社 1959 年版，第 25 页。
③ 本书编写组：《中国共产党代表大会史》（上册），新华出版社 2012 年版，第 74 页。
④ 本书编写组：《中国共产党代表大会史》（上册），新华出版社 2012 年版，第 75 页。

少数民族干部等具体的民族政策。"九一八事变"爆发和红军二万五千里的战略大转移，共产党对民族地区和少数民族的实际有了更直接、更深入的了解，并开始探索实践适合民族地区社会实际的民族政策。1934年，《关于苗族人民的口号》的文告强调："共产党是主张民族平等、民族区域自治、解放弱小民族的"[①]。同年，《关于瑶苗民族中工作的原则指示》中提出了"民族平等、自治"原则。1935年《回民区域政治工作》提出了"民族平等、民族团结、尊重少数民族习惯"等观点和主张。1936年开创性地建立了陕甘宁豫海县回民自治区政府，这是第一个自治政权。1938年六届六中全会提出："允许蒙、回、藏、苗、瑶、夷、番各民族与汉族有平等权利，在共同的原则之下，有自己管理自己事务之权。同时与汉族联合建立统一的国家。"[②] 1937年4—5月，陈云等进入新疆，10月，中共驻新疆八路军办事处建立，标志着新疆抗日民族统一战线正式建立。1940年《关于回回民族问题的提纲》和《关于抗战中蒙古民族问题提纲》由中央西北工作委员会拟定并经中央书记处批准，成为指导回、蒙两族乃至全国其他地区民族工作开展的纲领性文件。1941年《陕甘宁边区施政纲领》等文件规定："依据民族平等原则，实行蒙、回民族与汉族在政治、经济、文化上的平等权利，建立蒙、回民族的自治区，尊重蒙、回民族的宗教信仰与风俗习惯。"[③] 在陕甘宁边区进行了有效实践，并进行了经验总结。长征和抗战时期，中国共产党和民族地区少数民族的交往交流比以往任何时候都多，党的民族理论与民族政策的运用更频繁、更实际、更细化。在实践层面，党在陕甘宁边区进行了民族自治的有效实践和经验积累。这一时期，中国共产党通过和各少数民族的交往和接触，对各少数民族的认识有了很大的提高，同时，各少数民族也加深了对党的认识。

（三）中国共产党民族区域自治政策确定期

经过前期民族问题治理的实践探索和经验总结，1945年毛泽东同

[①] 林苹：《长征时期党的民族政策及现实启示》，《学术论坛》2007年第7期。
[②] 中共中央统战部：《民族问题文献汇编》，中央党校出版社1991年版，第595页。
[③] 中共中央统战部：《民族问题文献汇编》，中共中央党校出版社1991年版，第568页。

志在《论联合政府》中对民族区域自治给予了很高的评价,他指出:"多年以来,陕甘宁边区和华北各解放区对待蒙回两民族的态度是正确的,其工作是有成绩的。"① 1946年《和平建国纲领草案》提出:"在少数民族区域,应承认各民族的平等地位及其自治权"②,进一步坚定了中国共产党民族区域自治的探索方向。1947年5月1日,中国共产党领导下的第一个省级民族区域自治地方——内蒙古自治政府——正式成立,这在我国民族区域自治实践史上具有开创意义。它的建立和发展为新中国民族区域自治的理论和实践提供了一个完整的样板和参照,提供了极其宝贵的经验和范例。总之,中国共产党成功处理民族问题方面的理论、制度、政策探索和实践,得到了少数民族的理解与支持,使党拥有的各民族群众基础更加广泛,为其后中国共产党在解放战争中取得胜利,以及新中国成立这一开天辟地的大事件埋下了伏笔、打下了根基。1949年9月,中国人民政治协商会议第一届全体会议通过的《共同纲领》开宗明义地规定了中国共产党解决国内民族问题的原则,确认了民族区域自治制度作为处理我国民族事务、民族问题的基本制度预设。

中国共产党在探索国家独立和民族解放的过程中,逐步认识到"中国统一多民族国家和西欧民族国家(nation state)的重要不同,在于中国自古以来就是一个统一的多民族国家,而西欧最初产生民族国家,是基于'一个民族一个国家'的理念,与中国有着本质的不同"③。

二 民族自治地方治理体系现代化建设基本形成阶段(1950—1957年)

中华人民共和国的成立,开辟了中国历史的新纪元。中国完成了

---

① 《毛泽东选集》第3卷,人民出版社1991年版,第1084页。
② 中共中央统战部:《民族问题文献汇编》,中共中央党校出版社1991年版,第1008页。
③ 张先亮等:《边疆多民族地区构建社会主义和谐社会研究——以新疆为例》,经济科学出版社2012年版,第143页。

绝大部分地域的政治统一，"结束了长期以来为人民所极端厌恶的国家分裂和混战的局面，为恢复和发展经济事业和其他一切事业，为中华民族的振兴，创造了根本的条件"。① 中华民族也作为一个政治民族与一个树立了普遍权威的政治实体结合起来，实现了中国现代化民族国家的真正建立。与此同时，根据历史和现实相结合、民族和区域的互融、理论与实践的互引，创制了民族区域自治制度，重构了民族自治地方政治结构并融入国家治理体系之中，开启了中国民族自治地方治理体系现代化建设的新征程。

（一）思想上重视和行动上落实民族工作

在思想上，党中央高度重视少数民族工作。毛泽东同志强调："对于汉族和少数民族的关系，我们的政策是比较稳当的，是比较得到少数民族赞成的；在苏联，俄罗斯民族与少数民族的关系很不正常，我们应当接受这个教训。"② 邓小平同志指出："少数民族问题解决得不好，国防问题就不可能解决好。因此从西南的情况来说，单就国防问题考虑，也应该把少数民族工作摆在很高的位置。"③ 1950年6月，《中共中央关于慎重处理少数民族问题的指示》强调："在少数民族中进行工作，必须首先了解少数民族中的具体情况。并从各少数民族中的具体情况出发来决定当地的工作方针和具体工作步骤。必须严格防止机械搬用汉人地区的工作经验和口号，必须严格禁止以命令主义的方式在少数民族中去推行汉人地区所实行的各种政策。"④ 1950年7月21日，邓小平同志在欢迎赴西南地区的中央民族访问团时专门指出，民族地区落实中央"慎重稳进"精神，"所有这一切工作，都要掌握一个原则，就是要同少数民族商量。"⑤ 在行动上，从中央到地方都因地制宜地落实民族政策。在西北，党中央决定实施屯田戍边与设立生

---

① 逢先知、金冲及主编：《毛泽东传》（上卷），中央文献出版社2003年版，第15页。
② 《毛泽东文集》第7卷，人民出版社1999年版，第33—34页。
③ 《邓小平文选》第1卷，人民出版社1994年版，第161页。
④ 黄光学：《当代中国的民族工作》上卷，当代中国出版社1993年版，第57页。
⑤ 《邓小平文选》第1卷，人民出版社1994年版，第168页。

产建设兵团的政策。在东北，实行"寓兵于农，屯垦戍边"大规模开荒建设国营农场和军垦农场。在南部边疆，开荒建设橡胶农场，组建湛江农垦局和海南农垦局。到1956年末，我国的黑、新、粤、琼、桂、滇等省区陆续建立了大规模农场及管理机构，至此，我国边疆省区的农垦规模初步形成。从历史来看，在边疆开发中"建立生产建设兵团是我们党一个伟大的创举"①。

　　此外，还有很多党推进民族团结工作的典型案例。此仅以"民族团结誓词碑"②一例就可见一斑：事件的缘由是，1950年，普洱专区积极响应党中央的号召，动员35名各民族头人及其代表到首都北京参加了国庆一周年观礼，受到了毛泽东同志等党和国家领导人的亲切接见。国庆观礼活动激发了各族代表爱国、爱党的热忱，他们按照毛主席等党和国家领导人的指示精神，于1950年12月27日至1951年元旦，在宁洱县召开"普洱区第一届兄弟民族代表会议"，出席会议的代表有300多名。1951年元旦，参会的26种民族（含各民族支系）的土司、头人、代表和党政军主要领导，以"会盟立誓，刻石铭碑"的传统仪式来表达边疆各族人民拥护中国共产党的领导和团结到底的决心。从此，一座坚实的民族团结誓词碑牢牢屹立在中国西南的边疆大地之上，全国民族大团结的意识从此深深扎根于边疆各族人民心中。这一"盟誓"仪式和事件，3种文字、26个民族、47个签名，不仅是

---

① 王恩茂：《在庆祝新疆生产建设兵团成立三十周年暨"双先"代表大会上的讲话》，《党的文献》2004年第6期。

② 民族团结誓词碑文如下：

民族团结誓词

我们二十六种民族的代表，代表全普洱区各族同胞，郑重地于此举行了剽牛，喝了咒水，从此我们一心一德，团结到底，在中国共产党的领导下，誓为建设平等自由幸福的大家庭而奋斗！此誓　召景哈（傣文）、喃巴独玛（傣文）、叭浩（傣文）、召贯（傣文）、独弄浩（傣文）、李扎圣（拉祜文）、左朝兴（拉祜文）、张翰臣、方有富、李老大（拉祜文）、李光保、马朝珍、李保、拉勐、陶小生、张石庵、李扎迫（拉祜文）、麻哈允（傣文）、魏文成、萧子生、赵布金、高寿康、白开福、朱正福、何德、龙云良、阿街（傣文）、李世祥、罗恒富、李学智、王开林、陶世万、张玉保、李万学、张绍兴、杜阿尼、黄阿独、的金（傣文）、叭弄浩（傣文）、刀焕贞（傣文）、昌恩泽、雷同、唐登岷、张钧、曾从信、方仲伯、谢芳草、李吉泰
　　　　　　　　　　　　　　　　　　　　　　　普洱区第一届兄弟民族代表会议
　　　　　　　　　　　　　　　　　　　　　　　公元一九五一年元旦

云南民族工作的重要创举和云南民族团结进步的历史象征，也是中华民族伟大复兴的重要昭示和中华民族共同体意识铸牢的先声。① 故而，誓词碑有了"新中国民族团结第一碑"和"新中国民族工作第一碑"的美誉。可见，我们党和政府一开始就把民族问题的处理和民族工作的领导置于"政治屋顶"的位置上。

（二）开展民族问题的法律法规体系建设

民族问题法制化渊源有自，早在1931年11月，《中华苏维埃共和国宪法大纲》明确规定："中国苏维埃政权承认中国境内少数民族的自决权。"② 1941年5月《陕甘宁边区施政纲领》规定："依据民族平等原则，实行蒙回民族与汉族在政治、经济、文化上的平等权利，建立蒙回民族的自治区。"③ 实现了从自决权到自治权的法制转变。1947年4月3日，《内蒙古自治政府施政纲要》的通过和实施，标志着党领导的民族区域自治地方的性质已完全明朗，实践已完全展开。1949年《共同纲领》正式将民族区域自治制度作为我国的一项重要政治制度确定下来。紧接着1952年正式颁布《中华人民共和国民族区域自治实施纲要》，这是我国民族区域自治的第一部专门性法规，为新中国的民族法制建设提供了一个蓝本，是我国民族区域自治和相关制度迈向法制化、规范化的重要一步。1954年《中华人民共和国宪法》的颁布，各族人民成为新中国真正的主人，在《宪法》"总纲"中规定："中华人民共和国是统一的多民族国家。……各少数民族聚居的地方实行区域自治。各民族区域自治地方都是中华人民共和国不可分离的部分。"④ 国家以最高法的形式把民族区域自治固定下来，并被上升到基本国策层面，同时还解决了区、州、县以及民族乡实践中的相关问

---

① 王德强、袁智中、陈卫东编著：《亲历与见证：民族团结誓词碑口述实录》，社会科学文献出版社2018年版。
② 王希恩：《20世纪的中国民族问题》，中国社会科学出版社2012年版，第306页。
③ 王希恩：《20世纪的中国民族问题》，中国社会科学出版社2012年版，第311页。
④ 《中华人民共和国宪法》（1954年），http：//www.npc.gov.cn/wxzl/wxzl/2000 - 12/26/content_4264.htm。

题，民族区域自治制度的法制化建设是中国共产党第一代领导集体艰苦探索的智慧结晶，实现了马克思主义民族理论与民族政策的中国化。具体表现为五个结合："国家集中统一与民族区域自治相结合，经济因素与政治因素相结合，民族自治与区域自治相结合，制度因素和法律因素相结合，历史因素和现实因素相结合。"[①] 所以周恩来评价说："我们的民族区域自治制度……使所有少数民族不论聚居或者杂居都能实行真正的自治。这就有利于少数民族普遍行使自治权利，也有利于民族之间的合作互助。"[②]《纲要》的实施、《宪法》的颁布和依据《宪法》若干规定的发布实施，是党和国家对民族自治地方治理体系现代构建的总体规划和顶层设计，既立足现实又谋划未来，一开始就把民族区域自治纳入法制化轨道，为少数民族政治的发展和族际关系的改善提供了制度依靠，标志着民族自治地方现代化治理步入规范化、法制化、体系化的新时期。

（三）开展全国范围的民族识别工作

中国是一个历史悠久、民族众多的国家，识别、辨认民族成分的工作是一项基本的国情调查，更是一项理论性、政策性、科学性和实践性很强而又直接关系到具体落实民族平等政策的基础工作。为此，我国有计划、分阶段开展了民族识别工作：从1950—1954年为第一阶段，中央政府先后向西南、西北、中南、东北和内蒙古等地派出中央访问团，深入各民族地区初步开展了民族识别问题。经过识别和归并，确认了38个少数民族。从1954—1965年为第二阶段，经过广泛调查研究和识别，又确认了15个少数民族，至此，我国少数民族的族别成分问题基本解决。第三阶段从1964—1986年，在这个阶段又确认了2个少数民族。至此一共确认了55个少数民族。加上汉族，中国这个多民族国家一共有56个民族。经过长达三十多年广泛而又深入细致的民

---

① 钟世禄：《中国共产党在边疆少数民族地区执政方略研究》，云南人民出版社2010年版，第112页。

② 《周恩来选集》下卷，人民出版社1984年版，第260页。

族识别工作，既摸清了我国民族成分的家底，也宣传了党民族平等的基本政策，为民族区域自治的实行提供了扎实基础。我国民族识别工作之所以能够有效并成功开展，是因为我们以马克思主义关于民族问题的理论为基本遵循，同时又充分考虑我国民族的具体实际。在中国民族识别的具体工作中，理论上参考斯大林对民族概念的界定："民族是人们在历史上形成的一个有共同语言、共同地域、共同经济生活以及表现在共同文化上的共同心理素质的稳定的共同体。"① 此定义具有显著的欧洲特色，因为这一定义是依据欧洲民族处于历史上升时期所作出的界定。而在民族识别的具体操作中，无论在理论上还是在实践上我国都没有机械地生搬硬套定义的四个特征，相反，将各民族的特殊性纳入到民族整体性加以分析。在综合研判各种现实特征的基础上，全面而又深入地分析其族源、历史、语言、服饰、政治制度、道德习俗、民族关系、地域等因素，以梳理清楚该人群共同体的形成过程及渊源流变关系，然后确认该共同体的民族成分。在民族称谓上，按名从主人的原则，还要和当地有关民族群众协商，取得同意后，才予以正式确认。这也可以说是我国民族自治地方治理体系中民族识别工作的一大特色和亮点。

（四）设立各层级民族区域自治地方

1951年，云南建立了第一个县级自治区——峨山彝族自治区，之后不到两年的时间，云南又建立了400多个州、县、区和乡级自治政权，当时统称"自治区"，实际上是8个自治州、9个自治县、12个民族区和403个民族乡。② 内蒙古建立了3个自治县，广西建立了8个自治县，新疆建立了5个自治州、6个自治县。随后，新疆、广西、宁夏、西藏等自治区分别于1955、1958、1958、1965年陆续成立。广西、宁夏、西藏这三个自治区虽然成立时间较晚，但本质上仍属于1949—1956年这一时期确立的民族政策的延续。到1958年，

---

① 《斯大林选集》上卷，人民出版社1979年版，第64页。
② 赵丽珍：《当代中国边疆五省区乡村民主发展研究》，人民出版社2011年版，第8页。

全国已经建立了4个省级自治区，现有的30个自治州，有二十八九个是在1950到1958年间陆续地设立起来的，这段时间内共建立了54个自治县（旗）。这些民族区域自治地方分布在全国15个省市，包括35个民族成分，已占全国少数民族人口的绝大多数。在建立县以上民族区域自治地方的同时，为了确保人数较少的民族的自治权利，民族乡成为民族区域自治地方的补充。1956年开始建立民族乡作为民族地方的基层政权形式，到1958年，共新建和改建民族乡1300多个。这与五大自治区的设立基本同步。到这一年，我国民族自治地方的地理空间格局基本形成，此后也很少做更改和大的触动。

从新中国诞生至1957年，中国共产党从制度层面赋予各少数民族以平等地位，造就了具有现代意义的新型民族关系，依托稳中求进的改革创新，将不同发展阶段的各少数民族直接过渡到社会主义，这不仅是处理民族问题的成功典范，更是科学社会主义和国际共产主义运动史上的伟大创举，开创了中国民族关系的新阶段，奠定了民族自治地方治理的基本格局，也奠定了未来我国民族工作的良好基础，标志着我国民族自治地方治理体系现代构建的基本形成。

三 民族自治地方治理体系现代化建设遭遇挫折阶段（1958—1977年）

历史的发展并非一帆风顺。从1958—1977年这二十年间，前面十年是开始全面建设社会主义的十年，党领导社会主义建设虽然遭到了严重挫折，仍然取得了很大的成就、积累了重要的经验。后面十年是"文化大革命"的十年，是党、国家、人民和中华民族"遭到新中国成立以来最严重的挫折和损失"[①]的十年。我国的民族自治地方治理体系现代化建设遭遇了非常严重的挫折，民族工作和民族政策法规遭

---

① 《中共中央关于党的百年奋斗重大成就和历史经验的决议》，人民出版社2021年版，第14页。

到极大破坏。

(一) 民族区域自治工作受到冲击

思想是行动的先声，也是体系的灵魂。由于"左"的错误思想抬头并逐渐在国家经济生活和党内政治生活中居于主导地位，在1958年后的"大跃进"和人民公社化运动，特别是"文化大革命"期间，民族区域自治制度受到了致命冲击。民族工作中片面地强调民族间共同性的增多，否认少数民族和民族地区与内地的差距、差别和差异，各民族自治地方普遍开展了所谓民族地区"特殊论""落后论"的批判，提出各民族共同实现"大跃进"、共同进入社会主义和共产主义的主张。在行动上，开展的整风和反右运动对少数民族干部造成巨大冲击，把民族问题片面简单地上升为阶级问题，强迫少数民族穿汉服以实现"民族融合"；在农业合作化运动中，不切实际地追求更快、更多、更高，不顾少数民族地区经济、文化和社会实际，盲目追求所谓的"一大二公三纯"；同时，"所有民族区、民族乡被一律撤销，有的自治县被撤销后并入附近的县，甚至有些自治州也名存实亡"①；等等。上述做法造成了严重的思想混乱，阻碍了民族区域自治制度的贯彻实施，打击了少数民族干部的积极性，破坏了少数民族地区经济社会发展的正常秩序。

(二) 民族自治地方治理体系全面破坏

"文化大革命"期间，"左"倾思想登峰造极，民族工作、政策法规等全面破坏。新中国成立以来的民族工作成就被全盘否定，民族政策和体制被严重践踏，民族区域自治制度更是被污蔑和诋毁，被冠以"制造分裂""搞独立王国"的污名，其自治权力被剥夺，自治机关遭取消，少数民族干部受迫害，少数民族传统文化和习俗遭破坏，社会生产停滞，新疆生产建设兵团被撤销、大批国营农场遭下放，极大地伤害了少数民族的感情，法制建设全面倒退。1975年《宪法》在民族

---

① 黄光学主编：《当代中国的民族工作》（上），当代中国出版社1999年版，第132页。

问题的规定上过于粗疏，删去了 1954 年《宪法》关于民族区域规定中的自治权的具体内容。国家民委名存实亡，中央统战部正常工作被停止，各级地方的统战部、民委等民族工作机构也都全面遭到破坏。"文化大革命"期间的民族区域自治名存实亡，实质与内地省市县全无差别。这一时期民族自治地方治理体系遭到的破坏是全面的，从建党以来的民族工作经验、民族政策执行到新中国成立以来的民族政策体系、法律制度体系、民族工作机构均遭到重创。

四 民族自治地方治理体系现代化建设的恢复重建阶段（1978—2000 年）

1978 年十一届三中全会后，民族自治地方和全国其他地方一样迎来了改革开放的春天，民族自治地方治理体系现代化建设成为了一项紧迫的工作。通过全国性综合会议、专题会议和地方会议的召开，政策法规的出台，民族自治地方实现了拨乱反正和正本清源。经过二十多年的恢复重建，中国民族自治地方治理体系不仅全面恢复，而且在重建中取得新的进展。

（一）实现了民族工作思想认识领域的正本清源

1979 年 4 月 25 日至 5 月，中央召开了全国边防工作会议，讨论通过的《边疆建设规划》提出了重新恢复民族工作部门，把边疆建设作为民族工作的重大任务来抓。中央对民族地区的区划和行政建制做了调整，譬如恢复被撤并的民族区域自治地方，恢复内蒙古 1969 年前的区划。同时批准和出台了一些具体措施，譬如，国家民委做了《关于做好杂居、散居少数民族工作的报告》，建议重新启动民族识别、进行民族成分认定和更改工作。1980 年 8 月，邓小平同志强调：民族自治地方的民族区域自治制度的真正实行刻不容缓。同年 9 月，叶剑英在宪法修改委员会第一次会议上也对这一问题做了强调。1981 年 6 月通过的《关于建国以来党的若干历史问题的决议》明确指出："必须坚持实行民族区域自治，加强民族区域自治的法制建设，保障各少数民族地区根据本地实际情况贯彻执行党和国家政策的自治权。"[①] 1981年7月16日,《中央书记处讨论新疆工作问题的纪要》中首次提出了"两个离不开"的观点。这是中国共产党对新中国成立三十多年来党的民族工作经验教训所做的较为深刻的总结。1982年党的十二大报告中首次将民族问题提升到关系国家命运的新高度。1990年8月22日至9月1日,江泽民同志在新疆视察时重申"两个离不开"的观点,并进一步强调:"我们伟大的中华民族,是由五十六个民族构成的,在我们祖国的大家庭里,各民族之间的关系是社会主义的新型关系,汉族离不开少数民族,少数民族离不开汉族,少数民族之间也互相离不开。新疆的历史,就是包括汉族在内的各族人民共同抵御外侮、共同艰苦奋斗、共同开发建设的历史。"[②] 明确提出了"三个离不开"思想。

(二) 民族工作机构的恢复与逐步健全

1978年3月,国家民族事务委员会得以恢复,并逐渐开展工作。机构设置设四司、一厅、一部,下设处、科级。随之相应的各级民族工作机构也恢复和建立。实际上,除了政府和人大的民委之外,统战部和政协也恢复了相应的民族工作机构。经过改革实践,我国的民族工作部门得以全面恢复,包括统战部系统、民委系统、人大系统、政协系统。并且随着改革开放的推进和国家机构改革,国家民委的职能设置、内设机构和人员编制均有所调整。此外,为了加强党对民族工作的领导和协调,许多省、市、区、地州和县(市、区)也成立了相应的民族工作领导小组或类似机构。这些机构的设立,对统一协调民族工作发挥了积极作用。

(三) 推动民族政策法规体系的恢复和完善

为了更好地推进民族自治地方治理体系的重建工作,需要法制先行。1979年10月在全国人大民委召开的第一次办公会议上乌兰夫副

---

① 中国共产党中央委员会:《关于建国以来党的若干历史问题的决议》,人民出版社1981年版,第57—58页。

② 中共中央文献研究:《新时期宗教工作文献选编》,宗教文化出版社1995年版,第180页。

委员长讲道:"三十年来正、反两方面的经验,使我们深深懂得了一个问题,即少数民族的平等权利、自治权利和民主权利,没有完备的法律来加以保障是不行的。从民族工作的领导来讲,民族问题没有从法制方面得到很好研究。民族区域自治法是解决我国民族问题的基本政策,但我们只有个《民族区域自治实施纲要》,这还是宪法以前公布的,而且也只是个'纲要',其他就没有了。宪法有规定,自治地方可以制定自治条例、单行条例等,但到现在自治条例一个也没有搞成,单行条例也很少。"① 这里明确提出了制定民族区域自治法和自治条例的问题。1981 年 8 月 16 日,邓小平同志在新疆视察时指出:"要把我国实行的民族区域自治制度用法律形式规定下来,要从法律上解决这个问题,要有民族区域自治法。"② 1982 年 12 月 4 日,新的《中华人民共和国宪法》通过。这部《宪法》对民族区域自治所规定的内容,比新中国成立以来历次《宪法》都要完备和成熟。它不但全面恢复了 1954 年《宪法》的有关规定,并且在总结新中国成立以来我国民族工作的经验教训基础上,结合新时期的历史特点,进一步做了修改和补充,为制定民族区域自治法提供了宪法依据。从 1981 年 7 月成立《民族区域自治法》起草小组,专门研究起草《民族区域自治法》,历经 3 年的讨论、修改和审议,于 1984 年 5 月 31 日,《中华人民共和国民族区域自治法》获得正式通过,自同年 10 月 1 日起实施。《民族区域自治法》是我国除了《宪法》之外的第一部有序言的基本法律,它回答了什么是民族区域自治和怎样实行民族区域自治的问题,成为我国民族区域自治步入法制化轨道的一个重要标志。《民族区域自治法》的颁布实施也带动了民族区域自治实践的进一步扩展,至 1986 年 9 月全国又新建了 16 个自治县(其中包括原来没有建立自治地方的满族、畲族和布朗族的自治县),自治地方由原来的 116 个增加到 132 个。同时,各地制定自治条例和单行条例的步伐也加快了。到 1990

---

① 《乌兰夫副委员长的讲话》,载全国人大民族委员会编《第一届至第九届全国人民代表大会民族委员会文件资料汇编(1954—2003)》(上),中国民主法制出版社 2008 年版,第 529—530 页。

② 《邓小平思想年谱(1975—1997)》,中央文献出版社 1998 年版,第 199 页。

年，颁布了自治条例的自治州有 23 个、自治县 57 个，7 个辖有民族区域自治地方的省制定了贯彻实施《民族区域自治法》的若干规定，法制建设成绩斐然。1991 年 12 月，国务院下发《关于进一步贯彻落实〈民族区域自治法〉若干问题的通知》，明确提出了 11 条措施，要求切实把《民族区域自治法》贯彻落到实处，要求创造与其配套的自治条件，地方自治条例也要相应配套健全，这些举措进一步规范和细化了民族区域自治地方法律法规政策体系。国务院于 1993 年 8 月 29 日同时批准发布了《民族乡行政工作条例》和《城市民族工作条例》。这些法律条例和自治地方的建立与实施，大大提高了民族自治地方依法治理的可操作性和法治化水平，为民族地区的安定团结和社会治理提供了制度化保障。总之，这一时期对民族自治地方性法规的恢复与重建，进一步充实和丰富了民族自治区的法规及政策体系，还管理和自治权利于少数民族，极大提升了民族自治地方的法治化和民主化程度，增进了各民族间的友谊，促进了各民族地区的和谐稳定。

（四）实行民族自治地方结对帮扶和对外开放等经济治理新举措

1979 年 4 月，全国边防工作会议首次提出了国家组织东部发达省市对口支援边疆及少数民族地区的问题。同年 7 月，中央确定了对口支援关系："北京支援内蒙古，江苏支援广西、新疆，山东支援青海，上海支援云南，全国支援西藏。"① 同时，还实施了一系列的优惠性政策措施，譬如给予内蒙古、云南等 8 个多民族省区特殊的财政补贴，从 1980—1989 年实行每年递增 10% 的财政定额补贴，以及增设其他专项款。1987 年，《关于民族工作几个重要问题的报告》提出，新时期民族工作的根本任务是："以经济建设为中心，全面发展少数民族的政治、经济和文化，不断巩固社会主义的新型民族关系，实现各民族的共同繁荣。"② 同时提出，新疆、西藏、云南等省区和其他一些少

---

① 王希恩主编：《20 世纪的中国民族问题》，中国社会科学出版社 2012 年版，第 401 页。
② 《中共中央、国务院批转〈关于民族工作几个重要问题的报告〉的通知》，国家民委办公厅等编：《中华人民共和国民族政策法规选编》，中国民航出版社 1997 年版，第 48 页。

数民族地区实行对外开放，发展边境贸易。1989年中央召开了全国少数民族地区扶贫工作会议，批准设立了"少数民族贫困地区温饱基金"。1992年首次中央民族工作会议提出："在新的历史时期，搞好民族工作，增强民族团结的核心问题，就是要积极创造条件，加快发展少数民族和民族地区的经济文化等各项事业，促进各民族的共同繁荣。"① 1992年开始实行沿边开发战略，确立13个对外开放城市和241个一类开放口岸，设立14个边境经济技术合作区，其中绝大多数在民族自治地方。

1993年11月，江泽民同志在第十八次全国统战工作会议上的讲话中提出，"民族地区存在的矛盾和问题，归根到底要靠发展经济来解决。所以，我们处理民族地区的各种问题，都必须牢牢把握经济建设这个中心"。② 1994年7月，第三次西藏工作座谈会举行，会上提出"对口援藏"政策，强调要把西藏工作的两件大事——稳定和发展——抓牢抓实。1999年第二次中央民族工作会议召开，会议确定的主题是"加快少数民族和民族地区经济发展和社会进步"，确定了民族工作的行动纲领是"加强民族团结、促进各民族共同发展和共同繁荣"。也正是在这次会议上，江泽民同志提出："加快中西部地区的发展特别是实施西部大开发战略，条件已基本具备。实施西部大开发是我国下个世纪发展的一项重大战略任务，也是民族地区加快发展的重要历史机遇"，并明确"在国家未来的发展战略中，加快民族地区的发展将摆在更加突出的位置"③。总之，从纵向来看，经济治理成就斐然。"从1978年到1998年，民族地区经济总量迅速增长，国内生产总值从324亿元增加到7571.32亿元。民族地区国内生产总值占全国的比重从1978年的8.9%上升到1997年的9.5%。"④ 但横向比较，发展的差

---

① 江泽民：《加强各民族大团结，为建设有中国特色的社会主义携手前进》，载国家民委、中央文献研究室编《民族工作文献选编（1990—2002年）》，中央文献出版社2003年版，第31页。
② 中共中央文献研究室编：《十四大以来重要文献选编》（上），人民出版社1996年版，第515页。
③ 文择：《我国领导人谈西部大开发》，《经济世界》2001年第2期。
④ 王希恩主编：《20世纪的中国民族问题》，中国社会科学出版社2012年版，第403页。

距还是很大，有些差距甚至是在扩大。为了解决地区发展差距问题，1999年正式提出西部大开发战略。

（五）加强民族团结和发展民族教育工作

民族团结是多民族国家之福，民族团结教育是党民族工作的特色之一。1984年中央召开第一次西藏工作座谈会提出："要继续认真落实党的民族政策，加强民族团结的工作。要在藏汉等各族干部和群众中经常进行民族政策的教育，进行汉族离不开藏族和其他少数民族，藏族和其他少数民族也离不开汉族的教育。"① 为了发挥先进模范的示范效应，1988年4月，国务院召开了首次全国民族团结进步表彰大会，对1166个先进单位和个人进行表彰和奖励，之后把这项活动规范化、制度化，同时还从经费、宣传等方面做了具体的规定。这使维护民族团结、加强民族团结教育有了新的抓手，创新了民族团结教育的方式方法。1992年首次中央民族工作会议召开，会议对"民族问题"的内涵进行了拓展，民族问题既包括民族自身的发展，也同时包括民族之间、民族与阶级、国家之间等方面的关系。会议深化了对民族关系的认识，对国内民族关系的稳定、团结产生了利好。这次会议还特别提出要积极发展民族教育，"在教育结构、专业设置、教学内容、学制、办学形式等方面，逐步走出一条适应少数民族和民族地区实际的路子"②。此外，恢复新疆生产建设兵团，理顺兵团建制，完善兵团发展模式，这对屯垦戍边、稳定全局具有重大意义。

这个时期，深化了对民族问题内涵的认识，拓宽了民族治理的方式，恢复重建民族自治地方治理体系工作基本完成。同时，进一步丰富和完善民族区域自治，表现在诸多方面。比如民族法制化水平进一步得到提高，全国各个自治州、自治县都相应制定了各自的地方性法律法规。在民族问题上，我们党已牢固地把握了发展经济

---

① 中共中央文献研究室、中共西藏自治区委员会编：《西藏工作文献选编》，中央文献出版社2005年版，第367页。

② 国家民族事务委员会政策研究室：《中国共产党主要领导人论民族问题》，民族出版社1994年版，第253页。

这个中心环节，创新了重要工作机制——中央民族工作会议与国务院民族团结进步表彰大会合一的会议机制。民族自治地方的各项制度进一步健全，民族自治地方经济、政治、文化和社会各项事业获得了长足进步，国家认同感进一步增强，中华民族的凝聚力和向心力进一步发挥。

五 民族自治地方治理体系现代化建设的发展阶段（2001—2012 年）

进入 21 世纪开启新征程，新阶段面临新任务，中国民族自治地方治理体系现代化建设也进入新的发展阶段。面对世界民族主义运动中出现的恐怖主义和宗教极端主义，以及我国民族问题出现的新形势、新情况，胡锦涛总书记以马克思主义为指导，审时度势提出了一系列有关民族问题的新观点、新理论，制定和实施了一系列民族政策法规和措施，为民族自治地方经济社会发展和各民族的共同繁荣进步提供了政策支持和治理机制。

（一）继续推进民族自治地方治理的法制建设

在 2001 年修改了《民族区域自治法》，使这一法律更加完善，并明确规定"民族区域自治制度是国家的一项基本政治制度"，从制度上确立了民族区域自治的特殊政治地位。同时还实施了《国务院实施〈中华人民共和国民族区域自治法〉若干规定》《关于深入开展民族团结宣传教育活动的意见》等一系列重要文件。各民族自治地方也开始相对应地健全和完善本地区的自治条例，在更好地体现《宪法》和《民族区域自治法》的价值理念的同时，根据地区发展的实际情况，因地制宜地增补单行条例，从而构建成了一个较为完整的民族区域自治法律体系。2011 年，国家民委提出了民族事务管理的三个"五年规划"。在战略规划方面，提出了《民族法制体系建设"十二五"规划（2011—2015 年）》，统筹规划了民族区域自治法制建设的整体布局；在理论指导方面，出台了《坚持和完善民族理论政策体系规划

(2011—2015年)》,指挥引导了中国特色社会主义民族理论政策体系的发展与完善;在宗教治理方面,实施了《全国宗教工作系统法制宣传教育第六个五年规划》,协调构建了宗教与现实社会之间的友好和谐关系,积极引导宗教与社会主义社会相适应。

(二) 系统提出21世纪民族工作的主题、任务和原则

民族工作的主题,即"抓住了共同团结奋斗、共同繁荣发展这个主题,就抓住了新形势下正确处理民族问题、切实做好民族工作的根本,就能在全面建设小康社会的历史进程中不断开创民族工作的新局面。"[①]

民族工作的主要任务,即"坚持以邓小平理论和'三个代表'重要思想为指导,以科学发展观统领经济社会发展全局,围绕全面建设小康社会的宏伟目标,牢牢把握各民族共同团结奋斗、共同繁荣发展的主题,全面贯彻执行党和国家的民族政策和民族法律法规,坚持和完善民族区域自治制度,巩固和发展社会主义民族关系,大力培养少数民族干部和各类人才,加快少数民族和民族地区经济社会发展,为我国社会主义物质文明、政治文明、精神文明与和谐社会建设全面发展作出贡献"。[②]

民族工作的原则:第一,坚持从实际出发,认识我国民族众多的国情,客观看待民族问题的长期性、复杂性;第二,坚持并进一步巩固平等、团结、互助、和谐的新型民族关系,弘扬爱国主义精神,牢固树立三个"离不开"思想,促进各民族间的"四个互相";第三,坚持和完善民族区域自治制度,始终贯彻民族区域自治法,切实尊重和保障少数民族的合法权益;第四,坚持把加快少数民族及其地区经济社会发展作为解决我国民族问题的根本途径,实践中要坚持国家帮助、发达地区支援与民族地区自力更生相结合,要不断地改善各族群

---

① 胡锦涛:《在中央民族工作会议暨国务院第四次全国民族团结进步表彰大会上的讲话》,人民出版社2005年版,第8页。
② 胡锦涛:《在中央民族工作会议暨国务院第四次全国民族团结进步表彰大会上的讲话》,人民出版社2005年版,第9—10页。

众的生产生活条件,要不断地提高各族群众的思想道德素质、科学文化素质和健康素质;第五,坚持维护法律尊严和各族人民利益,依法妥善处理民族自治地方的突发事件,坚决维护民族团结、祖国统一、国家安全和社会稳定。① 胡锦涛同志在会上的讲话,对我国社会主义民族关系——平等、团结、互助、和谐——做了更为全面深刻的阐释,他指出:"平等、团结、互助、和谐的社会主义民族关系,体现了中华民族多元一体的基本格局,体现了中华民族大家庭的根本利益。"② "平等是社会主义民族关系的基石……团结是社会主义民族关系的主线……互助是社会主义民族关系的保障……和谐是社会主义民族关系的本质。"③

(三) 提出和实施民族自治地方系统治理战略

在第四次、第五次西藏工作座谈会上,提出了新时期西藏工作的三大任务是加快经济发展、保持社会稳定和加强党的建设。并进而指出:"要毫不动摇地坚持和完善党的民族理论和民族政策,坚持和完善民族区域自治制度,把有利于民族平等团结进步、有利于各民族共同繁荣发展、有利于民族交往交流交融、有利于国家统一和社会稳定作为衡量民族工作成效的重要标准,推动各民族和睦相处、和衷共济、和谐发展。"④ "四个有利于"标准不仅是做好西藏民族工作的标准,也成为我国现阶段民族工作得失成败的衡量标准。邓小平同志曾强调:"在西藏有多少汉人来判断中国的民族政策和西藏问题,不会得出正确的结论。关键是看怎样对西藏人民有利,怎样才能使西藏很快发展起来,在中国四个现代化建设中走进前列。"⑤ "两个怎样"是邓小平同志运用马列主义基本原理正确认识和解决西藏问题的基本原则,而

---

① 胡锦涛:《在中央民族工作会议暨国务院第四次全国民族团结进步表彰大会上的讲话》,人民出版社2005年版,第9页。
② 《胡锦涛文选》第2卷,人民出版社2016年版,第475—476页。
③ 《胡锦涛文选》第2卷,人民出版社2016年版,第475—476页。
④ 《中共中央国务院在北京召开第五次西藏工作座谈会》,http://www.gov.cn/ldhd/2010-01/22/content_1517549.htm。
⑤ 《邓小平文选》第3卷,人民出版社1993年版,第246—247页。

"四个有利于"标准是对"两个怎样"原则的发展。

实施西部大开发战略,党和国家综合考虑到三个方面的因素:一是地域和民族因素,西部地区 80% 以上的面积属于民族自治地方,全国 80% 以上的少数民族聚居在西部地区;二是发展因素,注重边疆地区、民族地区、革命老区的贫困,我国绝大部分贫困地区在西部;三是复合因素,西部不是个单纯的地理概念,而是一个集经济、政治、文化、社会、生态于一体的复合概念。实施"兴边富民"行动,就是为帮助边疆地区、民族地区发展经济、政治和文化,遏制生态恶化,尽快摆脱贫困落后状况。此外,还提出了实施振兴东北战略,改造老工业基地,深入开展"民族团结教育"主题活动等政策措施。

六 民族自治地方治理体系现代化建设的全面推进阶段(2013 年至今)

党的十八大尤其是十八届三中全会的召开,正式提出了国家治理体系和治理能力现代化,民族自治地方治理体系和治理能力现代化是国家治理现代化的重要组成部分。习近平总书记更加重视统一多民族国家的国情,全面推进民族自治地方治理体系现代化建设,他指出:"多民族是我国的一大特色,也是我国发展的一大有利因素"[①],"各民族多元一体,是老祖宗留给我们的一笔重要财富,也是我们国家的重要优势"[②]。"特色""有利因素""重要财富""重要优势"是对我国多民族国情的新定位、新认识。这一新定位、新认识,实现了国情认识从事实判断到价值判断的巨大飞跃,实现了从"各美其美,美人之美"到"美美与共,天下大同"的升华。唯其如此,中华民族共同体意识才能铸牢,中华民族命运共同体观念才能形塑,中华民族伟大复

---

① 国家民族事务委员会编:《中央民族工作会议学习辅导读本》,民族出版社 2015 年版,第 22 页。

② 郝时远:《坚定不移走中国特色解决民族问题的正确道路——学习中央民族工作会议精神的几点体会》,《民族研究》2014 年第 6 期。

兴的中国梦才能实现。

（一）深化民族关系的认识

习近平总书记强调中华民族共同体不是一个"想象的共同体"，而是一个具有历史传承、文化传统和现实根基的"民族实体""民族复合体"。"那种把多民族当做'包袱'，把民族问题当做'麻烦'，把少数民族当做'外人'，企图通过取消民族身份，忽略民族存在来一劳永逸解决民族问题的想法是行不通的。"① "中华民族和各民族的关系，形象地说，是一个大家庭和家庭成员的关系，各民族的关系是一个大家庭里不同成员的关系"②，"巩固和发展平等团结互助和谐的社会主义民族关系"③。他站在民生和民心相结合的新高度上反复强调，"在祖国大家庭里，56个民族是亲兄弟。全面建成小康社会，一个民族都不能少"④，"到2020年全面建成小康社会，任何一个地区、任何一个民族都不能落下"⑤，"让人民过上幸福美好的生活是我们的奋斗目标，全面建成小康社会，一个民族、一个家庭、一个人都不能少"⑥，"全面建成小康社会，一个少数民族也不能少"⑦。各民族主体都是中华民族共同体家园中的一员，都是平等的主体，各民族之间要手足相亲、守望相助、平等相待。习近平总书记以上重要论述把对中华民族共同体的认识提到了一个全新的高度。

---

① 丹珠昂奔：《沿着中国特色解决民族问题的道路前进——中央民族工作会议精神学习体会》，《民族论坛》2014年第12期。

② 国家民委民族理论政策研究室：《中央民族工作会议创新观点面对面》，民族出版社2015年版，第2页。

③ 丹珠昂奔：《沿着中国特色解决民族问题的道路前进——中央民族工作会议精神学习体会》，《民族论坛》2014年第12期。

④ 习近平：《在全国民族团结进步表彰大会上的讲话》，《中华人民共和国国务院公报》2019年第29号。

⑤ 《习近平在宁夏考察时强调：解放思想真抓实干奋力前进 确保与全国同步建成全面小康社会》，《人民日报》2016年7月21日第1版。

⑥ 《全面建成小康社会，一个民族、一个家庭、一个人都不能少》，《中国民族报》2018年2月13日第1版。

⑦ 《决胜全面建成小康社会决战脱贫攻坚 继续建设经济繁荣民族团结环境优美人民富裕的美丽新宁夏》，《人民日报》2020年6月11日第1版。

（二）坚信民族区域自治制度

在 2014 年召开的中央民族工作会议上，习近平总书记一锤定音——取消民族区域自治制度这种说法可以休矣。中央旗帜鲜明的态度，坚定了各族领导干部以及广大群众对于民族区域自治的"四个自信"，形塑了具有中国特色的民族话语体系。习近平总书记在 2014 年中央民族工作会议上特别强调了两个方面：一方面是坚持和完善民族区域自治制度，要做到"两个结合"——坚持统一和自治相结合，坚持民族因素与区域因素相结合；另一方面是"落实民族区域自治制度，关键是帮助自治地方发展经济、改善民生"①。明确提出了实施这项制度的核心任务。在中央第七次西藏工作座谈会上，习近平总书记再次强调："做好西藏工作，必须坚持中国共产党领导、中国特色社会主义制度、民族区域自治制度。"②这其实也是我国民族自治地方治理体系现代化的根本遵循。

（三）深化对民族"交往交流交融"理论阐释

习近平总书记指出："要加强民族交往交流交融，推动建立民族互嵌式的社会结构和社区环境"③；"加强各民族交往交流交融，尊重差异，包容多样，让各民族在中华民族大家庭中手足相亲，守望相助"④；"大家要行动起来，一起做交流、培养、融洽感情的工作，努力创造各族群众共居、共学、共事、共乐的社会条件"⑤。习近平总书记将"四个认同"的内容拓展到"五个认同"，深入到民族政治情感

---

① 《取消民族区域自治制度这种说法可以休矣》，《中国民族报》2017 年 8 月 18 日第 1 版。
② 《习近平在中央第七次西藏工作座谈会上强调 全面贯彻新时代党的治藏方略 建设团结富裕文明和谐美丽的社会主义现代化新西藏》，《人民日报》2020 年 8 月 30 日第 1 版。
③ 《习近平在第二次新疆工作座谈会上强调 坚持依法治疆团结稳疆长期建疆团结各族人民建设社会主义新疆》，《人民日报》2014 年 5 月 30 日第 1 版。
④ 《中央民族工作会议暨国务院第六次全国民族团结进步表彰大会在北京举行》，《人民日报》2014 年 10 月 1 日第 1 版。
⑤ 《习近平在会见基层民族团结优秀代表时强调 中华民族一家亲 同心共筑中国梦》，《人民日报》2015 年 10 月 1 日第 1 版。

和心理层面。习近平总书记在二十大报告中再次指出："以铸牢中华民族共同体意识为主线，坚定不移走中国特色解决民族问题的正确道路，坚持和完善民族区域自治制度，加强和改进党的民族工作，全面推进民族团结进步事业。"① 要进一步挖掘、整理、宣传西藏、新疆自古以来各民族交往交流交融的历史事实，引导各族群众看到民族的走向和未来，深刻认识到中华民族是命运共同体，促进各民族交往交流交融。

（四）民族自治地方治理体系重在建设

"打好扶贫攻坚战，民族地区是主战场。"② 民族自治地方治理体系的建设，核心和关键就是要推动民族地区全面建成小康社会。进入新时代，治疆和治藏方略出现一些调整和变化，其中，最明显的变化是从"援"到"建"的转变，③ 提出要"长期建疆""长期建藏"，从主体性的视角、从国家责任的视角强调"建疆""建藏"。这是一种治理理念的转型，富有深意，它将各民族视为手足相亲的大家庭中的一员，将民族地区作为共同体不可分割的有机组成部分，将少数民族和民族地区的稳定和发展繁荣作为国家、发达地区、少数民族地区共同的责任和义务，都是"分内之事"，都是中华民族大家庭共同的事业。蕴含着中国特色民族国家观的价值追求、理论逻辑与丰富内涵：民族自治地方是中华人民共和国固有领土，民族自治地方发展是党和国家的责任和义务；中华民族是一个民族共同体、文化共同体和命运共同体，一荣俱荣，一损俱损，民族自治地方长期落后下去，中华民族的伟大复兴也不可能实现；国家尽责，让各民族共享改革发展成果，是改善民族与国家关系，增强国家认同感的最根本途径。可以发现，党和国家对民族自治地方治理体系的构建始终坚持以中国特色社会主义

---

① 习近平：《高举中国特色社会主义伟大旗帜　为全面建设社会主义现代化国家而团结奋斗——在中国共产党第二十次全国代表大会上的报告》，人民出版社 2022 年版，第 39—40 页。

② 习近平：《在中央民族工作会议上的重要讲话》，《人民日报》2014 年 9 月 30 日第 1 版。

③ 以往也曾提"长期建藏"，但后来主要以"援藏"为主；现在也提"援疆""援藏"，但"建疆""建藏"将成为主要方略。

民族理论体系为指导，以民族平等为前提，以民族团结为主线，以民族互助为纽带，以民族和谐为根本，以民族区域自治为制度依托，以各民族共同团结奋斗为前进动力，以各民族共同繁荣为发展方向，以民族法制建设为制度保障，在全面深化改革的伟大实践中进一步探索出适用于解决我国民族问题的现代治理体系。

回顾百余年来的历史，我们可以管窥中国共产党在民族自治地方治理体系现代化建设中的一些内在运行规律和特点。

一是坚持以科学的民族理论为指引。建党百余年来，中国共产党坚持以马克思主义民族理论为指导，结合中国革命、改革、开放实际，对20世纪以来的民族和民族问题的认识逐渐深化，逐步形成了毛泽东民族理论与中国特色社会主义民族理论体系。这一理论体系的"第一要义是民族发展，核心是民族平等团结，基本要求是民族全面发展，根本方法是民族区域自治"①，具有科学性、实践性、继承性和创新性的特点。这为民族自治地方治理体系现代化建设提供了理论指南。

二是推进民族区域自治的法制建设，以民族区域自治制度为依托的法律法规和政策体系越来越丰满。首先是宪法对民族自治地方的确认。1949年9月，"民族区域自治"载入《中国人民政治协商会议共同纲领》这一相当于临时宪法的法律文件。新中国成立以来，全国人民代表大会共颁布了四部《宪法》——1954年《宪法》、1975年《宪法》、1978年《宪法》和1982年《宪法》，每部《宪法》都分别对民族区域自治制度做了相应规定。其次是《民族区域自治法》的制定和修改。1952年8月，政务院第一百二十五次政务会议上，中央人民政府委员会批准了《中华人民共和国民族区域自治实施纲要》。会议还批准了《关于地方民族民主联合政府实施办法的决定》和《关于保障一切散居地区的少数民族成员享有民族平等权利的决定》。1984年5月通过《中华人民共和国民族区域自治法》，2001年进行了修改。第三是制定了一系列自治条例和单行条例。上述法律法规为民族自治地方治理体系现代化建设提供了法制保障。

---

① 金炳镐：《民族理论前沿研究》，中央民族大学出版社2014年版，第7页。

三是形成了相对完整的民族政策体系。梳理新中国七十多年来的民族政策会发现，平等、团结、进步在民族关系上是一以贯之的，民族平等、民族团结、民族区域自治和各民族共同繁荣构成了党的民族政策体系的核心要素。在此原则之下，党在实现和保障各民族平等的政治权益、帮助少数民族和边疆民族地区加快经济社会发展、培养选拔少数民族干部及其他人才、弘扬少数民族传统文化、尊重少数民族的宗教信仰自由、语言文字使用、民族教育和相关学术研究等方面都形成了完整的政策体系。2009年9月国务院新闻办发表《中国的民族政策和各民族繁荣发展》白皮书，指出党和国家开创了具有中国特色的解决民族问题的正确道路，形成了较为完备的民族政策体系。

第四章

民族区域自治地方治理体系的现状剖析

实际上，怎样治理社会主义社会这样全新的社会，在以往的世界社会主义中没有解决得很好。……我国政治稳定、经济发展、社会和谐、民族团结，同世界上一些国家和地区不断出现乱局形成了鲜明对照。这说明，我们的国家治理体系和治理能力总体上是好的，是适应我国国情和发展要求的。①

国家治理内在地包含治理体系和治理能力方面的内容，二者相辅相成，有了科学的治理体系才能孕育出高水平的治理能力，可见治理体系的构建具有一定优先性。民族自治地方治理体系是在国家统一领导下，各少数民族管理本民族自治地方社会的制度体系，是一个具有民族性、地缘性、政治性和历史性等多元特质的复杂产物，它是民族自治地方根本属性的制度化显现，是民族自治地方所有特性的混融体，具有根本性、全面性、稳定性和长期性。民族自治地方的治理体系作为一种客观存在，相比较于国家其他地方（一般的省市县乡、特别行政区）的治理体系，其结构、功能、内容、形式、表征、方法等都独具特点，而且在国家政治结构、民族关系结构、民族利益保障和地缘政治变迁的深刻影响之下处于不断的变化发展之中，并以一种复杂的、独特的外在形式呈现出来。为了展开对复杂而又独特的治理体系形式

---

① 《习近平谈治国理政》第 1 卷，外文出版社 2018 年版，第 91 页。

的剖析，民族自治地方治理体系借鉴了"马克思主义民族理论"、现代化理论、民族区域自治理论、"结构—功能理论"和"治理—善治理论"。作为一个新的范畴，治理体系现代化源自于20世纪80年代在世界范围内兴起的地方治理体系，正式见诸十八届三中全会文件。民族治理的提出，不仅是中国民族工作话语的转变，更是对当代中国民族自治地方治理体系和治理能力的系统思考，治理体系的构建和运行就具有了优先性与合法性。中国民族自治地方选择什么样的治理体系、为什么选择、运转和构建的情况怎样，这方面的问题需要认真分析研究，才能为民族自治地方全面建成小康社会和中华民族伟大复兴提供精神动力和智力支持。

民族自治地方治理体系，是包括治理机制、方法及法律规范在内的一个复合概念，其形成既是对中央基本规定的贯彻和实践，更是充分考虑和反映民族区域实际做出的制度安排。① 选择这样的治理体系是由我们国家及其民族自治地方的历史传承、文化传统、经济社会发展水平决定的，是由我们国家及其民族自治地方的人民决定的。这样的治理体系"总体上是好的，是有独特优势的"，但仍有"许多亟待改进的地方"。这些都需要以相关理论为参照，对民族自治地方治理体系的结构、功能、方法等进行深入系统研究。就总体而言，我国民族工作的现状可以概括为"五个并存"的阶段性特征，五个并存包含机遇和挑战，交织着成就和问题，为民族自治地方治理体系构建提出新认识新要求——揭示时代性、探索规律性、争取主动性。

关于现状的剖析，有多种视角，一种是从民族自治地方治理体系中的政治、经济、文化、社会、生态、党的建设层面来解读，这一视角留待第五、六章中展开；另一视角是从民族自治地方治理体系的结构功能、制度体系、运行方式、过程取向视域进行揭示，本章主要就从这一视角分以下四方面进行分析，试图获得更多的认识，以期对前一视角的分析有所深化和补益。

---

① 刘剑：《新形势下我国民族事务治理现代化研究》，硕士学位论文，闽南师范大学，2016年。

一 民族自治地方治理体系结构与功能的现状

在治理中，体系和结构须臾不离，体系意味着形成了一种稳定的结构，结构指向了体系中各主体的位置，体系的稳定与转型依赖各主体的行为及其相互关系所形成的一种结构化的张力来推动。从结构与功能的视角来分析民族自治地方治理体系，有助于弄清楚民族自治地方"谁是治理主体""治理主体之间是什么关系"以及"治理主体主要发挥什么作用"的三大问题。民族自治地方治理体系是民族自治地方治理结构主体履行职责及其功能发挥形成合力的结果或状态。就其治理结构主体而言，从层级上至少可以划分为三个层级——自治区、自治州、自治县（旗），若再向下还有乡（镇）、村。在县级以上的每一个层级可细分为党的组织、政府、企业、社会、公民、媒体等方面，分别发挥着领导动员、组织、监管、服务、配置等五大功能。

（一）总体评判

从治理体系的结构要素和功能发挥来讲，在国家治理现代化的总体推进中，民族自治地方治理体系的结构要素配备及其功能发挥总体状况是比较好的。这是一个直观的评价，具体从以下三方面来进行判定：第一，是否有效维护了中央权威。我国是一个历史悠久、民族众多、边境线漫长的多民族国家，无论是在古代，还是在现代民族国家建构以来，对边疆地区、民族地区和少数民族进行有效治理是维护多民族国家统一的基本前提。其中，中央权威的树立和维护是统一多民族国家的政治保证，也是现代民族自治地方治理体系构建中不可忽略的底色。第二，是否维护了国家统一。中国共产党的成立、新中国的成立、民族区域自治制度的实行，促进了民族地区经济的跨越式发展和政治的制度性变迁，实现了民族自治地方的有效治理，维护了中华人民共和国的主权统一和领土完整，明确了民族自治地方治理体系中的结构主体及其基本功能。第三，是否得到各民族的认同。改革开放以后，我国重建了遭到破坏的民族区域自治制度，不断发掘民族事务治理的制度潜力，完善民族事务治理的政策体系，注重保障少数民族的集体权利，从而使得随着国家实力的整体性崛起，民族自治地方治理结构和体系从总体上得到了进一步的完善和提升。2018年8月，本课题组团队在中国第一个自治县——云南峨山彝族自治县进行了为期18天的实地调研和深度访谈，发放问卷900份，回收有效问卷826份。少数民族在回答：您是否同意"在治理结构体系中，民族区域自治制度是保障民族自治地方各族人民权益的基本政治制度"这一问题时，"完全同意"的民众占73.6%，"基本同意"的占21.7%，"不完全同意"的占4.2%，"不清楚"的占0.5%。这表明当前在某种程度上我国民族自治地方民众从总体上对民族区域自治制度的结构与功能还是很满意的。各民族自治地方群众在很大程度上形成了对党的民族政策和国家治理的高度认同，这保证了民族自治地方治理体系中的结构主体构成的合理和主体间关系的良好。当然，也不可避免地存在一些杂音、噪音和差评。

（二）治理体系中的主体要素评价

民族自治地方治理体系中各主体及其关系运行平稳发展。新中国成立七十多年来，国家治理中的结构主体已发展为由各级党组织、各级人民政府、各类企业组织、各类社会组织以及广大人民群众等多方治理的行为主体构成。各治理主体之间各尽所能、各尽其职，在发挥自身职责和作用的同时，非常注重多元化协同治理的效应，逐渐形成了集中力量办大事的制度优势。可以从以下方面来评判：第一，中央主体作用的发挥。揆诸历史，中央在顶层制度设计和政策制定上充分考虑民族自治地方实际，为民族自治地方全面发展提供制度保障和政策支持。第二，地方主体积极性的调动。即调适好同级自治地方的治理结构主体的行为及其关系。从自治区到自治州再到自治县，各层级都包括执政的中国共产党（含参政的8个民主党派）、人民代表大会、政治协商会议、国务院及各级自治地方政府、各种企业组织、各类社会组织、各民族群众、各类媒体。

治理体系中各主体的行为分别是：第一，各级党委的行为。中国共产党是执政党，是中华民族的先锋队，是民族区域自治制度的创制者，是民族自治地方治理体系现代化的领导者，能有效组织、动员、教育各民族群众遵守宪法和法律的规定，能规划、制定和践行基本的民族政策。党的各级组织是中国共产党在各自治区、自治州、自治县及民族乡等地的基层委员会，是民族自治地方治理结构中的关键主体，是推进民族自治地方治理体系构建的领导核心，是协调和处理民族自治地方治理中多方复杂关系和各种复杂矛盾的重要领导力量。就统战系统而言，有中央统战部和地方各级党委统战部，是党中央和地方各级党委在民族工作方面的职能部门。统战部门的基本职责是调研民族工作大政方针的实施情况、培养少数民族干部、联系少数民族代表人物等。第二，人民代表大会的行为。全国人民代表大会重点聚焦民族问题与民族事务的调查研究和民族政策的总体规划与顶层设计，制定与《中华人民共和国民族区域自治法》相关的法律规范，为民族区域自治提供法律支持。就人大系统来讲，全国人大和地方各级人大的民族委员会的主要职责有，民族法律法规的规划、审议和制定，对民族法规的贯彻落实的监督，对民族工作的调研和指导。其中，民族自治地方的人民代表大会有权依照当地民族的政治、经济和文化的特点，制定自治条例和单行条例，并可以依照当地民族的特点，依法对法律和行政法规的规定做出变通规定；民族自治地方的人民代表大会常务委员会中，都有实行区域自治的民族的公民担任主任或者副主任；自治区主席、自治州州长、自治县县长全部由实行区域自治的民族的公民担任。第三，政协系统的行为。全国和地方各级政协的民宗委，其主要职责是对民族宗教工作进行调查研究、反映情况、建言献策，并对相关的工作部门给予指导和监督。第四，政府的行为。国务院和各级政府是行政机关，认真贯彻落实好《民族区域自治法》，要把宪法和法律规定的关于民族区域自治原则贯穿到具体的行政事务之中。就民委系统来讲，国家民委是主管国家民族事务的国务院组成部门，是党中央、国务院在民族工作方面的参谋助手；地方民委（或民宗局等），是地方各级政府管理民族事务的专门机构，是地方党委政府在民族工作方面的参谋助手。政府还推动使用和发展本民族语言文字。"中国55个少数民族中，53个民族有自己的语言，共使用72种语言；29 个少数民族有本民族的文字。"① 第五，企业的行为。各类企业是民族自治地方治理现代化的强大推动力和物质保障力。国有企业，即使非公有制领域，规模以上非公企业也基本实现了党组织全覆盖，认真落实民族平等政策，努力为各类所有制经济发展创造良好环境，促进民族地区和少数民族共同繁荣和全面发展。第六，社会组织是民族自治地方社会中的一支重要力量，要根据宪法和法律的规定，组织、动员和教育本组织的成员，在开展社会活动过程中要贯彻落实民族平等、民族团结、民族区域自治政策，多做对民族团结进步有益的事。第七，各族群众是推进民族自治地方治理现代化的依靠力量和治理主体。在民族自治地方治理体系构建中，要紧紧依靠各族群众，牢牢把握各民族共同团结奋斗、共同繁荣发展的主题，奋力实现中华民族一家亲，同心共筑中华民族复兴梦的目标。第八，各种媒体尤其是自媒体要根据宪法和法律的规定，充分展示民族自治地方生产生活中的先进典型案例，积极营造民族平等、民族团结、民族互助、民族和谐的社会氛围，为各民族共同团结奋斗、共同繁荣发展做好新闻宣传、素材提炼、舆论引导和舆论监督工作，为民族自治地方治理体系的现代构建创造良好的舆论环境。当然，在实际的行为中，还存在治理主体责权不清、协同不力、能力不强、效率不高、推诿扯皮等问题。

治理体系中各治理主体行为的关系可以概括为"党委领导、政府负责、民主协商、社会协同、公众参与、法治保障"的治理格局。但这里实际上主要涉及两个问题：一个是纵向到底的"条条"问题，一个是横向到边的"块块"问题。怎样解决呢？要通过全面加强党的领导把这两个问题统合起来。党的民主集中制、巡视检查制度的强化保证了党的政策得到全面贯彻落实。以突出"条条"主导的行政控制，立足于上下互动的行政逻辑，彰显了"事务主义"的单元治理取向；以"块块"为主的政治动员，彰显了区域治理的群众基础。在运行中，也还存在机构职能交叠、重要岗位专业人员不匹配、

---

① 《中国特色社会主义法律体系》白皮书（全文），http://www.gov.cn/zhengce/2011-10/27/content_2615783.htm。

"最后一公里"等问题。

（三）民族自治地方治理结构的功能发挥情况

一是社会动员功能的情况。"一部中国共产党的历史就是一部社会动员史"①，是一部动员全国各族人民投身新民主主义革命、社会主义建设、改革开放和全面深化改革的伟大斗争史。社会动员一直是中国共产党的政治优势和基本工作方法之一。在革命战争年代，党领导军队深入边疆民族地区，发动群众，建立根据地，积蓄了革命力量；在战略转移中，红军成功穿越雪山草地、无人区和民族地区，保存了革命火种；在解放战争中，国民党反动派陷入了人民战争的汪洋大海，人民解放军取得了三大战役的胜利，彻底打垮了国民党，这是中国共产党社会动员的鲜明体现；新中国成立后，在促进社会整合、凝聚社会共识、应对公共危机等方面社会动员效果尤甚。党开展了以除"四害"为中心的爱国卫生运动，在"四化"引领下，各族群众掀起"农业学大寨""工业学大庆"的建设热潮；十一届三中全会后，以经济建设为中心，实行家庭联产责任制和社会主义市场经济，调动了民族自治地方群众生产积极性和主动性，边境贸易、民族特色产品市场兴盛；十八大以来，"中国梦""新时代"进一步激活了全面深化改革的动力，增强了各族群众的政治认同，惠及整个国家经济社会发展。同时，建立起了从中央到地方的减灾救灾社会动员组织体系，民族地区减灾救灾社会动员的法规制度不断健全、投入力度不断加大、参与意识不断增强。通过社会动员，不断地把全国各民族、各阶层、各地区高度统一团结在一起，扩大了社会参与和凝练了社会共识，发挥了"集中力量办大事"的制度优势。不过，就民族地区社会动员本身而言，也还存在一些不足：动员主体过于单一、动员对象不够广泛、动员效果与东中部发达地区差距较大等。

二是社会组织功能的情况。"在少数民族中开展党的组织建设和

---

① 李德成、郭常顺：《近十年社会动员问题研究综述》，《华东理工大学学报》（社会科学版）2011年第6期。

培养干部,特别是培养党的领导骨干,是党在少数民族中进行工作的关键。"① 中国共产党在革命、建设和改革的各个时期,都充分地发挥了社会组织的功能。特别在新中国成立初期,党最大限度地整合社会力量,通过建立健全党组织体系和实现社会的新型组织化,把新中国成立初期"一盘散沙"的中国社会凝聚成一个整体。1950年9月,有关社会组织管理的第一个正式法规《社会团体登记暂行办法》出台,同时,"在少数民族地区建党,必须坚决贯彻党的民族政策,抓住民族区域自治这个中心问题,团结上层,深入下层,培养青年,慎重缓进"②。这些举措巨大地推动了社会整合和国家认同,对于国民经济的恢复、社会的稳定和党执政地位的巩固都具有十分重要的作用。改革开放后,民族自治地方社会组织获得巨大发展,民族自治地方传统社会组织在经过创造性的转化后融入现代社会,有效促进民族自治地方现代化发展。党的十八大以来,社会组织功能在民族地区治理体系中的功能进一步发挥。在针对民族地区扶贫的组织动员中,习近平总书记强调,"扶贫工作要切实强化社会合力"。一方面社会组织发挥了应有功能,另一方面,社会组织的培育、管理、功能发挥的规范化还不够。总之,在推进民族自治地方治理体系现代化建设中,国家在帮助实现各民族共同团结奋斗、共同繁荣发展的同时,相应地也形成了较为有效和完备的监管体系,运用综合化手段有效打击狭隘民族主义和分裂主义,保证民族团结和国家统一。

三是资源整合与利益调适功能的情况。民族地区的精准脱贫和全面小康是一项国家战略。国家层面上的政策制定和实施主要表现为:国家通过对口支援、西部大开发战略、兴边富民行动、沿边开放工程等优惠政策,通过专项资金和项目的形式整合了公共资源,在民族地区进行再分配。如2017年,中央财政安排补助地方专项扶

---

① 《乌兰夫文选》上册,中央文献出版社1999年版,第415页。
② 王树盛、郝玉峰:《乌兰夫年谱》(上卷),中共党史资料出版社1989年版,第282、229、230页。

贫资金为 860.95 元，与 2015 年相比，增幅达 86.3%。这种项目制的资源聚合方式，既有利于中央部门资源的下沉和国家意志的下达，实现了一定范围内资源的汲取整合与定向下沉，也有利于对具体实施项目的地方政府定期进行考核评估，对地方政府形成激励和约束机制。为加大中西部地区引资力度，促进区域经济协调发展，国家发改委、商务部发布了《中西部地区外商投资优势产业目录（2017年修订）》。总之，在治理体系现代化推进中，既充分发挥市场在资源配置中的决定性作用，又发挥好政府宏观调控的规划性作用，为民族自治地方各族群众最大限度地提供规模化、优质化、高效化、多样化而又均等化的公共服务、社会保障和发展需要，最大限度地满足各族群众物质、精神和美好生活的需要。当然，东中西区域间、城乡间发展的不平衡不充分还将长期存在。

二　民族自治地方现代治理制度体系的现状

法制建设是依法治理的首要前提和基本遵循，现代制度文明的基本符号之一便是是否具有法制。民族自治地方现代治理的制度体系解决的是"如何保障治理结构有效运转"的问题，主要包括法制、激励、协作三大基本制度。

（一）民族法制体系建设的状况

1949 年的《共同纲领》明确将"民族区域自治"作为新中国处理民族问题的基本政治制度。1952 年 8 月颁布《中华人民共和国民族区域自治实施纲要》，1984 年颁布《民族区域自治法》，民族区域自治的法制体系建设经历了一个正反合的过程，二者前后相续，基本结构相似。从历次《宪法》对民族自治区地方自治机关的规定来看，1954 年《宪法》中涉及的规定有 6 条，1975 年《宪法》涉及的规定只有 1 条，1978 年《宪法》涉及的规定增至 3 条，1982 年《宪法》涉及的规定增至 11 条，同时还恢复了 1954 年《宪法》关于"各少数民族聚居的地方实行区域自治"的要求。可见，自民族区域自治实行以来，中国共产党就非常重视民族法制建设，虽然其中有挫折，但民族法制建设依然取得巨大成就，迄今初步形成了中国特色民族法律法规体系。这个体系是"以《宪法》的相关规定为根本，以《民族区域自治法》为主干，包括其他关于民族方面的法律规定，国务院及其各部门制定的关于民族方面的行政法规和部门规章，各省、自治区、直辖市及较大的市制定的关于民族方面的地方性法规和规章，民族自治地方自治条例和单行条例在内的中国特色民族法律法规体系"①。据统计，到2019年5月，云南民族自治地方性法规数共193件；到2015年7月，西藏自治区现行有效的地方性法规123件；②到2017年9月份，内蒙古自治区及常委会共计制定有效地方性法规182件，批准市级地方性法规共计136件，批准三个自治旗现行自治条例和单行条例共计39件。③

但目前存在的问题是配套法规不健全，表现有二：一是国家层面上，有相当一部分国务院部门尚未制定实施民族区域自治法的配套性文件，而现行有效的配套性文件位阶不高、操作性不强，在"涉及财政转移支付、基础设施项目安排、投资政策、教育卫生文化等基本公共服务、税收优惠等实质层面缺乏具有刚性约束力的部门规章"④。二是地方层面上，"5个自治州和6个自治县尚未制定自治条例；各省区市中，只有15个省市制定了实施国务院若干规定的地方性法规或政府规章"⑤。

---

① 《民族法制体系建设"十二五"规划（2011—2015年）》，2011年8月11日，http://www.seac.gov.cn/art/2011/8/11/art_149_133670。

② 西藏白皮书：《民族区域自治制度在西藏的成功实践（全文）》，http://www.xinhuanet.com/politics/2015-09/06/c_1116469499_5.htm。

③ 杨宇烨：《进一步完善地方立法程序深入推进少数民族自治区地方立法科学化、民主化——以内蒙古自治区为例》，《法制博览》2018年第28期。

④ 《全国人民代表大会常务委员会执法检查组关于检查〈中华人民共和国民族区域自治法〉实施情况的报告》，2015年12月22日，http://www.npc.gov.cn/npc/xinwen/2015-12/22/content_1955659.htm。

⑤ 刘玲：《中国民族法制建设70年：历程、成就与展望》，《贵州民族研究》2019年第10期。

(二)激励的体制机制建设情况

一是构建支持民族地区产业转型发展的法律激励制度体系。如财政资金转移支付制度、财政专项资金补贴制度、税收优惠政策、融资服务制度、担保与保险服务制度等。

二是全国民族团结进步表彰大会举办的机制化。新中国成立七十多年来，为了让"石榴籽"能够紧密地抱在一起，让56个民族拧成一股绳，我国各民族、各地区、各行业、各条战线上涌现出了无数个生动鲜活的先进人物和集体。从1988年至今，国务院先后举办了七次全国民族团结进步表彰大会，以表彰这些先进个人和集体的优秀代表。希望充分发挥各类先进典型的示范效应，用身边人和身边事教育引导群众，带动各族群众积极投身民族团结进步事业。

三是示范单位的命名授牌。国家民委先后命名六批"全国民族团结进步创建活动示范单位"，发挥了民族团结进步创建活动示范单位在全社会的辐射和带动作用。在脱贫攻坚中，科学地制定了结对帮扶、对口支援、精准扶贫等相应的激励、考评机制，对缩小族际、地区发展差距大有助益，各类治理主体内在潜能的迸发和活力的释放得到了激发，各民族的国家认同、政治认同和中华民族共同体意识的培育和巩固得到了加强。

四是民族地区村社联动治理机制的建立。村社联动治理机制是集激励、监督、决策、融资等机制一体化的组织协作体系，合理应用物质激励、精神荣誉以及村规民约、宗教信仰等非正式制度，确保村社平安和谐。

在成效的背后也存在民族地区公务员的考核、晋升制度不完善，中小企业员工薪酬激励机制不健全、激励的标准化、规范化不足等问题。

(三)协作体系的建设情况

民族自治地方治理体系现代化建设从一开始就是一个涉及党政军社企媒的多主体工作，是一个包括政治、经济、文化、社会、生态等多领域协同的系统工程。一是对口支援政策。改革开放后，我国明确提出对口支援的制度和政策，逐步形成了中央支持西藏、新疆，全国支援西藏、新疆，组成一对一结对帮扶关系（青海与辽宁、云南与上海、甘肃与天津、四川与浙江、陕西与江苏、宁夏与福建、广西与广东）以及对口支援三峡库区、对口支援汶川特大地震灾区等一系列具体形式。东西部扶贫协作和对口支援是推动区域协调发展、协同发展、共同发展的大战略。二是民族工作主要部门的协同推进。主要有政府系统、统战系统、民委系统、人大系统、政协体系。就民委而言，一方面要做好宏观调控，发挥参谋助手的作用，不断推进各治理主体协同共进、各领域纵横交贯，在交往交流交融中逐步构建互嵌式的社会结构和人居环境，培育不同民族你中有我、我中有你、同呼吸共命运的共同体意识，培育平等团结的族际关系，夯实民族共同体的根基，铸牢中华民族共同体意识。三是临时的或新增的机构设置。为了更好地加强对民族工作的领导和协调，确保中央民族工作会议精神的贯彻落实，许多省、区、市根据本地区民族工作的实际情况建立了民族工作领导小组或类似的组织机构，组长大都由主管民族工作的党政领导担任，或实行一把手工程，成员单位由政府各职能部门组成。确保这些组织的管理权牢牢掌握在主管民族工作的党政领导干部手中，以确保其始终为服务民族团结事业所用。在协作和对口支援发展过程中，也存在受援助地区没有实质性改变、差距进一步加大的问题。①

三 民族自治地方治理体系运行方法的现状

治理体系的生命力在于运行，要通过一定的手段或方法实现民族自治地方治理体系的有效运行。七十多年来，民族自治地方治理体系依靠立法、行政、经济、道德、教育、协商等手段实现了有效运行，

---

① 赵晖、谭书先：《对口支援与区域均衡：政策、效果及解释——基于8对支援关系1996—2017年数据的考察》，《治理研究》2020年第1期。

以善治为治理目标，推动民族自治地方治理体系现代化。

（一）立法手段

立法就是把党的方针、政策上升为国家意志的具体体现。前有《共同纲领》和《中华人民共和国民族区域自治实施纲要（草案）》的实施。十一届三中全会后的 1981 年 8 月 16 日，邓小平同志在新疆视察时指出："要把我国实行的民族区域自治制度用法律形式规定下来，要从法律上解决这个问题，要有民族区域自治法。"① 后有《民族区域自治法》及其修改，解决了各民族自治地方自治的共性问题。而各民族自治地方的个性问题、特殊问题只能通过自治条例、单行条例和补充规定解决。党的十八大以来，党和国家高度重视民族法制化工作。一是推进民族事务法制化。2015 年 3 月新修改的《中华人民共和国立法法》赋予设区的市地方立法权，自治州的人大和政府可以行使地方性法规和政府规章的制定权。二是民族团结进步立法有突破。十八大以来，"以民族团结命名的立法共 12 件，其中除《全国民族团结进步教育基地评审命名办法》和《宁夏回族自治区人民代表大会常务委员会关于促进民族团结进步创建活动的决定》外，其余 10 件全部为地方立法"②。2018 年《中华人民共和国宪法修正案》更将"实现中华民族伟大复兴"写入宪法。三是民族立法坚持立改废并举。譬如，在立法的方面：2014 年云南省列入年度立法计划的地方性法规有 27 件；2015 年，广西壮族自治区人大常委会党组对《自治区十二届人大及其常委会五年立法规划》进行调整，新增与民生相关的立法项目。在改废方面：云南省从 2011 年起，每年的法规修订数均超过制定数。从 2014 年 7 月起，云南省对现行有效的 220 件省地方性法规及具有法规性质的决议、决定进行全面清理，并于 2015 年 5 月底根据清理情况提出处理意见：建议废止 11 件、修改 66 件，清理比例占现行有效法

---

① 中共中央文献研究室：《邓小平思想年谱（1975—1997）》，中央文献出版社 1998 年版，第 199 页。

② 刘玲：《中国民族法制建设 70 年：历程、成就与展望》，《贵州民族研究》2019 年第 10 期。

规的35%。① 西藏2018年制定实施地方性法规清理工作规定，对自治区现行有效的113件地方性法规进行全面清理，其中，对生态环保、军民融合类法规进行了4次专项清理。② 当然，正如上文在"民族法制体系建设的状况"所指出的问题，民族自治地方法律体系的健全和完善还有很大的提升空间。

（二）行政手段

作为一个民族众多而又跨境而居、边境线漫长且邻国较多的国家，适时采用高效的行政命令、指示、规定等措施，对维护国家统一、民族团结，其必要性、重要性和合法性是显而易见的。新中国的成立，特别是改革开放以来，党和国家及时对民族地区实行有效的行政管理手段，全面设置民族工作机构，及时高效开展民族工作：一是设置民族区域自治地方政府，它既是中央人民政府统一领导下的地方行政机关，同时也是民族区域自治机关，依法拥有执行权、行政权和自治权。二是设置了党对民族工作的领导统战部组织系统。三是政府部门民委系统的建立和完善。四是人大和政协系统的参与。上述制度体系的完善为民族自治地方各级政府部门行政手段的发挥提供了有效的制度保障。但在实际的运行中，也暴露出一些问题：行政管理手段的法律制度不够完善、行政成本居高不下、自治权的规范化运行不够、行政手段的滥用等。

（三）经济手段

新中国成立后，根据党在民族问题方面的总任务和民族地区五年计划的原则性意见，国家在第一个五年计划期间对于民族地区的各项建设给予了很大帮助。这一时期，全国民族地区的工农业总产值由1952年的57.9亿元增至1957年的92亿元，增长58.9%，平均每年递

---

① 《云南省完成现行地方性法规清理》，2015年5月26日，http://www.srd.yn.gov.cn/ynrdcwh/1012184016251518976/2015-05-26/268821.html。

② 《西藏2018年确定民生事业等领域77件立法项目》，2019年1月11日，https://m.chinanews.com/wap/detail/zw/gn/2019/01-11/8726786.shtml。

增 9.7%。① 可以说，20 世纪 50 年代的前 7 年是中国少数民族和民族地区发展的黄金时期。三线建设期间的 1965—1980 年，三线地区共获投资 2052.68 亿元，相当于 1953—1964 年 12 年总和的 3 倍。② 从 1978—1998 年，民族自治地方经济总量迅速增长，国内生产总值从 324 亿元增加到 7571.32 亿元，民族自治地方国内生产总值占全国的比重从 1978 年的 8.9% 上升到 1997 年的 9.5%。③ 正是由于国家和发达地区的帮助支持，一系列改革措施的推行和自身积极性的发挥，民族自治地方增强了经济发展能力，实现了经济的快速发展。十八大以来，采用了易地扶贫搬迁、基础设施建设脱贫、公共服务提升脱贫等经济措施推动精准扶贫。国家不断加大对民族地区脱贫攻坚的支持力度，中央财政专项扶贫资金对民族八省区的投入逐年递增，增长速度高于全国整体水平（见表 4 - 1）。2016—2018 年，中央财政专项扶贫资金累计安排民族八省区 1133.1 亿元，占全国总投入的 43.9%（全国 2582.85 亿元），为民族地区攻克深度贫困堡垒、打赢打好脱贫攻坚战提供了坚强保障。④

表 4 - 1　中央财政专项扶贫资金"十三五"安排民族八省区统计表

单位：万元，%

		三年合计	2016 年	2017 年	2018 年
中央财政专项扶贫资金	资金额	25828511	6609487	8609512	10609512
	年增长	—	—	30.3	23.2
安排民族八省区资金	资金额	11330988	2796035	3673032	4861921
	年增长	—	—	31.4	32.4
	占全国比重	43.9	42.3	42.7	45.8

---

① 《当代中国的民族工作》编辑部编：《当代中国民族工作大事记》（1949—1988），民族出版社 1989 年版，第 113 页。
② 王希恩：《20 世纪的中国民族问题》，中国社会科学出版社 2012 年版，第 398 页。
③ 王希恩：《20 世纪的中国民族问题》，中国社会科学出版社 2012 年版，第 403 页。
④ 2018 年民族地区农村贫困监测情况，http：//www.seac.gov.cn/seac/jjfz/202001/1139406.shtml。

续表

		三年合计	2016 年	2017 年	2018 年
民族八省区分省资金安排情况	内蒙古	660942	198435	228399	234108
	广西	1493583	350451	533052	610080
	贵州	2202281	598419	754263	849599
	云南	2270093	622361	717454	930278
	西藏	1371381	269864	432958	668559
	青海	808864	212529	253585	342750
	宁夏	544298	151771	181252	211275
	新疆	1979546	392205	572069	1015272

资料来源：财政部官方网站。

（四）道德手段

道德是人们调解人与自然、人与社会、人与人行为的自觉规范。千百年来，中国各少数民族都将民族平等、反对侵略、共御外侮、患难与共、和衷共济、诚实守信、与人为善、和睦相处、公平合理、遵守秩序、保护生态、集体至上等作为其道德规范。这些道德观念通过宗教信仰、伦理思想、民间传说、文学作品、节日文化、习俗礼仪等形式进行传承、延续和创造性转化，进而为社会主义核心价值观提供思想资源。少数民族伦理道德不仅指导和规范本民族的发展，而且不断丰富社会主义道德内容。其素有的集体主义道德传统、道德信条和爱国传统，在过去为维护祖国统一、民族团结和抵御外来侵略作出过重要贡献，在今天为反对"三股势力"同样作出了不可磨灭的贡献。不过，民族宗教领域内出现的一些打着"纯正道德"幌子的极端化、原教旨主义现象值得高度警惕。

（五）教育手段

中国历代中央政府一直有重视少数民族教育的传统，少数民族自身也重视教育。譬如，新中国成立后的1951年，中央人民政府政务院及时召开了第一次全国民族教育工作会议，就全国少数民族教育的有关问题进行了统筹规划，上升到国家层面。改革开放后，少数民族教育获得了较快发展,除了民族自治地方各级各类教育快速发展外,内地民族班已形成涵盖初中、高中、职业、预科、本专科和研究生教育在内的完整的办学格局和教育体系。这从两组数据中可以得到印证:一组是到1982年,中国各级学校中少数民族学生在校人数已达1016.49万人,比1951年的990745人增长10倍,初步形成了完整的民族教育体系;另一组是到2017年,少数民族在校学生总数为3161.63万人,占在校学生总数的10.71%。"普通小学少数民族在校生占全国小学在校生总数的11.65%,普通初中占11.3%,普通高中占10.57%,普通本专科占9.04%"[1],标志着我国民族教育体系基本形成。21世纪以来,党和国家更加重视民族教育与国家整体教育的协同规划(见表4-2),同时在全社会加强马克思主义民族理论教育,更加注重学校、家庭、社会和自我教育的全面协同,实现各少数民族的思想道德和科学文化素质整体提升。语言相通增进心灵沟通。针对我国"多民族、多语言、多文种、多方言"的实际情况,党的十八大以来,习近平总书记多次强调,"要以社会主义核心价值观为引领,构建各民族共有精神家园。""搞好民族地区各级各类教育,全面加强国家通用语言文字教育,不断提高各族群众科学文化素质。要把加强青少年的爱国主义教育摆在更加突出的位置,把爱我中华的种子埋入每个孩子的心灵深处。"[2] 目前,新疆、西藏已于2017年、2018年使用国家统编教材和通用语言文字授课,内蒙古从2020年开始分三年逐步实施。

表4-2 全国教育事业五年规划之民族教育宏观规划(1992—2017年)

时间	阶段	相关文件	特点
2000年之前	单独规划	《全国民族教育发展与改革指导纲要(试行)(1992—2000年)》	零星散布
		《全国教育事业第十个五年计划》(2001)	

[1] 陈立鹏、任玉丹:《改革开放40年我国民族教育政策成效显著》,《中国民族教育》2018年第12期。

[2] 习近平:《在全国民族团结进步表彰大会上发表重要讲话》,人民出版社2019年版,第9—10页。

续表

时间	阶段	相关文件	特点
2001—2009 年	统一规划	《国家教育事业发展"十一五"规划纲要》(2007)《国家中长期教育改革和发展规划纲要（2010—2020 年）》	单独设章
2010—2017 年		《国家教育事业发展第十二个五年规划》(2012)《国家教育事业发展"十三五"规划》(2017)	

民族教育中存在的问题要表现为：第一，对全面加强国家通用语言文字教育的重大意义认识不到位；第二，国家通用语言文字教育和推广普及在民族地区、农村和边远地区存在"短板"；第三，对民族教育的特殊性、特有规律认识不到位，民族教育政策制定、评估的科学性亟待加强；第四，对民族教育立法的紧迫性、必要性认识不到位，民族教育立法薄弱。纵观我国民族教育立法的发展历程，自《民族区域自治法》实施至今，现行民族地方性教育法规仅有 114 部；155 个民族自治地区中，仅有 36 个地区实施了教育立法；30 个民族自治州中有 19 个还未进行教育立法。[①]

（六）协商手段

协商是中国共产党处理民族关系和解决民族问题的一个重要方法和传统。毛泽东同志曾说："团结起来，按照各民族不同地区的不同情况进行工作。有些地方可以做得快一点，有些地方可以做得慢一点，不论做快做慢都要先商量好了再做，没有商量好就不勉强做。商量好了，大多数人赞成了，就慢慢地去做。做好事也要商量着做。商量办事，这是共产党和国民党不同的地方。"[②] 党的十八大报告提出"健全社会主义协商民主制度"，中共中央《关于加强社会主义协商民主建设的意见》（以下简称《意见》）指出："继续重点加强政党协商、政

---

① 陈恩伦：《我国民族地区地方教育立法的经验及问题》，《内蒙古社会科学》（汉文版）2016 年第 4 期。
② 《毛泽东文集》第 6 卷，人民出版社 1999 年第 1 版，第 311 页。

府协商、政协协商，积极开展人大协商、人民团体协商、基层协商、逐步探索社会组织协商。发挥各协商渠道自身优势，做好衔接配合，不断健全和完善社会主义协商民主制度。"① 《意见》也是坚持和完善民族区域自治制度的重要指导性文件，民族区域自治制度作为一种促进多民族共同参与的协商民主形式，是中国特色的解决中国民族问题的基本形式。因此，协商的传统在今天进一步发扬光大，有法律法规政策的保障，民族工作领域协商渠道是多样畅通的，这既是尊重各民族利益的重要体现，也是践行民主集中制的基本要求。目前，协商民主在民族自治地方执行中仍然存在一些问题：忽略少数民族地区文化特殊性、协商内容未能体现全体少数民族的意志、少数民族部分群众缺少协商意识、缺少良好的协商环境等。②

中国共产党在民族自治地方运用科学的治理方法，保证了治理体系的功能发挥和有效运转。可以简要归纳为三：一是自上而下的顶层设计。中国边疆民族地区治理的关键是处理好中央政府与地方自治政府的关系，既要维护中央政府权威以保证集中统一和政令畅通，又要发挥自治地方各治理主体的积极性、主动性和协同性以防止等、靠、要的慵懒行为。二是自下而上的运行方式。顶层的设计需要底层的落实，即在民族政策法规制定和执行中，中国共产党始终坚持依靠民族地区群众，从群众中来，到群众中去，确保政策法规具有群众基础和接地气。以上两点是纵向上的要求，保证了上下互通。三是横向互动交流，实现横向联通。各少数民族和民族地区之间并不是孤立封闭的，各族群众相互学习，共同进步，综合集成、协同创新。

四 民族自治地方政治过程的现状

民族无论大小、强弱，都有自己的政治过程。在多民族国家治理

---

① 中共中央：《关于加强社会主义协商民主建设的若干意见》，http://news.xinhua-net.corn/politics/2015-02/09/c~1114310670.htm。

② 张绍能、刘亚玲、王冬妮：《协商民主在民族自治地方实践中存在的主要问题分析》，《云南行政学院学报》2019年第3期。

体系中,"不同民族如何在一个共同体内协调相互之间的关系,通过地位平等和权利共享实现社会的团结与稳定"①,是一个重要问题。我国是通过民族区域自治制度来实现。民族政治过程,"即保证民族存在和发展的社会组织及其管理形态的演进过程"②。民族自治地方政治过程是一个涉及治理主客体很多方面的复杂问题,诸如民族内部问题、民族与民族之间的问题、民族与国家之间的问题、国家与国家之间的问题、政治过程取向问题等。

(一)民族内部问题

我国自古就是一个统一的多民族国家,民族在这里具有两层含义:一层是指由56个民族构成的中华民族,可与诸如德意志民族、法兰西民族对称,民族内部问题就是中华民族内部一整体性问题,过去全民族的抗日战争,现在的民族复兴都是这个含义层面上的;另一层是指构成中华民族的56个具体的兄弟民族,本课题是在后一层意义上来使用的,民族内部问题即"本民族内部事务"。我国《民族区域自治法》序言中明确载有,"实行民族区域自治,体现了国家充分尊重和保障各少数民族管理本民族内部事务权利的精神",具体体现在经济、政治、文化、社会等方面。譬如,在经济事务方面,少数民族在长期的生产生活中形成的以农耕或游牧或渔猎为主要特色的生计方式。随着现代化的加速,具有民族特色的生产方式也开始同质化。但也有部分少数民族较为完整地保留了传统的生计方式,如鄂温克族饲养驯鹿形成特色鲜明的驯鹿文化等。在政法事务方面,民族自治地方的行政首长由实行区域自治的民族的公民担任,同时大力培养、配备、使用少数民族干部。在法制建设上,截至2017年8月,我国有29部法律为民族自治地方的制度安排留下了空间。③ 截至2016年底,全国155个自治地方中,现行有效自治条

---

① 王建娥:《族际政治:20世纪的理论与实践》,社会科学文献出版社2011年版,第16页。
② 王希恩:《关于"民族过程"的两个问题》,《宁夏社会科学》1997年第3期。
③ 叶必丰:《论地方事务》,《行政法学研究》2018年第1期。

例139件，单行条例797件。① 其中，关于使用民族语言文字、保护民族文化、照顾民族风俗、培养使用民族干部、发展民族人口等体现民族因素的规定占据了较大比例。在社会事务治理中，少数民族的习惯法对基层社会的自治、法治和德治发挥重要影响。然而，在快速的社会变迁中，不同程度地出现了民族内部的社会分化。这也正是中央和地方今后一段时间需要下大力气整治的。

（二）民族与民族之间的问题

现代多民族国家建设表明，族际关系事关治理成败，事关国运兴衰。因此，族际关系问题"始终是多民族国家内部最突出的社会问题之一"②。新中国成立以来非常注重民族关系治理，采用了民族区域自治制度把"大一统"和"因俗而治"统一起来，确立了社会主义新型民族关系，并不断发展，形塑了"分布上的交错杂居、文化上的兼收并蓄、经济上的相互依存、情感上的相互亲近，形成了你中有我、我中有你、谁也离不开谁的多元一体格局"③。这样的族际关系通过宪法固定下来，"中华人民共和国各民族一律平等。国家保障各少数民族的合法的权利和利益，维护和发展各民族的平等团结互助和谐关系。禁止对任何民族的歧视和压迫，禁止破坏民族团结和制造民族分裂的行为。"政治、经济、文化、社会等具体的制度措施得以在各民族自治地方具体落实。譬如，通过实行人民代表大会制度、民族区域自治制度和落实各项民族政策机制等，促进了民族自治地方人民平等、民主、参与的发展，保障了少数民族当家作主的权利得以实现；通过对口支援、西部开发、兴边富民、精准扶贫等措施促进了民族自治地方群众脱贫致富奔小康。到2019年底，云南省建档立卡贫困人口减少

---

① 向巴平措：《坚持和完善民族区域自治制度奋力实现中华民族伟大复兴中国梦》，《求是》2017年第18期。
② 郝时远：《在差异中求和谐、求统一的思考——以多民族国家族际关系和谐为例》，《国际经济评论》2005年第6期。
③ 《中央民族工作会议暨国务院第六次全国民族团结进步表彰大会在北京举行》，《中国民族》2014年第10期。

95%，贫困村减少95%，贫困县减少92%，减贫进度和全国基本同步，到了2020年底，完成脱贫摘帽任务，并在此基础上统筹推进乡村振兴战略顺利实施。在文化上，弘扬各民族优秀传统文化，推进文化的创造性转化和创新性发展。正如习近平总书记强调的，要以社会主义核心价值观为引领，构建各民族共有精神家园，铸牢中华民族共同体意识。总之，"中华民族和各民族的关系，形象地说，是一个大家庭和家庭成员的关系，各民族的关系是一个大家庭里不同成员的关系"①。一段时间以来，族际关系也面临一些新问题：一是西方民族主义思潮的渗入，二是族际关系复杂化程度超过以往，三是族际之间的利益博弈在多方面展开，四是大汉族主义和地方民族主义有所抬头。

（三）民族与国家之间的问题

从一定意义上讲，民族与国家从来就是一对相伴而生又相互依存、互动发展的天然孪生体。近代以降，我国随着王朝国家向民族国家急速转型，民族与国家之间的矛盾日益凸显；随着中华人民共和国的建立，开启了中华民族国家建设的新纪元。《宪法》载明："中华人民共和国是全国各族人民共同缔造的统一的多民族国家。""国家保障各少数民族的合法权利和利益，维护和发展各民族的平等、团结、互助关系。""各少数民族聚居的地方实行区域自治，设立自治机关，行使自治权。各民族自治地方都是中华人民共和国不可分离的部分。"② 这至少表明了三层意思：一是国家的主体，各民族共同缔造了新中国，这是一国之内多民族共存的国家形式；二是国家的职能，保障各少数民族的合法权益，维护和发展各民族新型的民族关系；三是民族自治地方的权利与义务。在具体实践中，国家层面上，经过二十多年的民族识别和普查工作，确认了55个少数民族成分，形成了56个民族的国

---

① 《中央民族工作会议暨国务院第六次全国民族团结进步表彰大会在北京举行》，《中国民族》2014年第10期。
② 《中华人民共和国宪法》，法律出版社2018年版，第6—9页。

家规模；民族自治政策也在落实，民族自治地方除了具有特别立法权之外，许多全国推行的政策在民族自治地方也可变通；对少数民族的优待优惠政策除了经济领域，更是从生育、高考加分深入到全面的民生改善、公共服务等具体环节。民族自治地方的各民族在国家的帮助下，自力更生发展本地区经济、政治、文化和社会事务，维护了国家统一、民族团结和社会稳定。当然，民族和国家之间也始终存在内在的张力，表现为国家建设共性要求与民族发展的个性要求的矛盾，国家与民族在经济利益和政治权力分配中的矛盾，以及民族政策实施中的差异化问题等，这些都将长时间内存在。

（四）政治过程取向问题

按照政治系统论的解读，民族共同体成员所普遍持有的政治过程取向就表现为对输入的取向和输出（反馈）的取向两个基本的方面，对输入和输出的内容相互转化对冲后形成的取向即为对政治过程的取向。① 其中，"内输入是当代中国政治过程中利益表达与综合的主导形式"②，这种典型的内输入与伊斯顿政治系统论中的一般性输入有很大差别：一般性输入是由系统内外诸如文化、经济、社会结构等参数构成；内输入则是严格意义上的政治角色的经验和活动所形成的要求，"代表性的来自政治体系内部的精英人物，如君主、总统、部长、议员和法官等"③。本课题从民族自治地方政治过程的内输入和政治产品供给两个方面进行简要分析。

民族自治地方政治过程的内输入样态。中国的公共政策过程有别于西方的公共政策模式，群众路线要求决策者必须主动深入到人民大众中去，而不是被动坐等群众前来参与。④ 在当代中国的民族自治地方，党组织、人大、政府、政协是重要的政治内输入主体，在对社会

---

① 周平：《民族政治学》，高等教育出版社2007年版，第209页。
② 刘伟、吴友全：《论中国政治过程中的内输入模式》，《江汉论坛》2013年第6期。
③ 阿尔蒙德、小G. 鲍威尔：《比较政治学：体系、过程和政策》，上海译文出版社1987年版，第13页。
④ 王绍光：《不应淡忘公共决策参与模式——群众路线》，《民主与科学》2010年第1期。

利益表达的认定和利益综合方面居于主导地位，代表公众进行政治输入。譬如，我国民族地区公共政策制定就有鲜明特征：首先是内输入主体的既定性。这包括两个层面：一层是按照地域、民族的一定比例出席全国层面会议的代表，主要由民族自治地方的党委组织、政府和权力精英等少数民族代表组成，他们通过调研、提议、审议党的、人大的、政协的、政府的报告、规划、决定等来实现政治输入。譬如，梳理列举历届全国党代会（见表4-3）、人大（见表4-4）、政协（见表4-5）少数民族人数可以反映出政治参与度在不断提高；另一层面是民族自治地方社会公众在一定范围内的要求和支持也输入到整体体系中，对政治输出发挥了一定程度的影响。这可以民族地区群众的国家认同、政治认同的相关调查为例来说明。在民族地区，年长者比年轻者的国家意识和爱国主义热情更强；对于国家大力推进的精准扶贫脱贫行动，少数民族群众普遍称颂党的民族政策，可见民族政策的实施提升了少数民族群体对党和国家路线方针政策的拥护程度。民族地区农牧民在政治参与过程中的政治体系输入取向，可以从"内蒙古农村牧区百村千户现状抽样调查"材料中管窥。如，民主投票的参与调查，对于"最近一次村委会选举中您参加投票了吗"这一调查，在有效统计的983个样本中，参加投票有900个，占比91.6%。反映了农牧民在投票这一民主选举过程中的参与率较高；对于沟通和接触性参与的调查，一是通过村民大会和村民代表大会召开，尽管会议组织困难，但是在举行的会议中，积极发言的农牧民还是占到48.8%，偶尔发言的占到32.8%，不发言的占18.4%。[①] 同时，随着互联网的普及，一些农牧民还通过网络和电话举报和投诉有关问题，这反映出民族自治地方基层民众参与取向还是高的，同自身利益的关切度成正相关。在新时代背景下，以往出现的某一民族群体的民族认同水平高而国家认同水平反而低的歧视性认同在民族地区并不存在，同时，绝大多数少数民族的"民族认同与国家认同紧张关系的结构

[①] 苏日娜：《民族地区农牧民政治参与的现状及影响因素分析》，《长春大学学报》2019年第5期。

性因素并不显著"①。这与陈自强得出的调研结论"民族地区政治认同水平处于过渡型政治认同阶段"②是基本吻合的。七十多年来，民族地区的政治认同经历了一个良性互动的嬗替过程，"即开始从本能的政治认同向理性的政治认同转变；从情感层次的政治认同向认知层次的政治认同转变；从人格化权威的政治认同向制度化权威的政治认同转变；从基于价值、观念绝对同一的政治认同向基于相互依赖合作关系的政治认同过渡"③。当然，由于调查地域和民族群体样本的局限性，来自于某一局部地区的民族调查是否适用于其他少数民族地区或其他少数民族群体，这显然不能以偏概全，还需继续深入研究。

表 4-3　历届中国共产党全国代表大会少数民族中央委员、候补中央委员人数

届次	时间	地点	代表总数（位）	少数民族代表（位）	中央委员、中央候补委员总数（位）	少数民族委员候补委员总数（位）
第一届	1921.7.23—7.31	上海	12	1		
第二届	1922.7.16—7.23	上海	12	1	5	
第六届	1928.6.18—7.11	莫斯科	118		36	1
第十二届	1982.9.1—9.11	北京	1749	104	348	31
第十四届	1992.10.12—10.18	北京	1989	198	319	32
第十七届	2007.10.15—10.21	北京	2213	242	371	40
第十八届	2012.11.8—11.14	北京	2270	249	376	39
第十九届	2017.10.18—10.24	北京	2280	264	376	38
第二十届	2022.10.16—10.22	北京	2296	264	376	32

---

① 焦开山、包智明：《新时代背景下云南少数民族的国家认同及其影响因素》，《民族研究》2019年第4期。

② 陈自强：《西部多民族地区民众政治认同现状的实证分析——以贵州 I 民族地区的调查数据为例》，《湖北社会科学》2013年第8期。

③ 戴均：《改革开放以来政治认同变迁的轨迹及其规律》，《社会主义研究》2012年第4期。

表4-4　　　　历届全国人民代表大会少数民族代表人数

届次	时间	代表总数（位）	少数民族代表数（位）	少数民族代表比例（%）	少数民族（个）
第一届	1954年	1226	178	14.50	30
第五届	1978年	3497	381	10.90	54
第八届	1993年	2898	554	18.60	55
第十一届	2008年	2987	411	13.76	55
第十二届	2013年	2987	409	13.69	55
第十三届	2018年	2980	438	14.70	55
第十四届	2023年	2977	444	14.91	55

表4-5　　　历届中国人民政治协商会议全国委员会少数民族委员人数

届次	时间	委员总数（位）	少数民族委员数（位）	少数民族委员比例（%）	少数民族（个）
第一届	1949年	198	19	9.60	10
第二届	1954年	753	61	8.10	16
第五届	1978年	2268	174	6.49	31
第八届	1993年	2172	101	4.65	55
第十一届	2008年	2237	250	11.18	55
第十二届	2013年	2237	258	11.53	55
第十三届	2018年	2158	235	10.89	55
第十四届	2023年	2169	244	11.25	55

政治产品的输出样态。政治产品是一个国家或地区政治体系运行的产出结果，涵盖体系产品、过程产品和政策产品三个层次。其中，体系产品包括体系维持，即政治体系过程和内容的规则及预见性，以及体系适应，即政治结构和文化应对国内环境挑战的适应性；过程产品包括政治过程中参与政治输入、对法律法规以及体系的服从与支持、司法目前的程序正义以及政治过程的效率与效益；政策产品包括增长的福利、分配的公平、人身财产和公共秩序的安全、免于管制和私生

活不受干涉的自由。① 政治产品的输出也就是政治产品的供给，也可以从政治、经济、文化、社会等其他方面给予考察分析。

持续不断的民族法律法规政策供给。改革开放以来，特别是党的十八大以来，民族政策理论、民族法律法规、精准扶贫、民生改善以及公共服务等方面形成了系统全方位的供给状态。譬如，在政策理论观点上，党的十八大报告要求"全面正确贯彻落实党的民族政策"。这里比以往提法加了"正确"二字，是有针对性的，是对当前社会上存在的干扰中国特色社会主义民族理论和民族政策的观点和模糊的观点、急躁冒进的观点、极"左"的观点的回应。民族自治地方持续推进民族法律法规的立改废工作，初步形成了民族法律法规制度体系。持续追加资金投入，改善公共设施。以"滇藏公路"为例，新中国成立后国家主导投入修建滇藏公路，被少数民族村民称之为"光明路"和"康庄道"；进入21世纪，迪庆州对滇藏公路进行了升级改造和延伸，村民又称之为"绿色路""发展路"，在国家支持西部经济开发和民族地区发展政策的推动下，国家通过基础设施建设的供给，赢得了民众的国家认同。同样，在考察云南沧源佤族自治县的民众对县乡政权体系和村民自治体系的输出期待时，当问到"您认为生活水平提高主要靠什么"，下面给出了五个选项（好的自然条件、吃苦耐劳、政府的扶持、科学技术、劳动力众多），请被问者按照重要性予以排序。54.2%的人将政府的扶持排在第一位；24.2%的人将其排在第二位，两项相加为78.4%。② 由此可见，当地民众对政府政治产品输出的期待程度和依赖程度非常高。这与迪庆奔子栏社区的调查结论基本一致。

社会安全稳定的环境供给。一段时间，新疆深受恐怖主义、宗教极端主义之害，人民生命安全受到严重威胁。面对严峻形势和复杂情况，党和政府审时度势，着力消除恐怖主义、宗教极端主义滋生蔓延的土壤和条件，有效遏制了恐怖活动多发频发势头，最大限度保障了

---

① ［美］加布里埃尔·A. 阿尔蒙德、拉塞尔·J. 多尔顿、小G. 宾厄姆·鲍威尔、卡雷·斯特罗姆等：《当代比较政治学：世界视野》，杨红伟等译，上海人民出版社2010年版，第165页。

② 王丽华：《少数民族乡村政治体系的变迁与发展——以云南沧源佤族乡村为例》，人民出版社2012年版，第254页。

各族人民的生命权、健康权、发展权等基本权利，最大限度维护了社会的安全稳定。

总之，我国民族自治地方各族群众对政治体系的输出普遍怀有十分热切的期待，尤其对优良政治产品的期待十分炽热。这一方面是由于我国民族区域自治地方大部分都是边疆地区，区位条件、自然环境、发展起点、发展能力与国家核心区域和主体民族相比，具有明显差距。加之民族自治地方往往又处于国家政治、经济、文化、交通辐射的末梢，处于国家"增长极"的边缘，仅仅依靠自身的力量，很难实现生活境遇的改观；另一方面又是因为党和国家的民族政策的贯彻落实，极大地促进了民族自治地方经济、政治、社会、文化的发展和生态的改善，改变了民族地区和少数民族群众的生活境遇，使少数民族群众深切地感受到党和政府的强大力量及对其生活的真切关怀，从而产生对党和国家方针政策的强烈期待。

当然在政治过程取向中也存在一些挑战性的问题：一是政治运行中政治权力和权利消费的差等化现象。如在少数局部地区，"官员群体由于在不同范围和层级中掌控着对包括公权力在内的各种资源的动员力、整合力和配置力，因而整体处于突出的强势地位。与此形成极大反差的是，普通民众处于弱势地位，难以与政府官员实现平等对话和平等博弈，更遑论平等合作、共享权力。"[1] 二是政治产品供给与需求还存在失衡现象。当下政治产品输出的供给侧结构不平衡，安全和福利性产品丰富，自由和公正性产品则相对欠缺。[2] 三是政治产品的品质还需优化。譬如，就选举权和义务教育权的供给而言没有问题，但在权力的使用过程中，就出现了偏远山区、流动人口以及身体病残的选民不方便行使或无法行使，或因校区分布不合理，后勤保障不健全，部分学生上学路途遥远，交通不便等困难，进而有人不得不干脆放弃这些政治产品。这些问题的解决还需要全面深化政治产品的供给侧结构改革。

---

[1] 黄健荣：《当下中国差等正义批判》，《社会科学》2013年第3期。
[2] 陈兴发：《当下中国政治产品供给战略的反思与完善》，《求实》2014年第11期。

第 五 章

民族自治地方治理体系现代化建设的成效与经验

回顾党的百年历程,党的民族工作取得的最大成就,就是走出了一条中国特色解决民族问题的正确道路。改革开放特别是党的十八大以来,我们党强调中华民族大家庭、中华民族共同体、铸牢中华民族共同体意识等理念,既一脉相承又与时俱进地贯彻党的民族理论和民族政策,积累了把握民族问题、做好民族工作的宝贵经验,形成了党关于加强和改进民族工作的重要思想。①

实践是检验真理的唯一标准。中华人民共和国成立七十多年来,民族区域自治作为我国的一项重要政治制度经受了实践的检验。围绕民族区域自治而展开的民族自治地方治理体系的全面构建,有力地促进了民族自治地方经济发展、政治稳定、文化繁荣、社会和谐、生态文明和党的建设全面有序发展,实现民族地区综合实力稳步提升。总结我国民族自治地方治理体系现代化建设的七十多年,总体上是好的,是与我国民族地区经济社会发展相适应的。七十多年的实践证明,在国家治理体系的统领下,围绕民族区域自治制度所构建的治理体系成效是显著的,经验是丰富的。全面梳理和总结民族自治地方治理体系现代化的重大成就和历史经验,既有客观需要,又具备主观条件。既是一个民族政治学的理论问题,又是一个民族区域自治的现实问题,

---

① 《习近平谈治国理政》第 4 卷,外文出版社 2022 年版,第 243—244 页。

归根到底是为了把民族区域自治的事情办得更好。

一　民族自治地方治理体系现代化建设的成效

中华人民共和国成立七十多年来，由于党对民族工作的正确领导，民族自治地方治理呈现体系化、规范化、法治化的良好态势，整合与协调效应显著。具体表现在民族自治地方党的领导和政府治理能力提升、经济持续发展、法律体系逐步完善、文化繁荣、社会和生态治理有序推进，综合实力稳步提升，我国民族自治地方治理体系总体上与我国民族地区经济社会发展相适应。"民族区域自治制度符合我国国情，在维护国家统一、领土完整，在加强民族平等团结、促进民族地区发展、增强民族凝聚力等方面都起到了重要作用。"[①] 总之，在国家治理体系的统领下，围绕民族区域自治制度所构建的治理体系不断丰富和完善，并取得了显著的成效。

（一）民族自治地方党的领导和政府能力在政治治理中获得显著提升

中国共产党从革命党转变为执政党后，始终坚持中国共产党是社会主义事业的领导核心不动摇，不断提高党执政的科学化水平和自身能力建设。从民族地区的实际出发，认真分析民族地区党的建设面临的新形势、新任务，在继承民族地区党建工作经验的基础上，将中央对提高党的建设科学化水平的一般性要求与民族地区党的建设工作的实践有机结合起来，找准和把握提高民族地区党的建设科学化水平的着力点，尤其要始终坚持把科学实践党的执政理念作为基本要求，把实现领导方式和执政方式的科学化作为基本手段，把实现党组织发展和干部队伍建设的科学化作为基本保证。民族自治地方各级党委按照中央要求，加强党的全面领导，全面从严治党，形成了一整套管党治

[①] 王正伟：《做好新时期民族工作的纲领性文献——深入学习贯彻习近平总书记在中央民族工作会议上的重要讲话》，《求是》2014年第12期。

党制度体系，充分发挥党在民族自治地方治理体系和治理能力现代化建设中的政治引领和组织保障作用。

  政府能力是现代国家治理中一个非常重要的关键性因素，通常表现为渗透、汲取、管理和服务四大能力。改革开放以来，特别是随着国家治理现代化的推进，民族自治地方政府的四大能力显著增强，这是党执政能力的鲜明体现。首先是政府的渗透能力超过以往任何时代。传统社会有"皇权不下县"之说，民族地区尤甚。新中国的成立和民族区域自治的实行，党的组织实现了全覆盖，横向到边（各类单位和社会组织），纵向到底（村）。中国的民族自治地方是行政区划和行政建制的统一，有三种类型或层次：自治区、自治州、自治县（旗）[①]，向下还设置有乡、民族乡、镇，以及村委会这样的自治组织。这样多层级的党政组织体系设置从成立以来虽有变动，但总体稳定，为党和政府的组织动员能力提供了扎实基础。如自"3·14"以来，西藏提升组织渗入能力，实行各级驻村、驻寺制度，以及网格化管理和双联户制度。其次是财政汲取能力显著改善。财政的汲取是政府履职的保障。这里以西藏地方财政收入变迁为例作一说明：1978年西藏的地方财政收入为-1558万元，1989年的地方财政收入为1380万元，扭转了从1968年开始长达21年的赤字局面[②]；2017年地方财政收入为259亿元[③]。其中，西藏一般公共预算收入占GDP的比重从1996年的3.73%提高到2016年的13.55%，为政府自身运转履职提供了财力支撑。再次是管理能力的提升。我国的民族区域自治是统一与自治，集中与民主的最佳结合的特殊治理形式。"作为一种特殊的国家治理形式，自治不但使特殊的区域或集团获得了自主发展的充分权利，而且保持了与整个国家在结构上的协调一致，自治应该说是解决特殊区域

[①] 方盛举：《中国民族自治地方政府发展论纲》，人民出版社2007年版，第11页。值得注意的是，民族乡既不属于民族自治性质的行政区域，也不属于民族自治性质的行政建制。它只是享有某些特殊政策优惠的一般乡级行政区域和行政建制。

[②] 西藏自治区统计局编、旺堆次仁主编：《西藏自治区辉煌50年》，西藏人民出版社2000年版。

[③] 《2018西藏自治区政府工作报告》，《西藏日报》2018年2月10日。

或集团管理与发展的最有效的形式。"① 国家通过宪法、民族区域自治法的形式把民族区域自治的政治治理方式固定下来，不仅确立了民族区域自治在国家政治生活中的权威性地位，而且实现了民族区域自治制度化、规范化和程序化，这有利于更好地坚持和完善民族区域自治制度。② 新中国成立以来民族自治地方政府已经形成一套完整的体系，并在发展中逐渐形成自身特点：民族性、地方性、自治性、系统性、多样性、层级性、法治性。以法治性为例，在政府组建上，必须按照《宪法》《民族区域自治法》《地方人民代表大会及地方人民政府组织法》《编制条例》和《自治条例》等法律法规的规定，依照法定程序来组建、设置、改革政府机构；在民族自治地方政府管理上必须坚持依法行政、依法管理原则，依照有关法律法规以及各地方自己制定的自治条例和单行条例所明确规定政府的职责权限、活动范围、活动方式和活动内容等方面的行使权力，绝不允许有超越于法律之上或者法律之外的行政活动。最后是公共服务供给能力得到改善。这主要得益于民族自治地方政府体系不断优化，行政管理水平不断提高，政府活力和政府治理能力不断提升。但也有差异，这里以民族八省区为例说明，综合的公共服务供给能力都有改善，但改善的程度又各有不同，随着改革的推进，排序也会发生变化。（见表5-1）

表5-1　　　　　　　民族八省区公共服务能力比较③

地区	基本服务因子 (F_1)	发展因子 (F_2)	保障因子 (F_3)	建设因子 (F_4)	平均分界线 (F)	综合得分排序
广西	2.51	-0.48	0.28	1.08	0.99	1
云南	2.22	0.74	-0.57	-1.6	0.62	2
内蒙古	-0.8	2.53	0.14	-1	0.28	3

---

① 方盛举：《中国民族自治地方政府发展论纲》，人民出版社2007年版，第12页。
② 方盛举：《中国民族自治地方政府发展论纲》，人民出版社2007年版，第14页。
③ 李登周：《民族八省区公共服务能力的比较研究》，《安徽行政学院学报》2013年第2期。

续表

地区	基本服务因子 (F_1)	发展因子 (F_2)	保障因子 (F_3)	建设因子 (F_4)	平均分界线 (F)	综合得分排序
宁夏	0.02	1.07	-0.57	1.6	0.23	4
贵州	0.9	-1.07	0.38	0.34	0.16	5
新疆	-2.16	0.25	2.64	-0.04	-0.16	6
青海	-1.81	-0.42	-0.18	0.8	-0.67	7
西藏	-0.87	-2.62	-1.06	-1.22	-1.45	8

注：F值以0为平均分界线，F值大于0表示公共服务能力状况较好，F值小于0便表示公共服务能力状况较差。其中，F_1为基本服务因子，F_2为保障因子，F_3为建设因子，F_4为建设因子。

（二）民族自治地方在经济治理中获得较快发展

新中国成立初期确立了民族经济发展的相关政策——在全国实行"统收统支"财政政策的同时，民族自治地方实行更为优惠的财政政策、"休养生息"的农牧业政策、"重点倾斜"的工业政策、"机动灵活"的边贸政策。上述政策为中国成功解决民族地区的经济发展问题积累了宝贵经验。即使在"文化大革命"时期，国家也实行了"屯垦戍边""三线建设"的经济政策，对带动民族地区的工农业发展发挥了重要作用。截至1975年，全国民族区域自治地方的工业总产值为154.3亿元，比1965年增长129.8%。[①] 改革开放以来，我国进入"以经济建设为中心"的新时期，民族工作得以恢复正常，民族经济政策——优惠的农牧业政策、"分级包干"的财政经济政策、"边民贸易和小额贸易"为主的边境贸易政策、"东援西"的对口支援政策、合理开发矿产资源的政策——得到恢复和发展，特别是社会主义市场经济体制的建立，推动了民族地区经济发展。20世纪90年代末，西部大开发战略和"兴边富民"工程的实施，丰富和发展了民族经济政策的内容和形式，加快推动了民族自治地方经济治理的开展和深化，民族自治地方经济发展成就巨大。其中，1995—2004年五大自治区的人

---

① 金炳镐：《中国民族理论百年发展1900—1999》，辽宁民族出版社2008年版，第360页。

均 GDP 增长率为 148.24%，年均增长达到 14.82%。① 2004 年，云南民族自治地方实现 GDP 达 1062 亿元，较上年增长 12.4%，增幅高于全省 1.6 个百分点。2005 年，云南民族自治地方 GDP 为 1299.98 亿元，占全省 GDP 的 89.25%，较上年增长 18.3%。② 而在 2007 年，云南民族自治地方生产总值达 1860.3 亿元；25 个边境县的生产总值、固定资产投资、农民人均纯收入在 2002—2006 年期间年均增长分别为 11.4%、44.64% 和 8.24%。③ 在经济快速发展的过程中，民族自治地方的基础设施建设得到全面改善，基础产业不断发展壮大，产业结构调整日趋合理，经济实力和自我发展能力持续增强，城乡居民的收入和生活质量稳步提高。这里列举民族八省区近年主要经济指标以窥其增速。如表 5-2 所示，2017 年，民族八省区全社会固定资产投资达 9.06 万亿元，占全国固定资产投资总额的 14.1%，与 2016 年相比略微上升了 0.6 个百分点；地方财政公共预算收入为 0.9 万亿元，占全国地方财政公共预算总收入的 10%，比 2016 年略微下降了 0.4 个百分点；全社会消费品零售额达 3.09 万亿元，占全国消费品零售总额的比例为 8.4%，与 2016 年持平。2011—2017 年，民族八省区这 3 项经济指标的年均增速均明显超过全国平均增速，其中全社会固定资产投资增速更是超出全国增速将近 5 个百分点。④

表 5-2　　　　　　　　民族八省区主要经济指标

指标			数值
全社会固定资产投资	金额（亿元）	2016 年	81846
		2017 年	90629

---

① 国家民委民族问题研究中心：《中国民族自治地方发展评估报告》，民族出版社 2006 年版，第 82 页。
② 郭家骥：《云南少数民族地区发展报告：2007—2008》，云南大学出版社 2005 年版，第 9 页。
③ 王承才：《围绕中心服务大局——开创民族团结进步事业新局面》，《今日民族》2008 年第 3 期。
④ 张丽君、吴本健、王飞、马博等：《中国少数民族地区扶贫进展报告（2018）》，中国经济出版社 2019 年版，第 3 页。

续表

指标			数值
全社会固定资产投资	占全国比例（%）	2016年	13.5
		2017年	14.1
	2011—2017年均增速（%）	民族八省区	16.0
		全国	11.1
财政公共预算收入	金额（亿元）	2016年	9027
		2017年	9133
	占全国比例（%）	2016年	10.4
		2017年	10.0
	2011—2017年均增速（%）	民族八省区	11.1
		全国	9.2
消费品零售总额	金额（亿元）	2016年	28063
		2017年	30888
	占全国比例（%）	2016年	8.4
		2017年	8.4
	2011—2017年均增速（%）	民族八省区	12.5
		全国	9.6

注：年均增速按可比价格计算，其中价格指数分别使用民族八省区和全国的生产总值平减指数。

党的十八大以来，全面建设小康社会和精准扶贫全面深入推进，捷报频传。我国自1986年设立贫困县以来，历经1994年、2001年和2011年三次调整，共计832个贫困县，其中，云南的国家级贫困县最多，有88个，紧随其后的西藏74个、四川66个、贵州66个、甘肃58个……经过三十多年的奋战，开启了贫困县区脱贫摘帽新时代。2016年全国28个贫困县率先摘帽，2017年有125个贫困县摘帽，2018年有283个贫困县摘帽，2019年有340个贫困县摘帽，至此全国共有776个贫困县脱贫摘帽，占全部贫困县的93.27%，进度符合整体脱贫预期，2020年是脱贫攻坚工作收官之年，也是全面建成小康社会目标实现之年。再看一下具体的省份：西藏的脱贫成绩单，2016年有5个贫困县区率先脱贫摘帽，2017年有25个县区摘帽，2018年再有

25 个县区脱贫，2019 年最后 19 个县区摘帽，至此西藏所有县（区）全部脱贫摘帽。云南的成绩单，2017 年 15 个贫困县市区率先摘帽，2018 年 33 个贫困县摘帽，2019 年 33 个贫困县摘帽。从脱贫人口数来看，2013—2019 年，云南省有 843.8 万贫困人口实现脱贫，独龙族、基诺族等"直过民族"和人口较少民族整族脱贫。"截至 2018 年末，全国农村贫困人口从 2012 年末的 9899 万人减少至 1660 万人，累计减少 8239 万人；贫困发生率从 2012 年的 10.2% 下降至 1.7%，累计下降 8.5 个百分点。"① 2019 年末再有 1109 万人口脱贫，贫困人口数量减少至 551 万。民族自治地方经济发展进入新常态。2014 年，内蒙古自治区的经济总量位于全国第 7 位，人均水平已经突破 1 万美元大关，然而，当年中国只有 8 个人均过万的省级地方。民族自治地方的经济社会发展水平，从纵向上看，正处于历史上最好的时期；横向上看，整体水平与东部地区仍有差距，但是个别民族地区已经走在了现代化建设的前列。② 总之，以民族自治地方的经济总量增长为例，仅从 1984—2013 年底，按可比价格计算就增加了 16 倍③。2020 年民族自治地方全面建成小康社会，经济发展势头强劲。

（三）民族自治地方治理的法律法规政策体系不断健全

中国的国家治理就是要达到法治中国的根本目的和要求，实现科学立法、严格执法、公正司法、全民守法。民族自治地方的法制建设是中国法制建设的重要组成部分，直接关系到我国总体法制体系建设的进程。在民族区域自治的实施过程中，随着立法进程的加快，民族法律法规政策体系逐步得到发展、健全和完善。

宪法关于民族区域自治的相关规定。新中国成立以来，全国人民

---

① 国家统计局：《2018 年全国农村贫困人口减少 1386 万人》，http://www.stats.gov.cn/tjsj/zxfb/201902/t20190215_1649231.html。

② 杨力源：《十八大以来习近平民族区域自治思想探析》，《山西社会主义学院学报》2017 年第 1 期。

③ 向巴平措：《全国人民代表大会常务委员会执法检查组关于检查〈中华人民共和国民族区域自治法〉实施情况的报告》，2015 年 12 月 22 日，http://www.npc.gov.cn/wxzl/gongbao/2016-02/26/content_1987063.htm。

代表大会分别于 1954 年、1975 年、1978 年和 1982 年颁布了《宪法》，每部《宪法》都分别对民族区域自治制度做了相应规定。1954 年《宪法》是以《共同纲领》为基础，总结提炼了民族区域自治的成果和经验，对民族区域自治做了较为全面的规定，奠定了民族区域自治的法律地位。1975 年《宪法》虽然肯定了民族区域自治制度，"但却删掉或删改了 1954 年《中华人民共和国宪法》关于民族区域自治的许多基本规定，特别是删除了自治权的具体规定"。[①] 1978 年《宪法》虽然基本上恢复了 1954 年宪法关于民族区域自治的规定并有所充实，但依然未摆脱"左"的指导思想。1982 年《宪法》中关于民族区域自治的规定比较完备和全面，基本反映出中国民族区域自治制度的发展趋势，是在新的历史时期加速民族区域自治地方政治、经济、文化发展，促进各民族共同繁荣的法律保证，标志着我国的民族区域自治制度进入到了一个新的历史发展时期。

《民族区域自治法》的制定和修改。1949 年 9 月，《共同纲领》规定"各少数民族聚居的地区，应实行民族的区域自治"，这成为了国家将民族区域自治作为解决我国民族问题的基本政策标志。为了进一步贯彻落实，就需要一部操作性比较强的法律来规范民族区域自治政策。经过前期酝酿和广泛讨论，1952 年 8 月 8 日，中央人民政府批准《中华人民共和国民族区域自治实施纲要》（以下简称《纲要》）实施，这开创了我国民族区域自治立法的先河，它是我国的第一项重大立法，是我国关于民族区域自治方面的第一部专门性法律法规，是我国民族区域自治和相关制度迈向法制化、规范化的第一步。《纲要》的实施，对于民族区域自治的普遍推行起了重要作用，它的指导思想、基本原则和主要内容都为以后制定宪法的有关条款提供了重要参考，为制定《中华人民共和国民族区域自治法》奠定了一个很好的基础。《纲要》在一个较长时间内具有法律法规效力，不仅在《宪法》公布前是实行民族区域自治的法律法规依据，而且在《宪法》公布后的一个相当长的时期内，除了部分条款不再适用外，其中的许多重要规定

[①] 金炳镐、董强：《新中国民族区域自治政策 60 年》，《黑龙江民族丛刊》2009 年第 5 期。

仍然继续有效。直到 1984 年《民族区域自治法》公布生效后，《纲要》才正式宣告完成历史使命。① 此外，《民族区域自治法》颁布之后，各民族自治地方也相应地制定了单行条例，进一步丰富和完善了我国民族区域自治地方的法律法规体系，法律文化融入民族地区政治生活。各民族自治地方结合本地实际情况，相继对国家颁布的《婚姻法》《继承法》《选举法》《土地法》《草原法》等多项法律做出变通和补充规定。"截至 2008 年底，我国民族自治地方共制定了 637 件自治条例、单行条例及对有关法律的变通或补充规定。"② 到 2014 年底，云南是全国少数民族自治地方最多的省份，批准的民族自治地方自治条例 37 件、单行条例 150 件，共计 187 件，无论是自治条例，还是单行条例的数量，均居全国第一。③ 目前，我国的民族自治地方已初步形成了比较完善的民族法律法规体系，为少数民族的政治、经济、文化等权利的实现提供有效保障，同时正在推动民族自治地方由法制向法治转型发展。

民族自治地方法律法规体系的形成。截至 2015 年底，现行法律法规中，共有 115 件法律、47 件行政法规涉及民族问题规定，民族自治地方共制定和修改自治条例 262 件，现行有效的 139 件；制定单行条例 912 件，现行有效的 698 件④。截至目前，全国有 15 个省市制定了实施《民族区域自治法》的地方性法规或政府规章，15 个省市制定了民族工作条例（办法、若干规定、散居少数民族工作条例），16 个省市制定了（散居）少数民族权益保障条例。2015 年《立法法》修改以来，自治州出台地方性法规 13 件，内容涉及城乡建设与管理、环境

---

① 全炳镐：《新中国民族政策 60 年》，中央民族大学出版社 2009 年版，第 125 页。
② 截至 2008 年底民族自治地方制定 637 件自治条例，https://www.chinacourt.org/article/detail/2009/09/id/376488.shtml。
③ 云南民族自治地方法规数全国第一共 187 件，https://www.kunming.cn/news/c/2014-12-17/3781882.shtml。
④ 《全国人民代表大会常务委员会执法检查组关于检查〈中华人民共和国民族区域自治法〉实施情况的报告》，2015 年 12 月 22 日，http://www.npc.gov.cn/npc/xinwen/2015-12/22/content_1955659.htm。

保护、历史文化保护等内容。①

民族地区脱贫攻坚意见政策措施体系的形成。2017年以来，国家密集出台了民族地区精准脱贫的指导意见和相关政策措施，确保政策到位、措施到位。就指导意见而言，2017年9月，中共中央办公厅、国务院办公厅颁布了《关于支持深度贫困地区脱贫攻坚的实施意见》，2018年6月，中共中央国务院发布了《关于打赢脱贫攻坚战三年行动的指导意见》。就相关措施而言，一是异地扶贫搬迁。这是实现精准扶贫、精准脱贫基本方略的重要举措，是脱贫攻坚的标志性工程。经国务院批准，国家发展改革委于2016年9月印发《全国"十三五"易地扶贫搬迁规划》，对易地扶贫搬迁工作做出了详细部署。二是基础设施建设脱贫。2017年11月，国家能源局颁布了《关于加快推进深度贫困地区能源建设助推脱贫攻坚的实施方案》；12月，交通运输部发布《支持深度贫困地区交通扶贫脱贫攻坚实施方案》。三是公共服务提升脱贫。在教育方面，2017年5月，教育部和国务院扶贫办印发了《贯彻落实〈职业教育东西协作行动计划（2016—2020年）〉实施方案》；2018年1月，教育部和国务院扶贫办印发了《深度贫困地区教育脱贫攻坚实施方案（2018—2020年）》。在医疗方面，2017年2月，国家卫生计生委办公厅、民政部办公厅和国务院扶贫办综合司下达了《农村贫困人口大病专项救治工作方案》；4月，国家卫生计生委、民政部、财政部等六部门又联合发布《健康扶贫工程"三个一批"行动计划》。在就业方面，2017年4月，人力资源社会保障部、国务院扶贫办印发了《关于进一步做好就业扶贫工作有关事项的通知》；2018年3月，人力资源社会保障部、国务院扶贫办印发了《关于做好2018年就业扶贫工作的通知》；8月，人力资源社会保障部发布了《打赢人力资源社会保障扶贫攻坚战三年行动方案》。在社会保障和社会救助方面，2018年1月，中国残联、教育部、民政部等六部门联合发布了《着力解决因残致贫家庭突出困难的实施方案》；4月，民政部发布了《关于推进深度贫困地区民政领域脱贫攻坚工作的意

---

① 李玲：《中国民族立法70年：历程、成效与展望》，《贵州民族研究》2019年第10期。

见》；7月，民政部、财政部和国务院扶贫办印发了《关于在脱贫攻坚行动中切实做好社会救助兜底保障工作的实施意见》。在社会保险方面，2017年8月，人力资源社会保障部、财政部和国务院扶贫办下发了《关于切实做好社会保险扶贫工作的意见》。在其他公共服务方面，2017年6月，民政部、财政部和国务院扶贫办联合发布了《关于支持社会工作专业力量参与脱贫攻坚的指导意见》。四是其他扶贫措施。2017年7月，文化部发布《"十三五"时期文化扶贫工作实施方案》；同月，文化和旅游部、国务院扶贫办印发了《关于支持设立非遗扶贫就业工坊的通知》，人力资源和社会保障部发布了《治欠保支三年行动计划（2017—2019）》；12月，国土资源部发布《关于支持深度贫困地区脱贫攻坚的意见》；同月，中国人民银行、银监会、证监会和保监会联合印发了《关于金融支持深度贫困地区脱贫攻坚的意见》；2018年1月，国家发展改革委、林业局、财政部等六部门联合发布《生态扶贫工作方案》；6月，文化和旅游部印发了《关于大力振兴贫困地区传统工艺助力精准扶贫的通知》；7月，文化和旅游部、国务院扶贫办印发了《关于支持设立非遗扶贫就业工坊的通知》；等等。上述政策法规的出台，形成了民族地区全方位脱贫攻坚的政策措施组合拳，确保脱贫攻坚任务如期完成。

（四）民族自治地方文化治理体系基本形成

文化是一个民族生活的样法。新中国成立后，党和政府扮演着民族文化建设的主导角色。为了增强新生政权在民族地区的合法性，同时也为推进民族区域自治工作做好准备。1950年11月24日，政务院第60次会议批准了《培养少数民族干部的试行方案》和《筹办中央民族学院试行方案》。在两个方案的指导下，中央民族学院成立并相继在西北、西南、中南各设中央民族学院分院一处，开启了中国民族院校教学科研和人才培养工作的新时代。1951年9月，教育部组织召开了第一次全国民族教育工作会议，会议第一次提出了少数民族教育工作的方针政策、任务措施。其中，一个鲜明特点是在民族教育中要坚持和加强党的民族政策和马克思主义民族观教育。同时，相继成立了民族文化建设工作的全国性和地方性专门机构,领导开展民族自治地方各项文化建设。1952年12月7日,《中共中央关于制定五年计划应重视少数民族地区建设的指示》中强调:"发展少数民族的文化应着重在:逐步建立各中心区和人口集中地区的医院、卫生院、医务所和农村草地的医疗队、防疫站、驱梅站及其他卫生医疗工作,各种学校教育,成人补习教育和扫盲工作,电影和幻灯教育,少数民族语文的出版、广播工作,文艺及体育活动。"① 截至2012年,8个民族省(区)已经建成县级以上公共图书馆728个、文化馆(群众艺术馆)763个,乡镇综合文化站7092个,村(社区)文化室5.02万个,"每10万人拥有的文化单位数高于全国水平"②,初步形成了省、市、县、乡、村五级公共文化服务设施网络。2013年,文化部印发了《关于加快推进少数民族和民族地区公共文化服务体系建设的意见》,进一步加强对民族地区公共文化建设的指导和支持。2017年底,民族自治地方有各种艺术表演团体1119个,公共图书馆767个,文化馆799个,博物馆611个;全年报纸出版17.2亿份,各类杂志出版1.0万册,图书出版6.8亿册(张);共有广播电视台682个,广播电台25个,电视台55个;民族自治地方广播综合人口覆盖率98.7%。③ 可见,从新中国成立之初,民族自治地方各级各类群众文化服务机构的设置,到改革开放特别是21世纪以来的文化事业治理,民族自治地方已经初步建立了较为完整的公共文化服务体系,并将随着全面深化改革的推进而成熟。

特别值得注意的是,在全社会开展思想政治教育,增强政治认同,也是一项极其重要的文化工作。新中国成立后,党的工作重心就从领导革命战争转移到新政权的巩固和社会主义的建设,对刚刚建立政权的中国共产党来说,政权还很脆弱,国家还存在许多政治隐患,于是

---

① 中央文献研究室等编:《新疆工作文献选编》,中央文献出版社2010年版,第95页。

② 李志伟:《民族地区文化之花越开越艳》,《人民日报》(海外版)2012年5月18日第4版。

③ 国家民族事务委员会经济发展司、国家统计局国民经济综合统计司编:《中国民族统计年鉴2018》,中国统计出版社2019年版,第20页。

就需要对全国进行马克思主义理论、中国共产党的领导地位、民主共和国以及社会主义建设等思想政治理论进行普及教育，以便为党和共和国政权打下坚实的政治认同基础。同时党制定了民族团结政策，确立了各个时期民族团结的中心任务并加强广泛的宣传。改革开放以后，开展了从"四项基本原则"到"三个有利于"，再到"三个代表"重要思想、科学发展观，社会主义核心价值体系和核心价值观在民族自治地方的宣传普及教育。2000 年，国家民委在《关于印发〈关于加强和改进全国民族院校思想政治工作的意见〉》中指出：民族院校和国内其他高校一样，思想政治工作也面临着新的情况、新的问题，由于民族院校的特点和培养对象的特定性，民族院校的思想政治工作有着自己鲜明的特点。国内外敌对势力利用民族、宗教问题对我西化、分化的图谋，西方腐朽意识形态和生活方式的入侵，封建主义、小资产阶级旧思想和旧观念残余的影响，会以不同形式反映到民族院校；我国现代化进程中的地区发展差距、民族发展差距对师生的思想和行为会产生直接或间接的影响。[1] 2009 年 6 月，《国务院关于进一步繁荣发展少数民族文化事业的若干意见》的颁布，为繁荣和发展少数民族文化提供了政策依据和保障。2009 年，第一次召开了全国少数民族文化工作会，审议并通过了《国务院关于进一步繁荣发展少数民族文化事业的若干意见》，这是我国少数民族文化发展史上的一个重要里程碑。2016 年 5 月 17 日，习近平总书记在哲学社会科学工作座谈会上的讲话中提出，要加强对中华优秀传统文化的挖掘和阐发，要推动中华文明创造性转化和创新性发展。为少数民族文化发展提供了指导，丰富和发展了中华民族的共有精神家园——多元一体的中华文化。少数民族文化不仅是少数民族的，也是中华民族的，是中华文化的重要组成部分，是中华民族的共有精神财富。党和国家一直重视发展少数民族文化事业，积极探索构建民族自治地方文化治理体系，建设中华民族共有精神家园，铸牢中华民族共同体意识。

---

[1] 国家民委关于印发《关于加强和改进全国民族院校思想政治工作的意见》的通知，https://www.neac.gov.cn/seac/zcfg/201207/1074260.shtml。

（五）民族自治地方社会和生态治理有效改善

民族地区的社会有序化始终是多民族国家治理的重要内容。中国共产党通过有效的社会治理，实现了民族自治地方的社会秩序，为民族地区走向社会善治做出了两大特殊贡献：一是在我国少数民族较为集中的地区，进行了很有现代社会治理理性的公共权力适当下放与合作共治的探索；二是通过其自身多年来的实践，为民族地区在社会主义制度下实现具有中国特色的社会治理奠定了很好的基础，创造了世界上至今还无出其右的社会跨越式发展奇迹。① 1958 年建立人民公社以前，民族自治地方社会秩序以各民族、地区的内生力量维持为中心，表现为多元、传统、"因俗而治"的特点；1958—1993 年，整个社会秩序靠国家维持，表现为国家的绝对控制；1993 年以后，国家仍处于主导地位，但存在大量的非国家力量，表现为国家力量为主、其他力量为辅。② 通过治理，不仅营造出中华民族大家庭全体 56 个民族成员所认可并有利于实现和维护其权益的社会秩序；而且营造出少数民族地区社会绝大多数群体成员所认可并有利于实现和维护其正当权益的社会秩序，为民族自治地方在社会主义制度下实现具有中国特色的社会治理夯实了基础。进入新时代，民族自治地方将继续"加强和创新社会治理，完善党委领导、政府负责、民主协商、社会协同、公众参与、法治保障、科技支撑的社会治理体系"。③ 改革开放四十多年来，民族自治地方社会治理中教育卫生事业取得巨大进步。2017 年底，民族自治地方共有普通高等院校 236 所，招生 69 万人，在校本、专科生 217 万人；普通中学 8988 所，招生 360 万人，在校学生 1031 万人；普通小学 32533 所，招生 273 万人，在校学生 1539 万人；民族自治地方共有卫生机构（其中包括医院、基层医疗卫生机构、专业公共卫生机

---

① 黄骏：《理性认识中国共产党在民族地区的社会治理》，《理论导刊》2017 年第 6 期。

② 胡兴东：《秩序视野下的西南民族地区社会治理选择研究》，《曲靖师范学院学报》2012 年第 6 期。

③ 《中共中央关于坚持和完善中国特色社会主义制度　推进国家治理体系和治理能力现代化若干重大问题的决定》，人民出版社 2019 年版，第 28 页。

构）5.3万个，卫生机构床位99万张，卫生技术人员107万人；价值10万元以下的设备共58万台，10万元至49万元的设备共15万台，50万元至100万元的设备有2.4万台，价值100万元以上的设备有2.0万台。①

民族地区历来是我国重要的生态屏障。在生态文明建设上，1978年12月31日，《中共中央批转〈环境保护工作汇报要点〉的通知》提出，"我们绝不能走先建设、后治理的弯路，我们要在建设的同时就解决环境污染问题"。同时，我们党提出，要根据我国人口多、耕地少的特殊国情，量力而行地实现少数民族自治地方的生态环境保护问题，并逐步建立起了生态文明制度的"四梁八柱"。"十一五""十二五""十三五"环境保护目标和重点任务基本实现，"十四五"生态保护规划正在扎实推进。其中，国家一直着力建设"两屏三带"（青藏高原生态屏障、黄土高原—川滇生态屏障和东北森林带、北方防沙带、南方丘陵山地带），以及主体功能区规划，民族地区大都处在这样的区域内。十八大以来，民族自治地方生态文明建设的制度体系更加完善。以青藏高原生态环境保护为例，一是重大系列生态工程落地青藏高原，主要有三江源生态保护和建设、西藏生态安全屏障保护与建设、祁连山区山水林田湖生态保护修复、青海湖流域综合治理等，取得生态效益和社会效益的双赢。二是制定了生态治理的地方性法规及实施办法。例如，西藏制定了《关于着力构筑国家重要生态安全屏障 加快推进生态文明建设的实施意见》《关于建设美丽西藏的意见》《西藏自治区环境保护考核办法》，青海制定了《青海省生态文明建设促进条例》《青海省创建全国生态文明先行区行动方案》，甘肃制定了《甘肃祁连山国家级自然保护区管理条例》，云南制定了《滇西北生物多样性保护行动计划》。三是加快推进生态补偿机制建设，在青藏高原建立重点生态功能区转移支付、森林生态效益补偿、草原生态保护补助奖励、湿地生态效益补偿等制度。2008—2017年，仅青海、西藏

---

① 国家民族事务委员会经济发展司、国家统计局国民经济综合统计司编：《中国民族统计年鉴2018》，中国统计出版社2019年版，第20页。

重点生态功能区转移支付资金就达到 246 亿元，补助范围涉及 77 个县域和全部国家级禁止开发区，真正实现了民族地区生态文明建设的发展（见表 5-3），也达成了绿水青山就是金山银山的社会共识。正如习近平总书记所指出的："40 年来，我们始终坚持保护环境和节约资源，坚持推进生态文明建设，生态文明制度体系加快形成，主体功能区制度逐步健全，节能减排取得重大进展，重大生态保护和修复工程进展顺利，生态环境治理明显加强，积极参与和引导应对气候变化国际合作，中国人民生于斯、长于斯的家园更加美丽宜人！"①

表 5-3　　　　　　2012—2014 年民族地区生态文明发展趋势②

地区	EPCI 进步率（%）	生态保护进步率（%）	环境改善进步率（%）	资源节约进步率（%）	排放优化进步率（%）	排名
宁夏	41.70	-6.93	21.90	-2.61	154.45	1
内蒙古	22.87	0.37	-10.68	86.77	15.01	2
新疆	1.51	-2.58	-2.64	-6.73	17.98	11
贵州	-2.42	-3.36	5.98	-19.58	7.26	17
广西	-2.51	-4.08	1.52	-5.72	-1.75	18
西藏	-4.05	-22.27	-3.67	7.76	1.97	23
青海	-4.89	-1.69	1.33	0.79	-20.00	26
云南	-10.23	-0.79	-3.53	-21.36	-15.23	30

此外，民族地区社会组织改革发展成效显著。截至 2019 年底，全国依法登记社会组织 85.9 万个，其中社会团体 37.2 万个、社会服务机构 48.7 万个、基金会 7580 个。其中，民族八省区登记的社会组织 10.3 万个（占全国 12%）、社会团体 5.6 万个（占全国 15%）、社会服务机构 4.7 万个（占全国 9.7%）、基金会 584 个（占全国 7.7%）。③ 各

---

① 李娜：《迈向生态文明新时代》，《西安日报》2018 年 12 月 24 日第 7 版。
② 张姗：《民族地区生态文明建设的现状与对策》，《玉溪师范学院学报》2018 年第 9 期。
③ 数据来源于国家统计局。

类社会组织广泛活跃在民族地区经济社会发展的各个领域,对促进地方经济社会协调发展、推动地方社会和谐稳定、巩固党在民族地区的执政基础发挥了积极作用,已成为推动民族自治地方治理体系和治理能力现代化的重要力量。(见表5-4)总体来看,"政社分开、权责明确、依法自治的社会组织制度基本建立,结构合理、功能完善、竞争有序、诚信自律、充满活力的社会组织发展格局基本形成"。①

表5-4　　　　　民族八省区社会组织发展情况

	2019年底（单位：个）			2008年底（单位：个）		
	社会团体	民办非企业单位	基金会	社会团体	民办非企业单位	基金会
全国	371848	486819	7580	220543	177806	1390
内蒙古	8414	8444	140	4296	1877	44
广西	13085	14007	96	8389	3869	15
贵州	7167	6540	66	4426	1567	9
云南	14333	9190	117	6870	2386	33
西藏	477	40	22	287	9	9
青海	4244	1764	32	1515	478	9
宁夏	3483	2528	74	4763	991	17
新疆	4813	3980	37	4910	2104	18

二　民族自治地方治理体系现代化建设的经验

民族自治地方治理体系的形成和完善非一日之功。中国共产党在革命、建设和改革的各个历史时期,依据民族自治地方的历史传统、民族宗教特点和现实发展情况,实事求是地推进治理体系现代化各项事业建设,实现了国家独立和民族解放,实现了社会主义多民族国家

---

① 王兴彬:《社会组织改革发展迈入新时代》,《中国社会组织》2019年第7期。

在民主和平等的基础上的政治统一和民族团结，实现了具有鲜明中国特色的民族区域自治制度，在国际上广受赞誉，被称为解决民族问题的"中国模式"。七十多年来的理论探寻和实践展开为我们提供了一系列宝贵的历史经验。

（一）坚持立足统一多民族国家的国情，正确贯彻落实党的思想路线

我国大杂居、小聚居、交错杂居的多元一体的民族互嵌格局是民族自治地方治理现代化的前提条件，党的解放思想、实事求是的思想路线是民族自治地方治理现代化的根本指针。一句话，基本国情是民族区域自治之基，思想路线是民族区域自治之魂。正如列宁曾说："一切民族都将走向社会主义，这是不可避免的，但是一切民族的走法却不会完全一样，在民主的这种或那种形式上，在无产阶级专政的这种或那种形态上，在社会生活各方面的社会主义改造的速度上，每个民族都会有自己的特点。"① 列宁这一论述向人们清楚地表明了一切从实际出发的马克思主义方法论意义。我国在各个时期，民族自治地方治理体系建设只有坚持立足统一多民族的基本国情，坚持解放思想、实事求是的思想路线，民族区域自治才能成功，反之则会失败，这是被历史所证明的。

从新中国成立初期到改革开放，中国共产党站在统一多民族国家建设的立场上，根据民族地区的复杂实际情况，从实际出发，将民族自治地方的特殊情况同全国的局势有机结合起来，制定了区别于内地、汉族地区的正确政策措施，即实行民族区域自治政策，采取"慎重稳进"的工作方针和"因地制宜、分类指导"的基本方法，顺利实现了民族地区的和平解放和民主改革的平稳过渡。其中，"慎重稳进"方针和"因地制宜、分类指导"方法，是党在民族地区实现新民主主义革命向社会主义革命和社会主义建设的过渡中所形成的两条基本经验，被事实证明完全是正确的。然而，从"大跃进"至"文化大革命"时

---

① 《列宁选集》第 2 卷，人民出版社 1995 年版，第 777 页。

期，由于违背了基本国情和解放思想、实事求是的思想路线，导致民族自治地方治理体系建设遭到严重破坏。党的十一届三中全会以后进行了思想路线的拨乱反正，中国共产党中央委员会《关于建国以来党的若干历史问题的决议》指出："在民族问题上，过去，特别是在'文化大革命'中，我们犯过把阶级斗争扩大化的严重错误，误伤了许多少数民族干部和群众。在工作中，对少数民族自治权利尊重不够。这个教训一定要认真记取。"① 邓小平同志首先肯定民族自治地方的特殊性，要求制定民族政策必须要实事求是，他指出："我们对少数民族地区确定了一个原则，就是在汉族地区实行的各方面的政策，包括经济政策，不能照搬到少数民族地区去，要区分哪些能用，哪些修改了才能用，哪些不能用。要在少数民族地区研究出另外一套政策，诚心诚意地为少数民族服务。"② 基于国情认识和思想路线的拨乱反正，党治理民族自治地方的政策更加符合实际。同时也认真吸取域外民族事务治理的经验和教训。在20世纪70年代，苏联公然提出"使各民族达到完全一致"，民族问题在苏联"已经完全解决，已经彻底和一劳永逸地解决了"，漠视其国内民族间的差异。一句话，国情的误判和思想路线的偏差，这是最终导致苏联解体的重要原因。

党的十八大以来，随着全面深化改革和国家治理现代化的推进，以习近平新时代中国特色社会主义思想为指引，坚持准确把握我国统一的多民族国家的基本国情，把国家统一和民族团结作为核心利益；客观准确地看待民族自治地方治理体系现代化建设的现实状况，既不夸大治理成绩也绝不忽视和缩小存在的问题；科学谋划民族自治地方治理体系现代化的宏观战略与微观措施，创造性地推进民族自治地方现代治理的新理论、新观点和新实践；一以贯之地立足国情、解放思想、实事求是、深化改革，推动中国特色社会主义民族

---

① 中共中央文献研究室：《十一届三中全会以来重要文献选读》（上），人民出版社 2009 年版，第 61 页。

② 《邓小平文选》第 1 卷，人民出版社 1994 年版，第 167 页。

理论体系向前发展。

（二）坚持党对民族工作的领导，确保党的民族政策既一脉相承又与时俱进

中国共产党的领导是民族区域自治的本质特征，党是民族区域自治制度的设计者和践行者。坚持党的领导，是实行民族区域自治首要的政治前提和最可靠的政治保障。没有中国共产党，就没有中国特色的民族区域自治。没有共产党的领导和坚持走社会主义道路，就没有民族自治地方治理体系现代化建设的伟大成就。可见，旗帜、方向、道路问题至关重要。毛泽东同志说："主义譬如一面旗子，旗子立起来了，大家才有所指望，才知所趋赴。"①江泽民同志强调："旗帜就是方向，旗帜就是形象。"坚持党对民族工作的领导，实行民族区域自治制度，成功探索出了一条具有中国特色的解决民族问题的正确道路。从纵向维度来看，新中国成立七十多年来，特别是改革开放四十多年来，民族自治地方的历史，是一部党领导民族自治地方人民进行社会主义民主革命、社会主义建设、改革开放和国家治理现代化建设取得的可喜成就的历史，是一部党领导民族自治地方人民推进治理法制化、规范化、体系化和现代化的探索史，是一部不断书写民族团结进步发展事业的历史。从建党百余年来看，是一部中华民族觉醒站起来、奋进富起来、复兴强起来的历史。从横向维度来看，中国与周边国家、西方国家境内的民族地区历史与现实状况形成的鲜明对比，表明我国民族自治地方的发展和治理离不开党的领导和社会主义制度，必须坚持党的领导，必须走社会主义道路，只有维护中央的权威，坚持社会主义制度，民族自治地方才能健康发展，民族自治地方人民的生活才会改善。"要把中国的事情办好，关键取决于我们党，取决于党的思想、作风、组织、纪律状况和战斗力、领导水平。这是毛主席、小平同志一贯强调的，也是我们党在领导人民进行革命、建设、改革

---

① 湖南省博物馆历史部校编：《新民学会文献汇编》，湖南人民出版社1980年版，第54页。

的长期实践中得出的一条基本经验。"① 邓小平同志特别强调:"中国不搞社会主义不行,不坚持社会主义不行。如果没有共产党的领导,不搞社会主义,不搞改革开放,就呜呼哀哉了,哪里能有现在的中国呢?用二十多年流血斗争赢得的人民共和国,用几十年艰苦奋斗特别是改革开放赢得的社会主义建设成就,中国人民不会轻易丢掉。"②

七十多年来,历经几代中国共产党人的励精图治,处在不同社会形态的少数民族共同进入社会主义社会,民族区域自治制度成为中国特色社会主义基本政治制度之一。七十多年来的实践证明,只有坚持中国共产党的领导,坚持社会主义道路,坚持民族团结进步,各族人民才能真正实现当家作主的权利,才能实现中华民族大团结,才能共享改革开放新成果;只有坚持全面从严治党,坚持中国特色社会主义道路,才能为科学解决民族问题、做好民族工作和构建民族自治地方治理体系提供思想引领和政治保障;只有坚持党的领导和社会主义道路,才能顺利推进民族自治地方治理体系现代化建设;只有不断推进民族团结进步事业的发展,才能更好地团结各民族人民、共绘同心圆,形成共同推动中华民族伟大复兴中国梦的强大合力。民族自治地方治理体系的现代化建设之所以能取得今天这样的成就,归根结底是党对民族工作领导和社会主义民族团结进步事业的推进。

(三) 坚持和完善民族区域自治制度,全面深化民族地区法治建设

中国的民族问题如何解决?这是摆在中国共产党面前的紧迫问题。最终选择和坚持民族区域自治制度,是中国共产党经过长期革命、建设和改革实践的总结,是党把马克思主义的民族理论与我国民族地区具体实际相结合的产物,为我国解决民族问题做了创造性贡献,是实现民族平等、民族团结、各民族共同繁荣发展,建立社会主义新型民族关系的保证,是民族自治地方治理体系现代构建的制度依托。党的

---

① 中共中央文献研究室:《十五大以来重要文献选编》(中),人民出版社2001年版,第1138页。

② 《邓小平文选》第3卷,人民出版社1993年版,第326页。

第一代领导集体艰苦卓绝的探索为民族区域自治制度的确立做出了首创性贡献。1946年1月，党在政治协商会议上提出《和平建国纲领草案》，要求应承认各民族的平等地位及其自治权。《共同纲领》和1954年《宪法》从国家层面对民族区域自治作了明确规定。党的第二代领导集体纠正了取消民族区域自治的历史错误，恢复和重建民族区域自治制度，并推进民族区域自治的制度化、法制化建设。党的第三代领导集体始终把坚持和完善民族区域自治制度当作处理我国民族问题的首要任务来抓，并进一步完善了民族区域自治制度，使该制度更加巩固。党的十六大尤其是党的十八大以来，党和国家领导人更加注重全面坚持和完善民族区域自治制度，并提出了民族区域自治的许多新的理论观点，不断丰富和发展了中国特色社会主义民族理论体系。

必须不断健全民族法治体系。法治是现代政治文明的基本标志，贯彻落实《民族区域自治法》是依法治国的基本要求和具体体现。《民族区域自治法》是宪法的原则规定和精神实质在民族区域自治问题上的具体落实和操作体现，实现了统一性和自治性相结合、民族性和区域性的有效结合。它通过法律的形式，把党的政策主张、各族人民的共同意愿上升为国家意志，成为法定形式，实现了民族区域自治的规范化、法律化和制度化。"制定《民族区域自治法》，用法律来严格保障少数民族充分行使自治权利，是当前和今后真正落实民族区域自治政策的一项根本性措施，这也是广大少数民族的强烈要求。"[①]七十多年的实践证明，《民族区域自治法》是我国民族区域自治的一项基本法规，是整个民族法制建设的中心环节；自治权是民族区域自治制度的核心和关键所在，要充分保证民族自治地方依法行使自治权，就需要在《宪法》和《民族区域自治法》的指导下，开展民族自治地方的立法工作，加强民族法制建设，推进民族事务法治化。因为《宪法》对自治机关的自治权做了原则性规定，《民族区域自治法》以及《国务院实施〈民族区域自治法〉若干规定》则对其进一步具体化，

---

① 全国人大民族委员会编：《第一届至第九届全国人民代表大会民族委员会文件资料汇编（1954—2003）》（上），中国民主法制出版社2008年版，第574页。

而各具体的民族自治地方的立法则更加具体化和可操作。新中国成立前后，党推动民族区域自治法治化建设的第一波，其标志性成果是1949年《中国人民政治协商会议共同纲领》、1952年《中华人民共和国民族区域自治实施纲要》和1954年《中华人民共和国宪法》，开启了我国民族法制建设的奠基工作。特别是改革开放四十多年以来，民族自治地方不仅经济建设成就瞩目，民主法治建设也不断丰富和完善。迄今为止，我国基本建立起以《宪法》为统领，以《民族区域自治法》为主干，包括行政法规、部门规章、民族自治地方的自治条例、单行条例以及地方性法规和规章在内的比较完备且有机统一的民族法律法规体系，为民族区域自治制度的实施提供了充分的法治保障。可见，健全的法制有利于维护各民族的各项正当权益，也有利于保障自治机关自治权的行使。因此，全面贯彻落实《民族区域自治法》为主干的一整套法律制度体系，从根本上说这是民族自治地方治理体系结构要素不可分割的重要组成部分，也是民族自治地方治理体系现代化的根本标志。这是建设社会主义政治文明的必然要求，是全面依法治国、依法行政的必然要求，是开展民族工作、妥善处理民族问题的必然要求，是保障民族团结、民族平等的必然要求。一句话，法治中国建设是推进包括民族自治地方在内的国家治理现代化的全面建设的基本保障。

（四）坚持把少数民族干部培养作为民族自治地方治理的组织基础

民族自治地方干部是党和国家干部的重要组成部分，也是民族自治地方现代化建设的骨干力量。中国共产党历届领导集体十分重视民族自治地方的干部培养和队伍建设。他们生于斯，长于斯，成于斯，根于斯，熟悉本地的历史文化，通晓本地语言，能更好地反映本地区群众的意愿。特别是我国民族自治地方往往集民族与边疆为一体，这些地方的各族干部既熟悉本民族的风俗习惯，也熟悉本民族语言，既是民族自治地方的基层干部，又是本民族的各类精英，在本民族群众中有声望。因此，他们具有多重身份。党和政府的路线、方针、政策能否及时传递到民族地区，能否在民族地区得到有效落实贯彻，完全取决于这些干部的政治觉悟的高低和工作能力的强弱。同时民族地区人民群众的根本利益能否得到保证，人民群众的意愿能否得到代表，基层群众的诉求能否得到表现，也在很大程度上取决于基层干部能否很好地向党和政府反映。因此，民族地区干部是党联系民族地区人民群众的重要桥梁和纽带，在推进民族自治地方治理现代化建设中事关民族地区社会稳定、国家统一。一句话，继续深化民族干部任用制度改革，重视少数民族干部培养，发挥少数民族干部干事创业的积极性、主动性，有利于民族自治地方治理体系现代化的推进，有利于中华民族共同体意识的形塑。

（五）坚持加快民族自治地方全面发展，不断满足各族群众对美好生活的向往

民族问题说到底是经济社会发展问题。新中国成立后，中国共产党依据少数民族和民族地区经济社会发展水平与全国相比还存在相当差距的客观现实，把少数民族和民族地区经济社会发展问题提上议事日程。早在1950年，毛泽东同志就指出："我们国民经济没有少数民族的经济是不行的。"① 进入20世纪80年代，邓小平同志指出："我们帮助少数民族地区发展的政策是坚定不移的。"② 2000年12月，江泽民同志提出："加快民族地区的经济发展和社会进步，是对我国的民族工作提出的要求之一。"③ 2005年5月，胡锦涛同志在中央民族工作会议上强调："支持少数民族和民族地区的发展，是中央的一项基本方针，也是推进西部大开发的首要任务。"④ 党的十八大以来，为解决不平衡不充分的发展问题，我们党把民族地区脱贫攻坚和全面小康上升为国家战略，实现了贫困人口和贫困发生率的绝对减少。贫困人

---

　① 国家民族事务委员会：《中国共产党关于民族问题的基本观点税和政策》（干部读本），民族出版社2002年版，第131页。

　② 《邓小平文选》第3卷，人民出版社1993年版，第246页。

　③ 中共中央文献研究室：《江泽民论有中国特色社会主义专题摘编学习读本》，学习出版社2002年版，第144页。

　④ 胡锦涛：《在中央民族工作会议暨国务院第四次全国民族团结进步表彰大会上的讲话》（单行本），人民出版社2005年版，第10—11页。

口从 2012 年末的 9899 万人减少到 2019 年的 551 万人，贫困发生率由 10.2% 降至 0.6%，连续 7 年每年减少 1000 万人以上。① 正如习近平总书记所要求的："要多办一些顺民意、惠民生的实事，多解决一些各族群众牵肠挂肚的问题。"因此，加快民族自治地方的经济社会全面发展，不断满足各族群众对美好生活的向往，是解决包括民族问题在内的一切问题的基本途径。只有解决民族地区、少数民族群众的贫困问题，才能解决国家认同的深层次问题；只有实现民族自治地方人民群众生活质量普遍持续的改善，才有利于增进各民族的交往交流交融。唯其如此，才能构筑中华民族共有精神家园，不断铸牢中华民族共同体意识。

（六）坚持把维护祖国统一和民族团结作为国家的核心利益和各民族的最高利益

维护祖国统一、反对民族分裂是国家的核心利益和各民族的最高利益所在。由于历史和现实的原因，迄今为止，我国是世界上唯一还没有最后实现国家统一的民族众多的大国。在现实中，我国还面临着国内外敌对分裂势力的挑衅，因此，维护祖国统一是实行民族区域自治的硬任务和首要职责。民族团结是我国社会主义民族关系的主线，是维护多民族国家统一的保障，是我国各族人民的生命线和发展进步的基石。冯友兰就中国历史上的民族团结曾经有一段富有启发的话："民族大团结，在中国历史上，汉朝出现了第一次大统一、民族大团结，中国人称为汉人。唐朝实现了第二次大统一、民族大团结，中国人称为唐人。旧民主主义的革命者实现第三次大统一、民族大团结，中国人称为华人。这都是中国历史上的头等大事。"② 从毛泽东同志以来的历代领导人都非常重视民族团结工作，深化民族团结的内涵建设。譬如，党的十七大报告中提出了三大团结关系建设的思想：一是巩固

---

① 习近平：《在决战决胜脱贫攻坚座谈会上的讲话》，人民出版社 2020 年版，第 3 页。
② 冯友兰：《中国哲学史新编回顾及其他》，见本书编委会《文化：世界与中国》，生活·读书·新知三联书店 1987 年版，第 231 页。

全国各族人民的大团结；二是加强海内外中华儿女的大团结；三是促进中国人民同世界各国人民的大团结。总之，民族团结思想内在地包含了从国家（多民族国家）到民族（中华民族），最后到个人（中国公民）的现代民主思想的各个层面，并由此建构着统一多民族国家（中华人民共和国）的现代认同，这不仅是民族地区的地方性经验，也是一种关于祖国的共同性知识。① 党的十八大以来，续写民族团结新篇章，正如习近平总书记所强调的，各民族要像石榴籽那样紧紧抱在一起，民族自治地方要更加自觉、更加主动、更富创造性地处理好汉族与少数民族、少数民族与少数民族、少数民族内部各成员之间的关系，同时，推动城市民族互嵌式社区建设，使"三个离不开""五个认同""中华民族共同体意识"的思想深入人心，自觉维护国家最高利益和民族团结大局。

---

① 张先亮等：《边疆多民族地区构建社会主义和谐社会研究：以新疆为例》，经济科学出版社2013年版，第77页。

第 六 章

民族自治地方治理体系现代化建设中存在的问题分析

民族区域自治，既包含了民族因素，又包含了区域因素。民族区域自治不是某个民族独享的自治，民族自治地方更不是某个民族独有的地方。这一点必须搞清楚，否则就会走到错误的方向上去。①

世界上任何一个国家或地方的治理体系都不是尽善尽美的，都存在这样或那样的不足需要改进和完善。民族众多的国家更是如此，这样的不足表现似乎会更突出一些。中华人民共和国作为一个统一的多民族国家，成立迄今有七十多年的历史，是一个古老而又年轻的共和国。说她古老是因为中华文明的历史可上溯五千年，距第一个中央集权王朝国家建立已有两千多年的历史；说她年轻是因为中华人民共和国作为现代民族国家的历史比较短暂。在这样的一个历史悠久、民族众多、地域广袤的新生社会主义大国实行民族区域自治制度，开创了我国少数民族和民族地区治理的新篇章。七十多年来我国民族自治地方治理的结构与功能体系、制度体系、方法体系等现代构建取得了显著成效，前所未有地促进了少数民族和民族地区发展，坚持和完善民族区域自治制度，从根本上奠定了我国民族自治地方现代治理体系的基本格局，为我国民族团结和社会稳定提供了制度保障。党的十六大

---

① 《习近平谈治国理政》第 2 卷，外文出版社 2017 年版，第 300—301 页。

和党的十八大对治理体系或基本格局有着明确的规定，那就是"党委领导、政府负责、社会协调、公众参与、法治保障"。党的十九届四中全会进一步提出要建立"党委领导、政府负责、民主协商、社会协同、公众参与、法治保障、科技支撑的社会治理体系"。党的二十大报告提出："完善社会治理体系。健全共建共治共享的社会治理制度，提升社会治理效能。""建设人人有责、人人尽责、人人享有的社会治理共同体。"① 但是，毋庸讳言的是，随着国家治理体系和治理能力现代化的整体推进以及国际形势的深刻变化和新冠疫情全球蔓延，我国民族自治地方治理体系现代化建设在得到前所未有的发展机遇和前景的同时，也出现了一些意料之中的老问题和意料之外的新情况。诸如经济发展的持续壮大问题、国家认同资源流失问题、政府能力提升问题、公民文化薄弱问题、法治不彰问题、生态环境恶化问题等。这些治理主体、客体、介体和环体中存在问题的凸显，是百年大变局中正式制度因素与非正式制度因素、传统因素与现代因素、国内因素与国际因素的交织混融的集中反映，在某种程度上成为国家治理体系现代化和中华民族伟大复兴的潜在掣肘因素，是当代中国民族自治地方治理体系现代化建设中不得不给予高度关注的问题。

一　民族自治地方经济发展水平不高、内生动力不强的问题

经济基础决定上层建筑，经济发展水平决定国家治理状况。民族自治地方治理体系现代化建设受制于各种因素，其中经济发展程度低依然是主要的制约因素，它导致内生动力不足的问题。民族自治地方现阶段经济发展的特征可概括为"三个并存"，即"改革开放和社会主义市场经济带来的机遇和挑战并存、民族地区经济加快发展势头和发展低水平并存及国家对民族地区支持力度持续加大和民族地区基本公共服务能力

---

① 习近平：《高举中国特色社会主义伟大旗帜　为全面建设社会主义现代化国家而团结奋斗——在中国共产党第二十次全国代表大会上的报告》，人民出版社2022年版，第54页。

建设仍然落后并存"①。同时，经济统计发现，2011—2017 年，民族八省区与全国的经济增长速度都呈现明显下降的趋势，但民族八省区的下降速度明显快于全国。2011 年，民族八省区经济增速比全国高 3.8 个百分点，但到 2019 年仅比全国的增速高 0.5 个百分点，② 反映出 2010 年以来，民族八省区经济增长的动能不足、压力增大。具体可以从民族八省区农村居民人均收支情况、产业结构比值、经济体量等方面进行分析。

（一）民族地区农村居民的收支水平与全国水平差距改变缓慢

一般说来，收入和消费水平的增长情况是反映一个国家和地区经济发展水平、人们生活状况最重要的指标。民族地区农村居民的可支配收入与消费水平虽有改善，但与全国平均收支水平相比，差距还不小，具体可参看近十年来发展数值（见表 6-1）。

表 6-1　　2010—2019 年民族八省区农村居民可支配收入与消费支出变化情况

指标	年份	2010年	2011年	2012年	2013年	2014年	2015年	2016年	2017年	2018年	2019年	年均增速/%
农村居民人均可支配收入	民族八省区（元）	4251	5017	5779	7180	8012	8777	9577	10468	11457	12648	10.1
	全国（元）	5919	6977	7917	9430	10489	11422	12363	13432	14617	16020.7	9.0
	相对差距（%）	-28.2	-28.1	-27.0	-23.9	-23.6	-23.2	-22.5	-22.1	-21.6	-21.1	—
农村居民人均消费支出	民族八省区（元）	3424	4141	4784	6116	6797	7516	8213	8994	9925	11068	11.1
	全国（元）	4382	5221	5908	7485	8383	9223	10130	10955	12124	13328	10.4
	相对差距（%）	-21.9	-20.7	-19.0	-18.3	-18.9	-18.5	-18.9	-17.9	-18.1	-17	—

---

① 王正伟：《做好新时期民族工作的纲领性文献——深入学习贯彻习近平总书记在中央民族工作会议上的重要讲话精神》，《中国民族》2015 年第 3 期。

② 张丽君、龙贺兴、吴本健、王飞等：《中国少数民族地区扶贫进展报告（2020）》，中国经济出版社 2022 年版，第 2 页。

(二)民族地区产业结构还不尽合理

如果对1999年民族自治地方的工业产出构成进行分析,其资源密集型工业的比重远远高于东部和全国平均水平。其中,"西藏的资源密集型工业占工业比重最高,达到96.3%,新疆为85.7%,云南为82.6%,内蒙古为73.7%,广西为66.9%,而全国则为54.8%,呈现出典型的资源密集型产业结构特征"[①]。这说明民族自治地方经济治理的结构体系不合理,存在对资源过度依赖的状况,这种状况掣肘工业的顺利转型,产生工业结构失调、资源浪费问题。至于产业结构的调整,民族自治地方虽有改善,但与全国相比,依然还有差距。这里我们可以通过两组统计表格数据(见表6-2和表6-3)透视其中的变化。

表6-2　　　　2005年部分民族省区产业结构与全国比较　　　　单位:%

	新疆	西藏	广西	云南	贵州	全国平均水平
第一产业	19.6	19.1	22.4	19.3	18.6	12.6
第二产业	44.7	25.2	37.1	41.2	41.8	47.5
第三产业	35.7	55.6	40.5	39.5	39.6	39.9

表6-3　　　2010—2019年民族八省区产业结构与2017年
全国产业结构比较　　　　单位:%

年份	民族八省区										全国
	2010	2011	2012	2013	2014	2015	2016	2017	2018	2019	2019
第一产业	14.0	13.4	13.4	13.4	13.2	13.4	13.4	13.2	13.0	13.0	7.1
第二产业	47.6	48.4	47.4	46.6	45.9	44.2	43.1	41.3	39.8	35.9	39.0
第三产业	38.3	38.1	39.3	40.0	40.9	42.4	43.5	45.5	47.2	51.1	53.9

---

① 徐祗朋:《当代民族主义与边疆安全》,民族出版社2009年版,第319页。

数值对比显示：民族自治地方工业化水平、产业结构调整有所提高，第二产业接近全国平均水平，第一产业和第三产业与全国平均水平还有差距，表明了民族自治地方经济治理中的体制机制运转仍然落后于东部地区和内地。再比如，2005 年民族自治地区的国内生产总值是 15706 亿元，相当于全国总量 183217 亿元的 8.57%；2016 年民族自治地方国内生产总值是 70283 亿元，相当于全国总量 744127 亿元的 9.45%。与此可作对比的是，民族自治地区的人口占全国总人口的 13.36%，国土面积占全国的 63.89%。因此，少数民族自治地区经济发展的总量很小，总体水平低，难以和它所拥有的广阔土地和富饶资源相匹配。

（三）民族自治地方乡村振兴任务艰巨

从脱贫攻坚完成转向乡村振兴不能一蹴而就，所以中央强调：扶上马，还要送一程。曾经的深度贫困地区主要被概括为"三区""三州"和"三类人"[①]。据统计，2017 年，除"三区三州"外，各省（区、市）还认定了共计 334 个深度贫困县和 3 万个深度贫困村。截至 2018 年 9 月，"三区三州"贫困发生率高达 14.6%。2017 年年底，各省（区、市）确定的 334 个深度贫困县贫困发生率达 11.3%，有 1.67 万个村贫困发生率超过 20%，比全国 3.1% 的贫困发生率高出 4—7 倍。如果按近 3 年贫困县和贫困村贫困发生率年均下降 3—4 个百分点的速度，将难以如期完成脱贫任务。因此，面对脱贫攻坚主战场，需要新举措。其实，深度贫困地区的特征可概括为"两高一低一差三重"[②]。以"一低"为例，2017 年，云南怒江州、甘肃临夏州和四川凉山州农村居民人均可支配收入分别为 5871 元、6203 元和 11415 元，

---

① 2017 年，中共中央办公厅、国务院办公厅印发了《关于支持深度贫困地区脱贫攻坚的实施意见》，对深度贫困区做了概括："三区"是指西藏、新疆南疆四地州和四省藏区，"三州"是指甘肃的临夏州、四川的凉山州和云南的怒江州，"三类人"主要包括因病致贫人群、因灾和市场行情变化返贫人员、贫困老人。

② "两高"即贫困人口占比高、贫困发生率高，"一低"即人均可支配收入低，"一差"即基础设施和住房差，"三重"即低保五保贫困人口脱贫任务重、因病致贫返贫人口脱贫任务重、贫困老人脱贫任务重。

而全国平均水平为 13432 元,"三州"的农村居民人均可支配收入远远低于全国平均水平,怒江州和临夏州甚至还不到全国平均水平的一半。① 到 2020 年底,云南全省 933 万农村贫困人口全部脱贫,8502 个贫困村全部出列,88 个贫困县全部摘帽,11 个"直过民族"和人口较少民族整体脱贫,书写了中国减贫奇迹的云南华章。然而,民族自治地方特别是深度贫困地区仍处在经济起飞阶段,经济欠发达,人均总量小,资本积累也小,难以形成有效的资本积累,经济难以自主增长,由此进一步造成财政收入相变较低,使本来已经很薄弱的投资更显不足,使民族自治地区资源优势难以转化为经济优势。同时,由于自然和历史的因素②的限制,"三州三区"与内地及其内部之间的联系较少,这种地区间封闭性和自我发展性导致民族地区局限于传统的农牧业生产,长期处于自然经济状态,对现代商品的客观需求不强,商品、价格、市场、效益、竞争观念淡薄,甚至有所排斥。由此产生的结果就是,农牧业生产规模小;工商业基础薄弱,商品种类和数量少;市场管理水平较低,对生产设备和生产技术要求低,不利于企业的生产更新和技术提高;市场调节作用弱化,区域封闭,行业分割,难以形成有效竞争机制等。而反过来又由于市场经济的不可逆性,就出现了市场经济虽实行但市场发育不充分,导致民族地区阶层之间、群体之间、行业之间、区域之间、城乡之间的利益分化加大,协调和兼顾各方面利益的难度也越来越大。"这样的分化在对传统社会进行解构的同时,也导致了利益关系的复杂化和利益矛盾的多发,并对边疆地区的社会稳定和政治稳定造成了一定的影响。"③ 因此,乡村振兴问题就又成为民族自治地方治理中的新的硬骨头,是影响和制约我国以中国式现代化全面推进中华民族伟大复兴的重大问题。回头来看,民族地区的贫困虽然只是综合因素作用下的一种结果性呈现,但导致贫困

---

① 数据资料来源:《怒江州 2017 年国民经济与社会发展统计公报》《临夏州 2017 年国民经济与社会发展统计公报》和《凉山州 2017 年国民经济与社会发展统计公报》。

② "三州三区"深度贫困的州市县总面积占全国国土面积的 30.2%,自然因素指其地处生态脆弱区、自然灾害频发区和限制开发区,历史因素指其是革命老区、民族地区、边疆地区。

③ 周平:《我国的边疆治理研究》,《学术探索》2008 年第 2 期。

的根源除了要素、资源和环境的禀赋稀缺外,还有一个就是关于"贫困"的认知差异,一部分贫困群体长期处于贫困状态,但他们并不认为自己贫困,不会主动采取措施改变贫困状态,对外界给予的扶贫项目的反应也不积极,表现为内生动力不足。这是民族自治地方治理体系在经济治理中的所呈现难题的集中表现。这一因果链告诉我们,要解决民族自治地方巩固拓展脱贫攻坚成果同乡村振兴有效衔接问题,就需要全面厘清"谁来抓、怎么抓、抓什么"的思想认识问题。

二 民族自治地方治理体系中多元主体能力不足问题

在民族自治地方治理体系中,存在党委、政府、公民、社会组织等多个主体的协同参与和权限边界问题,在实际的治理中主要表现为主体能力不足及其协同弱化的问题。

(一) 党的领导力和战斗堡垒作用弱化

民族自治地方党组织作为推进民族地区治理现代化的重要主体,在领导本地区各项事业发展中还切实存在一些现实的自我发展难题,粗略归纳为以下五个方面:一是基层党组织职责不清和功能弱化。即党委的主体责任和党委(支部)书记的第一责任人的岗位责任模糊,基层组织软弱涣散,履职意识淡薄,导致部分党员和党组织的先锋模范作用和战斗堡垒作用不能有效发挥,地方的黑恶势力隐匿化,政策法规制定和规划朝令夕改。二是党建工作的统领性、渗透性不够。在实际工作中,存在口号多于行动,表面多于实质,传达和落实上级文件粗枝大叶,痕迹主义、形式主义、官僚主义气味重;联系群众不紧密、服务群众态度差,对群众反映的问题推诿扯皮;考核检查过多过滥,调查研究走马观花,基层疲于应付。三是管党治党能力弱化。在民族地区的一些党组织生活中,党的思想教育、组织建设、作风建设、反腐倡廉建设等方面,目前均不同程度地存在一些制度不健全、制度运行不规范、制度执行不严格、形式主义、态度生硬等问题;在党政关系、党群关系、党社关系等方面的体制机制设计，也不同程度地呈现出制度体系不完备或制度设计不科学等问题。四是基层党组织队伍的综合素质偏低，履职水平不高。譬如，以2018年云南孟连傣族拉祜族佤族自治县为例，"全县209名村（社区）干部中，大专以上学历的只有31名，占村（社区）干部总数的14.8%，村民小组党支部书记初中以下文化水平者居多；农村党员年龄偏大，40岁以下1401人，占农村党员总数的36.6%"①，农村青壮年大多外出务工，入党积极分子、后备干部培养难度增大；有的村党组织书记年龄偏大、知识老化，对新时代党建工作的知识要求学习不透、掌握不够、理解不深，导致党建工作与具体工作脱节、管理理念与形势发展脱节，党组织的引领力、亲和力、战斗力难以发挥。五是党组织活动的开展缺乏亮点和特色，形式单一，品牌示范效应难以发挥。这与民族自治地方治理体系现代化建设中党委领导的引领力和保障力是明显不相适应的。

（二）民族自治地方政府治理能力与现代化的要求还有很大差距

在国家治理现代化进程中，民族自治地方政府从统治到治理，从管理到服务的转型升级还面临行政理念、自身能力、支持条件等诸多难题，简要归纳为以下三个方面：一是地方政府的行政思想理念先进性不够，甚至有些落后。由于历史的原因，官本位思想依旧盛行，"我的地盘我说了算"的行政理念在仍然主导着一些官员的执政行为，一言堂、替民做主、家长制的议政形式和管理风格，以及群众的思想相对保守、权利意识淡薄，在相当程度上助长了"政府自利性的膨胀""政府部门公权力私有化的倾向"②。换言之，民族地区公众民主意识淡薄、等靠要思想尚存、社会法制建设滞后、政府治理德治缺失、行政运行规制欠缺等制约着政府治理能力的现代

---

① 张文杰：《边疆民族地区党建工作探析——以普洱市孟连县为例》，《创造》2019年第5期。

② 米恩、广权迎：《治理能力现代化——民族自治地方政府能力建设之关键》，《西北民族大学学报》（哲学社会科学版）2015年第1期。

化。二是地方政府自身能力的弱化。这主要可以从两点来说明：一点是政府社会服务供给能力薄弱。民族自治地方满足社会文化事业发展的公共产品和公共服务存在数量供给不足和质量水平偏低的问题。以特殊教育为例：① 首先，适龄残疾儿童义务教育普及水平仍有待提高。其中，没有接受义务教育的残疾儿童大部分不属于传统特教对象，其中82%为重度残疾，82%生活在农村，近七成生活在中西部地区。其次，非义务教育发展水平还不能满足需求。接收残疾儿童的幼儿园数量不足、融合教育质量不高，特教普通高中数量较少、布局不够合理，保障残疾大学生顺利完成学业的相关支持还没完全到位。再次，特教学校专任教师和相关专业服务人员，比如物理治疗、语言、心理康复等人员的缺口还比较大；特教教师总体待遇偏低。另一点是创新能力不足。在民族自治地方，政府职能偏重于传统行政管理，一些政府行政人员安于现状、不思进取，创新意愿不强，社会治理方式老套，依赖上级的等靠要思想还不同程度存在。三是财政支持能力不足。民族自治地方大多属于老少边穷地区，财政汲取的地方税收极其有限，主要依靠中央对地方民族地区转移支付、倾斜政策、特殊救济，因此缺乏稳定性、制度性的支持条件。2018年中央对地方民族地区转移支付770.88亿元。其中，贵州119.81亿元、新疆113.44亿元、广西110.06亿元、云南93.52亿元、内蒙古81.77亿元、宁夏45.80亿元、青海39.27亿元、西藏30.07亿元、四川28.30亿元。② 一些偏远乡镇基本都属于"吃饭财政"——"人悬浮""财贫弱""物不足"，地方财政的窘境在很大程度上掣肘地方政府能力。

民族自治地方享有自治权，是国家为了加快民族自治地方发展而赋予民族自治地方可以结合本地实际情况行使的权力和享有的权利。尽管民族自治地方的自治权在《民族区域自治法》中做出了明确规

---

① 丁雅诵：《保障每个残疾人受教育的权利》，《人民日报》2018年10月11日第18版。
② 数据来源网址：http://yss.mof.gov.cn/zhengwuxinxi/zhengceguizhang/201805/t20180510_2891773.html。

定，但民族自治地方在具体落实自治权方面依然存在着明显的不足；尽管出台了注重保护和预防的教育、民族语言文字、婚姻等方面的条例，但未能做到根据《民族区域自治法》结合自身地方实际出台更为细致的能够保证宪法法律规定的自治权顺利实行的自治条例、单行条例，未能充分发挥出变通权给民族自治地方治理带来的权力资源优势。因此，作为自治机关，也行使了一些自治权，但更多的是停留在对上级领导决定的单纯服从与执行上，自觉或不自觉中导致自治权虚置化，难以行使，即使行使，也难以到位；致使现行的自治机关处于比较被动的状态，自治的优势和特色不明显。由此可见，如何健全民族自治地方治理体系中自治权的制度体系，真正让政府负责，成为民族自治地方政府生存和发展的重要课题，也是治理体系现代构建的关键环节。

（三）社会组织管理及其活力不够，公民参与社会治理程度低

改革开放以来，社会组织如雨后春笋般出现，形成了传统与现代、境内与境外相交织的复杂社会现象。一度在一些民族地区，社会组织非常活跃，被称为"NGO 的天堂"。在社会组织发展过程中，也暴露了一些问题，制约了地方治理体系和治理能力现代化。在组织管理上，"我国社会组织管理体制暗含诸多约束性机制，存在'宏观鼓励、微观制约''原则性概述多、针对性和操作性模糊'等特征，在此制度环境下，社会组织呈现出缺乏活力、对体制依附性强等发展特征"[①]。也因我国专门的《社会组织法》尚未出台，致使其合法性不高，公信力受质疑，权利与义务不清，导致其活动和管理中存在风险。譬如，对境外非政府组织境内活动及其管理就存在三大风险：一是政治风险。一些非政府组织打着促进民主的旗号，从事着颠覆国家政权的活动，如果管理缺失，会导致重大政治风险。二是法律风险。尽管我国 2017 年已实施《境外法》，但由于各种主客观的原因，管理工作中稍有不慎，就容易引发热点，从而产生法律风险。三是社会风险。我国境内

---

① 陈成文：《制度环境对社会组织活力的影响——基于贵州、湖南、广东三省的实证研究》，《社会科学研究》2020 年第 2 期。

有上千家境外非政府组织,其中有少数由于有政治渗透背景会导致社会热点事件发生。在对国内社会组织管理中,存在政社不分,"组织登记或成立之后民间组织与管理机关的关系问题成为自身发展的难题"①。这在一定程度上阻抑了社会组织自主、独立能力,从而导致其活力不强和参与的不足。同时,还有经费短缺这一问题既导致一些社会组织发展式微,又引发一些非法集资活动。一些民族地区保留的诸如"寨老""侗款""家支"等民间组织,以及村落中的乡贤理事会等新兴的社会组织都由于经费短缺发展式微;一些社会组织为维持其运转"向借贷公司予以高额借贷,更有甚者从事违法活动赚取经费,进而导致集体性集资诈骗现象的发生"②。一些社会组织打着"一带一路""军民融合"等类似旗号,招摇撞骗,非法活动。据此,民政部着手治理,曝光6批涉嫌非法社会组织300多个,曝光13批1287家"离岸社团""山寨社团"。这些组织在骗取公众财物的同时,也透支了合法社会组织的信用,严重影响到基层民主与地方法治的开展。

(四)民族地区公众文化素质较低,参与治理能力不足

历史和现实各种不利因素的叠加,导致一些边疆民族地区"陷入'教育发展滞后→师资力量不足→教学质量偏低→群众不重视教育→知识技能匮乏→区域人才匮乏→经济社会发展缓慢→教育发展滞后'恶性循环的怪圈"③。据2010年全国第六次人口普查数据显示,少数民族合计文盲人口占15岁及以上人口比例的8.15%,最高的超过30%。④ 西部民族地区15岁及以上人口中,文盲人口比重普遍较高,如西藏为32.29%,青海为12.94%,宁夏为7.82%,大大高于全国平

---

① 邵彭兵:《脱魅与合规:地方法治视域下民间组织"职业化"》,《理论观察》2019年第10期。

② 邵彭兵:《脱魅与合规:地方法治视域下民间组织"职业化"》,《理论观察》2019年第10期。

③ 王俊程、胡红霞:《十八大以来中国农村减贫:成效、问题与策略——基于西南边疆民族贫困地区的实地考察》,《西北民族大学学报》(哲学社会科学版)2018年第6期。

④ 国家民族事务委员会经济发展司、国家统计局国民经济综合统计司:《中国民族统计年鉴2018》,中国统计出版社2019年版,第795—796页。

均水平 4.88%。① 其中，妇女的受教育程度更低，如凉山彝族农村妇女 50 岁以上文盲率为 89.5%，18—24 岁的双语教育普及率为 42%，78.6% 受教育年限在 3 年以下，仅有 9% 达到 9 年及以上。② 这在很大程度上制约了他们的政治参与，毕竟，"文盲是处在政治之外的"③。因此，在民族自治地方立法中，公众的参与实践就存在三类问题：一是公众参与立法可依据的法律标准不明确；二是参与形式和途径的多样性、便捷性不够，缺乏民族特色和区域特色；三是民族自治地方立法公众参与变成了公众的"偶发性"活动，有被指为"假参与"或"被参与"的嫌疑。④ 我们常说妇女能顶半边天，但在民族地区，农村妇女政治参与效能并不理想。以凉山彝族农村妇女政治参与的三组数据为例：第一，87% 的调研对象参加过选举活动，但投票表达自己意愿的仅有 35.6%，代表家人意愿投票的为 49.0%；第二，近 70% 妇女曾经参加过村民会议，但有 43.3% 表示对村内事务既不参加也不表态；第三，对于村务参与，50.4% 表示曾提出建议但无回应，33.8% 表示形式上有回应而实质上无改变。⑤ 在一项"内蒙古农村牧区百村千户现状抽样调查"中，也得出农牧民政治参与中"选举投票率高""参与有效性低"⑥ 的类似结论。

三　民族自治地方治理体系中 文化认同弱化的问题

文化是民族的血脉，文化认同是最深层次的认同。从广义上讲，

---

① 国家统计局：《中国人口和就业统计年鉴（2011）》，中国统计出版社 2012 年版。
② 毛平、张禧、谷光路：《乡村振兴视角下民族地区农村妇女政治参与效能提升路径研究——基于四川省凉山州彝族农村地区的调研》，《安徽农业科学》2019 年第 4 期。
③ 《列宁全集》第 24 卷，人民出版社 1987 年版，第 200 页。
④ 李军：《论民族自治地方立法公众参与机制的完善》，《民族学刊》2016 年第 5 期。
⑤ 毛平、张禧、谷光路：《乡村振兴视角下民族地区农村妇女政治参与效能提升路径研究——基于四川省凉山州彝族农村地区的调研》，《安徽农业科学》2019 年第 4 期。
⑥ 苏日娜：《民族地区农牧民政治参与的现状及影响因素分析——基于内蒙古农村牧区百村千户抽样调查的实证研究》，《长春大学学报》2019 年第 5 期。

民族认同、国家认同、政治认同都可以纳入文化认同中来考察，只是考察的视角不同罢了。中华文化认同是中国统一多民族国家的认同之源，是中华民族的精神纽带和精神家园。文化认同的核心和实质就是共同体共享的意义或价值体系——价值规范、理想追求、精神信仰。近代中西交通加强，随着我国从王朝国家转向民族国家，西方文化的大量涌入、市场经济的实行和现代化的推进，中华文化的认同在民族地区出现了不同程度的弱化。

（一）中华文化认同的弱化

这里以少数民族大学生和民族地区的一般群众两个样本的实证调查来考察文化认同中存在的问题。第一个样本是少数民族大学生，他们是民族地区的生力军，受教育程度高，其文化认同观事关文化的方向和引领问题。我们对少数民族大学生对中华文化认同的情况反馈如下：一是总体而言，由于区域发展的不平衡，少数民族大学生受到成长背景、社会环境、教育经历以及境内外文化竞争的影响，对中华文化的认同水平不一，整体较为乐观积极，但在中华文化价值目标与价值认同方面，存在认同偏差。[1] 即存在主动了解中华文化的意愿不强，对中华优秀传统文化认知贫乏，对中华传统美德情感淡薄，以及对中华民族文化审美观点的偏差等问题。二是以某高校的边疆籍少数民族大学生为调查对象，研究指出边疆少数民族大学生对中华文化的认知程度较高，但对中华文化的情感与意志上较为淡薄，在践行上缺少自觉意识。这种情况是"全球化背景下多元文化冲击、境内外敌对势力的诋毁、民族文化政策导向的偏离、中华文化认同教育的乏力等复杂因素共同影响所致"[2]。三是当代蒙古族中华文化认同的平均水平处于中等偏上，但具有不均衡性，即存在着认知与行为相分离的特点：不同来源地的蒙古族在中华文化认同方面存在较大差异，对草原文化的

---

[1] 顾廷方：《少数民族大学生中华文化认同提升研究——基于思想政治教育视角》，硕士学位论文，成都理工大学，2018年。

[2] 尹旦萍：《边疆少数民族大学生中华文化认同现状调查——以Z民族大学为例》，《中南民族大学学报》（人文社会科学版）2017年第6期。

认同程度高于对中华文化的认同程度，这主要由于受到经济全球化、西方文化和社会转型的多重影响。① 四是通过比较来自不同行政区域的维吾尔族大学生对中华文化的认同度，可以发现来自县城、农村、乡镇、地级市的大学生对中华文化的认同度依次降低，其对中华民族历史、语言、习俗、思维的认同都呈现出这一趋势。同时，我们注意到来自农村的学生对"我认为学习国家通用语非常重要"这一变量指标的认同度最高；除了这一指标外，其他变量指标的均值处于第一的均是来自县城的学生。这里需要说明的是，来自县城的学生处于中华民族文化与本民族特色文化初步融合的状态；而在地级市，两种文化的融合中出现的一些问题可能会更多地呈现出来；而来自农村和乡镇的学生在大学以前基本上只接触本民族特色文化。② 上述认同弱化的现象，给中华优秀传统文化创造性转化、创新性发展造成认知、接纳、传播、创新困境，给民族团结、边疆安全带来潜在威胁。

（二）政治认同弱化，表现为差序政府信任

放宽文化认同的视角，我们还可以从政治认同方面进行说明。譬如，有调查指出，少数民族青年在政治信任上主要表现为"差序政府信任"③，即民众的政治信任与政府层级成正相关。在社会认同上，对"您认为当今的社会是不是公平的"选项中，表示完全不公平、比较不公平、居中、比较公平、完全公平的比例分别为 9.7%、29.4%、17.5%、37.3%、6.1%④，这说明，认为社会不公的民众占比为39.1%，这在很大程度上削弱了政治认同。总之，正处于转型发展的民族地区往往具有民族众多、文化多元、宗教背景突出的特点，再加

---

① 冯大彪：《当代蒙古族中华文化认同的综合研究》，《前沿》2018年第4期。
② 王莹莹、张小刚：《新疆维吾尔族大学生中华文化认同情况调查》，《青少年研究与实践》2019年第3期。
③ 吕书鹏、肖唐镖：《政府评价层级差异与差序政府信任——基于2011年全国调查数据的实证研究》，《北京行政学院学报》2015年第1期。
④ 杨荣军：《少数民族青年政治认同实证研究》，《河北青年管理干部学院学报》2018年第3期。

上日常生活网络化的影响,民族地区青年政治认同也有其特点:一是坚定的民族心理与主流的意识形态存在一定程度的互斥,在政治认同上难免带有一丝民族色彩;二是不同程度地受到宗教影响;三是"去政治化"特征明显;四是共识度下降。[1] 可见,在当今复合性的社会体系中,社会中的个体往往参与了不同群体形式的建构,一人兼有多个身份,扮演着多重角色,由此形成了一个个角色集。社会成员因隶属于不同群体而拥有多重身份,由此决定了社会成员不同的归属感和认同感。[2] 对一个多民族国家的民族成员而言,其两大最基本的角色,一个是民族成员角色,一个是国家公民角色。这两种身份与角色又有着不同的角色规范和扮演要求,由此引发了民族认同与国家认同的歧义。所谓民族认同,指的是个体对本民族的信念、态度,以及对其民族身份的承认,它包括群体认识、群体态度、群体行为和群体归属感。而国家认同是指一个国家的公民对自己祖国的历史文化传统、道德价值观、理想信念、国家主权等的认同。民族认同是一个民族成员在成长过程中耳濡目染形成的一种与生俱来的"原生的认同",而国家认同则有赖于国家通过制度安排、权利保障、教育宣讲等方式进行"理性的建构"。民族认同与国家认同存在交集,却又并不完全重合。还有一个问题是跨境民族在国家认同上的模糊性、摇摆性和选择性,这成为影响我国国家安全与边疆安全的一个重要非传统安全问题。[3] 在一个多民族国家,民族成员在自我的认同体系中,将何种认同置于优先地位,是关涉到国家凝聚力和向心力的一个重要问题,也是影响多民族国家巩固和民族和谐的基本问题。[4]

(三) 文化和政治认同弱化的多重归因

在广义的文化认同中,政治认同、国家认同弱化可归因于多个方

---

[1] 张瑞、王清荣:《民族地区青年政治认同提升的若干思考》,《社会科学家》2019 年第 2 期。
[2] 袁娥:《民族认同与国家认同研究述评》,《民族研究》2011 年第 5 期。
[3] 杨顺清:《边疆多民族地区政治文化的失谐与治理》,《思想战线》2015 年第 4 期。
[4] 杨顺清:《边疆多民族地区政治文化的失谐与治理》,《思想战线》2015 年第 4 期。

面。我国民族区域自治地方（尤其是边疆民族地区）一些少数民族国家认同的模糊化、脆弱化和选择性，是与我国民族国家建构相伴生的一个问题，部分少数民族民众国家认同困境的产生，是时代发展、国家建构、社会变迁和个体认知集体综合作用的结果。它的产生和凸显，有着自身内在的运行逻辑和深刻原因。一是民族政策的外溢效应导致了民族认同不适当的强化。首先，民族识别一定程度上催化了民族意识的觉醒；其次，以少数民族身份作为族际资源倾斜性分配依据，也在客观上强化了民族认同。二是多元参照体系引发了一些民族的相对剥夺感。我国的民族自治地方大多都处于远离腹地的边疆地区，而"对于边疆多民族地区的少数民众而言，他们具有比国家核心区域更多更丰富也更为多样的社会发展与社会幸福感知的参照体系"①。不同年龄段的居民由于比较参照的指标体系不同，导致心理落差从而产生相对剥夺感。这种负面性心理体验的累积是边疆多民族地区民众滋生反社会情绪的重要心理渊源，也是地方民族主义不断滋生的一个重要条件。三是民族自治地方经济发展长期滞后和民生改善缓慢导致了对国家认同的弱化。四是民族自治地方政府财政汲取的有限性弱化了公共产品的供给和公共服务的提供，又人为地放大少数民族的边缘化困境，也从根本上影响到了少数民族的国家认同。五是国际范围内民族主义浪潮冲击导致一些少数民族族群认同的强化。"少数民族在进入现代化阶段之际，不断感受到自身社会结构和传统文化解体的危机，从而产生了一种对外来先进文化一体化的情绪化抗拒。强烈的族群认同也就自然成为宣泄痛苦情绪的一种表达方式。结果，为保持自身民族文化传统的纯洁性、连续性及优越感，形成了对民族同一性的强烈追求。"② 此外，伴随着现代化的一个令人困惑的问题就是"族群民族主义并没有伴随着政治与经济发展而枯萎。实际上，高度的政治参与与迅速扩展的 GNP 常常在给予民族主义集团新生活的同时，使得他们

---

① 杨顺清：《边疆多民族地区政治文化的失谐与治理》，《思想战线》2015 年第 4 期。
② 陆海发、袁娥：《边疆少数民族国家认同建设的意义、挑战与对策》，《青海民族研究》2010 年第 4 期。

更加寻求发展过程中的利益"①。这也再次说明铸牢中华民族共同体意识是一项紧迫而又艰巨的任务。

四　民族自治地方治理体系中生态环境恶化的问题

"改革开放以后，党日益重视生态环境保护。同时，生态文明建设仍然是一个明显短板，资源环境约束趋紧、生态系统退化等问题越来越凸出，特别是各类环境污染、生态破坏呈高发态势，成为国土之伤、民生之痛。如果不抓紧扭转生态环境恶化趋势，必将付出极其沉重的代价。"② "民族地区是我国经济社会发展不平衡不充分的重点区域，是精准脱贫攻坚战的主战场，也是污染防治攻坚战的主战场，是生态文明建设的重点区域。"③

（一）民族地区大多处于生态脆弱地区

民族自治地方环境有其先在性特征，其位置大多处于生态关键区域，区域层次性特征显著：一类区域处于自然生态特别好的地区，如西双版纳傣族自治州、九寨沟、香格里拉、长白山等地，生物多样性特征明显，生态功能显著。二类区域处于自然环境特别恶劣的地区，如黑龙江省北部、四川省凉山州、青海、西藏大部分民族地区，海拔高，昼夜温差大、空气稀薄，俗称的高寒山区。三类区域处于生态脆弱区，如南方红壤丘陵山地、新疆天山南北广大绿洲边缘区、西南喀斯特山地、石漠化地区。四类区域处于生态功能区和自然保护区，如滇西北国家级生态功能保护区、雅鲁藏布江源头国家级生态功能保护区、长白山自然保护区、高黎贡山自然保护区。由此可见，我国民族

---

① Frederick L. Shiels, *Ethnic Separatism and World Politics*, Lanham: University Press of America, 1984, p. 17.
② 《中共中央关于党的百年奋斗重大成就和历史经验的决议》，人民出版社2021年版，第50—51页。
③ 杜雯翠：《民族地区环境污染的特征分析》，《民族研究》2018年第3期。

自治地方经济社会快速发展与环境资源承载的关系就更加复杂尖锐，我国民族地区分布多与自然生态脆弱区、敏感区重叠，决定了民族自治地方的生态环境建设不仅关系到民族地区的科学发展和社会进步问题，而且还直接关系到我们整个国家能否建设成为山川秀美、人与自然和谐相处这一关键问题。生态环境与党的民族区域自治的关系是双向的。一方面，生态环境是人类生存的基础，是民族自治地方社会经济发展的重要条件，在相当程度上，民族自治地方的发展无法摆脱生态环境的制约作用。我国民族自治地方地域辽阔，区域间的生态环境状况存在明显的差异，而且陆地边疆地区和海洋边疆的生态完全不同，这种生态环境的基本格局就决定了我国民族区域治理战略的制定必须要实事求是，一切从实际出发。另一方面，战略的制定也要充分考虑到有利于民族自治地方的生态环境的保护与资源的合理开发因素，而这一方面往往是民族区域自治的重要内容。同时也是民族自治地方治理现代化水平的一个关键评价指标。

（二）片面追求 GDP 导致局部生态环境恶化

一个时期，由于对生态环境的保护意识不强和措施不力，民族地区为了经济发展，部分官员为了抓政绩，不惜以生态环境作为代价，高能耗、高污染的发展模式让原本就恶劣、脆弱的生态环境不堪重负，导致部分民族地区原本良好的生态环境遭到严重破坏，造成森林资源急剧减少，水土流失严重，土地退化加剧，工业污染严重等等。具体状况可参阅 2019 年 5 月 22 日国家公布的《2018 中国生态环境状况公报》，这里简要摘取涉及民族地区的几组数据：第一，2018 年降水量不足 100 毫米的地区有新疆中南部、甘肃西部、内蒙古西部。第二，2018 年全国生态环境较差和差的县域面积占 31.6%，主要分布在内蒙古西部、甘肃中西部、西藏西部和新疆大部；818 个国家重点生态功能区县域中，2018 年与 2016 年相比，生态环境质量变好的县域占 9.5%，基本稳定的占 79.1%，变差的占 11.4%。第三，全国荒漠化土地面积 261.16 万平方千米，沙化土地面积 172.12 万平方千米；全国土壤侵蚀总面积 294.9 万平方千米，占普查总面积的 31.1%。第四，全国已发现560多种外来入侵物种，且呈逐年上升趋势，其中213种已入侵国家级自然保护区。第五，2018年全国2833处浅层地下水监测井水质总体较差；西南西北诸河流水质存在部分恶化的状况。① 有学者收集了2006—2015年民族地区的部分环保面板数据进行研究后发现，民族地区污染排放治理虽有成效，可是，"从规模看，2006—2015年，民族地区以全国15%的人口，创造了10%左右的国内生产总值（GDP），却排放了20%左右的污染；从结构看，化学需氧量排放量中大量来自工业生产，经济发展对生态环境的压力仍然高居不下；从强度看，尽管民族地区的污染排放强度也在逐年下降，但大气污染物排放强度远远高于全国平均水平，结构调整在降低民族地区污染排放强度方面尚没有发挥积极作用"。②

（三）环境恶化导致多方面危害

民族地区生态环境保护是全国生态环境保护的根基所在。民族自治地方生态环境恶化，不仅给人们身体健康和日常生活带来严重影响，而且还会对整个生态系统造成难以补救的危害。从短期来看，民族区域所存在的生态问题会从以下方面对人民生活造成不利影响。首先是水资源和土地资源原生环境的恶化，对民族区域居民的农业种植和日常生活造成影响，如优质耕地减少、可饮用水骤降等。其次便是生态恶化引起自然灾害频发、突发，如植被破坏导致水土流失、山体滑坡、泥石流等灾害发生率大大提高，对民族区域居民的生命财产权造成现实的威胁。从长远看，民族地区生态环境持续恶化对整个经济发展和生物多样性也将是灾难性的。其一，把生态破坏放置在民族地区经济发展的整体来看，生态问题会成为民族区域社会经济可持续发展的重要砝码，生态环境恶化极易把民族地区的经济发展推入"生态陷阱"，让原本的劣势被无限夸大，对我国少数民族文化的传承与保存带来致命危害；其二，原本就脆弱的自然生态孕育了民族地区的生态多样性，

---

① 以上数据来源于《2018中国生态环境状况公报》。
② 杜雯翠：《民族地区环境污染的特征分析》，《民族研究》2018年第3期。

这种多样性具有的不稳定性是由环境的易损坏性决定的，简言之，如果生态环境遭到严重破坏，那么生物多样性锐减的恶果便是具有必然性的。当然，自然环境的走向，在很大程度上与人的主观能动性是相关联的，环境问题本来就在很大程度上与地方政府具有千丝万缕的关联。实际上，民族地区生态环境恶化折射出了民族自治地方治理体系构建中存在的漏洞和缺陷问题。随着国家治理现代化的推进，政府（包括民族自治地方政府）在环境保护和生态建设方面采取最严格的制度和最严密的法治成为必选动作。总之环境治理体系的形成，国家的顶层设计和基层的治理体制机制还需要不断改革和创新。

五 民族自治地方治理体系中制度运行不畅的问题

法治的前提在于制度的建立，制度的生命在于运行，运行需要体系的支持，治理体系即制度运行的体系化问题。正如俞可平所说："民主有实质民主和程序民主之分，对于现今的绝大多数国家而言，程序民主比起实质民主来显得更加重要：关键是要使民主的程序和机制运转起来，以便使那些在宪法和法律中规定的民主权利得以真正的实现。"[1]

（一）民族自治地方法律制度的不完善、不定型

全面依法治国是国家治理的一场深刻革命，"在中国五大自治区自治条例'难产'，单行条例几近空白的背景下"[2]，民族自治地方还是形成了一个包含根本制度、基本制度、具体制度和法律法规等的制度体系，但这些制度依然还存在不完善、不定型的地方，直接影响着民族地区法制化的进程和治理体系的完善。民族自治地方治理体系中某些制度制定的科学性、针对性和可操作性不强，也导致公权力的规

---

[1] 俞可平：《民主与陀螺》，北京大学出版社2006年版，第1页。
[2] 金香兰、高瑾：《民族自治地方经济发展与自治立法关联研究——以五个少数民族自治州为样本》，《贵州民族研究》2020年第2期。

制和落实国家层面法律法规的配套体制机制缺失或不健全。试列举其主要表现：第一，一些制度建立不及时。在一些重要领域、关键环节仍然边界不清，有些问题总是议而不决，制度建立或更新缓慢；第二，一些制度针对性和可操作性不强，规定的内容空洞，笼统宽泛，大而化之，缺少具体配套措施；第三，民族区域自治法与其他法律政策关系未理顺，一些制度相关的配套政策缺失，效用难以有效发挥；第四，地区之间法制建设也不平衡不充分。这里以五个自治州的立法总量为例：吉林省延边朝鲜族自治州立法 43 件，湖南省湘西土家族苗族自治州立法 24 件，湖北省恩施土家族苗族自治州立法 19 件，贵州省黔东南苗族侗族自治州立法 17 件，云南省西双版纳傣族自治州立法 15 件。① 其中，立法相对较多的延边和立法最少的西双版纳两个自治州之间数量相差 28 件之多，这就凸显了自治州法制建设呈现不平衡不充分的特点，这会导致法律保障缺失和应用法制不足。这也是民族自治地方自治立法权限的范围不统一、立法主体的设置不科学、特殊民族立法程序不合理所导致的。②

（二）自治权的法律保障存在不足

进一步分析，民族自治地方自治权的法律保障也存在不足。首先，在法制内容上存在不完整性。有学者曾指出："目前我国授予民族自治地方变通或补充权的法律有 13 部，而民族自治地方事实上只对 4 部法律，即《婚姻法》《选举法》《继承法》《森林法》进行了变通和补充，其中 80% 又集中在婚姻法方面，对其他 9 部法律的变通或补充规定还是空白。"③ 同时，存在大量政策性、宣示性、倡导性语言和模糊性术语，缺乏法律责任与法律监督的规定。④ 其次，在执行操作层面

---

① 资料来源：五个自治州人大官网所公布的现行自治立法。
② 王允武、田钒平：《关于完善我国民族区域自治地方立法体制的思考》，《中南民族大学学报》（人文社会科学版）2004 年第 5 期。
③ 戴小明：《民族法制问题探索》，民族出版社 2002 年版，第 98、99 页。
④ 陆平辉：《35 年民族区域自治法研究：问题检视与创新绎思》，《宁夏社会科学》2019年第 6 期。

上存在困难。《民族区域自治法》中的财政支持、税收优惠、基础设施扶持以及其他方面的扶助和政策优惠，没有一个具体的规定，伸缩性太大，在实际执行中很难衡量。虽然《自治法》的原则性特点给各个自治地方提供了制订自治条件，如规定落实自治权的一定空间，但是，从整体来看，民族自治地方制定的相应的自治条例、单行条例、变通规定和补充规定都是对自治法在框架和内容上的简单"复制"，它们在反映各个地方独特性和民族特点以及具体的可行性和可操作性上还有待加强。[1] 在这种情况下，自治权的具体实施不得不依照部门法，[2] 因为条块体制的原因和民族法制建设的严重滞后，而中央部门的具体法规与《民族区域自治法》基本法之间存在一些矛盾之处，从而引发在现实生活中广泛存在着有法难依和行政干预、侵蚀法律和制度不彰的现象。

（三）制度执行不力的问题

民族自治地方治理体系中一些制度执行的坚决性、有效性和约束性不够。制度的生命在于执行，因此，制度建设的内涵不仅包括制度设计，还包括制度执行和运转。但由于社会的变迁，不少制度未能得到很好执行，存在制度制定轰轰烈烈、制度执行轻描淡写现象，具体表现为：第一，制度主体缺位，谁之制度、作用于谁、谁来评价等问题不明确。即忽略了制度的供给者、监督者和评价者的多方参与，给制度设计和执行带来较大疏漏，"好看"而不"管用"。第二，责任追究不到位，提醒百次，不如问责一次。现行很多制度在内容设计中重在提醒和警告，对违反者的处罚失之于软，失之于宽，失之于松，可操作性差、没有"牙齿"，使制度的权威性、公信力、严肃性被降低。

---

[1] 在我们调查的民族自治地方，连领导干部对民族区域自治法以及所在地区的自治条例和单行条例都述之不详细，很多普通公民更是对其知之甚少，普遍反映"与非民族自治地方都差不多，没有什么特殊的规定"。

[2] 在我国"条块分离、条大于块"的现行体制下，地方利益服从部门（中央各部门）利益，部门的政策法规一贯到底，民族自治地方的地方法规，甚至是自治法都只能服从部门法。例如，财政等方面的有关规定与《民族区域自治法》中的自治权规定有许多矛盾或相悖之处，但在具体执行时都只能服从部门法规。

第三，制度遵守的自觉性和坚定性不够，敬畏制度的社会心理基础还未最后形成。当前我国已建立健全了比较完备的反腐倡廉制度体系，但这些制度还没有真正传输到广大干部群众的思想观念中。在实际工作过程中存在思想与行动不一致的表现：有少数党员干部重业务，认为业务指标是硬任务，是"实的"，而反腐倡廉是软目标，把纪检监察工作看作"虚的"，因而制度信仰摇摆、规矩意识淡薄；有少数党组织在处理党内问题时，没有严格遵守制度及其程序，致使规章制度虚置，难以转化为有效执行力；个别领导干部妄自尊大，将自己凌驾于制度之上，游离于制度之外，视制度规章为摆设，以致每一起腐败案件背后，都有一系列制度的悬置落空；一些部门开展制度宣教仅仅停留在办公室、会议室的狭小空间范围，而更具广泛性、普及性和持续性的宣教活动远远不够，导致法律制度意识不够深入人心。因此，民族地区人民群众对制度的认同感和信任度不高，导致制度执行力的社会基础不厚实。

六　民族自治地方社会治理体系中分化和碎片化的问题

治理体系的现代化本身意味着整合化、系统化，实现整体大于部分之和。但民族自治地方治理体系在实际构建和运行中，出现了分化和碎片化的问题。分化和碎片化意味着完整的东西分割化或破碎化。应用到社会治理当中，则指社会群体的增多、社会群体间的差距拉大或阶层间的固化。民族自治地方治理体系现代化经过七十年的发展更加完善，但建构中出现的分化和碎片化问题也绝不能忽视。具体表现可初步归纳以下方面。

（一）民族地区社会治理转型复杂化

随着社会的开放和民族交往的增加，民族之间的交流交融和依赖会加深，但与此同时也会使各民族的传统和异质性发生碰撞和交锋。① 由于民族地区地理的、历史的和政治的多重因素影响，其社会整体转型复杂而又缓慢，现代化的综合治理手段难以发挥协同作用。譬如社会治理中依靠行政手段多，忽视经济手段，对正式法律手段的运用也有很大不足，导致一些非正式制度兴起。"吃饭财政"的窘境致使社会公共服务均等化发展不充分不平衡，难以满足社会多样化的需求；政府包揽社会事务又造成政府机构膨胀、臃肿，资源配置效率低下，社会和市场积极性被抑制，导致腐败滋生，破坏政治生态。传统的家族治理功能式微，社会普遍受教育水平不高，致使参与治理的效率不高。民族自治地方一直存在立法队伍不稳定，进不来、用不上、留不住的普遍现象，结果是立法专业人才缺乏，立法力量薄弱，依法治理困难。② 总之，因自然条件、发展基础、人才资源优势等因素的制约，以及经济交往亲缘性和社会交往乡土性而带来社会结构的同质性过强、经济结构的调适过慢、文化认同的多样和利益结构的差距拉大，导致社会转型的难度和复杂性加大。

（二）民族地区出现空心空巢化

由于社会急剧变迁，特别是城镇化、市场化、信息化、国际化的加速推进，人口大量向城市流动汇聚，导致民族地区人口流出、民族交流增多、人口流动频繁。这种状况一方面增进了各民族的了解，另一方面也带来了民族间的利益矛盾、结构失序、文化冲突、区域矛盾、乡村衰败等问题。譬如，民族自治地方人口净流出加剧，大量人口"离土又离乡"，城镇人口居住出现了新的特点，农村大多只剩下老人、妇女、儿童以及其他弱势群体，出现空巢老人、留守儿童等新的社会问题，导致民族地区社会治理人才短缺、社会治理主体弱化。这里搜集到 2010—2016 年西部地区流动人口的三组数据可以进行佐证：

---

① 阿迪力·买买提：《少数民族地区的社会转型与民族关系的调整研究》，《民族论坛》2008 年第 3 期。

② 王明雯、宋经同：《四川省民族自治地方立法能力建设研究》，《西昌学院学报》（社会科学版）2019 年第 4 期。

第一组，性别结构上，男性占比在55%左右，女性占比在45%左右；第二组，年龄分布上，30—39岁占比最高，其次20—29岁，再次是40—49岁，合计达80%以上；第三组，占比较多的少数民族依次是回族、壮族、藏族、维吾尔族。① 这导致了一些边疆民族地区成为人口净迁出地区。例如，新疆2015年出现了近十几年来人口的首次负增长，2016年骤减19.4万人，2017年持续减少15.6万。② 近年来又因不恰当的民族意识增强，引发的纠纷不断增多，居于社会中心的精英"出走"，居于"边缘的人"趁机填补空缺，也导致了历史上遗留下来的民族歧视、民族隔阂又沉渣泛起。还有就是随着我国国力的日益强大，国外敌对势力、分裂势力不断加大对我国民族、宗教领域的渗透，大搞"西化""分化"，同时，以"藏独""东突"为代表的分裂势力也不断变换方式和策略，甚至不惜采用暴恐手段，蓄意制造一系列的打砸抢烧严重暴力犯罪事件，严重影响了民族团结、社会稳定和边疆安全。

（三）民族地区利益分化

民族自治地方一度出现了社会阶层分化严重，社会贫富差距拉大，出现"富饶的贫困"。在社会主义市场经济快速推进的过程中，民族地区"在职业分化和阶层分化的过程中，各阶层之间的经济差距在拉大，各个社会阶层还将在很长一段时期内处于持续变动的状态"③。在贫富分化方面，民族地区城乡居民可支配收入相对数都在增加，但城乡绝对收入差距却呈逐年扩大趋势。以新疆为例，2002年新疆城镇居民可支配收入为6554元，到2016年为26830元，涨幅达4倍之多；2002年农村居民纯收入为1863元，到2016年为9470元，涨幅达5倍

---

① 赵玉峰、孔伟艳：《近年来西部地区人口流动的主要变化及特点》，《中国发展研究》2019年第14期。
② 梁斐斐：《边境地区人口流出问题及对策研究——以新疆为例》，《江西警察学院学报》2019年第6期。
③ 张继焦、刘佳丽：《经济社会转型中民族地区的职业分化和社会分层：以广东省连南瑶族自治县为例》，《广西大学学报》（哲学社会科学版）2018年第3期。

之多。其中，收入之比由 3.52 下降到 2.83，但绝对差距从 4711 元拉大到 17360 元。① 再看看内蒙古，"按 1978 年不变价格计算，1978 年城乡居民收入差为 170 元，到 2017 年扩大到 3536 元，40 年扩大 20.8 倍。从相对差距看，1978 年收入比为 2.298，2017 年收入比为 2.834，考察期内上升了 1.23 倍。与全国平均差距相比，2012 年以后，内蒙古城乡居民收入差距无论是在绝对差距还是在相对差距上，均超过全国平均差异而且有逐渐扩大的倾向"。② 观念是社会存在的主观反映。从一份对西北各族群众的调查中，民族地区利益分化的情况可以得到验证，在回答"当前社会收入差距是太小了、太大了还是适中"的问题时，认为差距太大了占 64.0%，认为差距适中占 26.9%，认为差距太小了仅占 4.4%，同时认为贫富分化不太合理的占 32.9%，认为完全不合理的占到 13.9%，未明确态度的占 4.7%。③ 可见，无论是财富的现实分配还是人们对财富的主观认知，民族地区社会分化已经从物质领域渗入到精神领域，如果现实收入差距不改变，精神领域的认知将会更加固化，反过来会影响民族地区人们的社会行为，出现更多的越轨行为。

民族自治地方社会利益结构发生的新变化，使边疆民族地区的民众的利益诉求更为强烈，实现其利益的手段日益多样化。各类矛盾纠纷特别是新型社会矛盾逐步凸显，以涉及政府补助款项分配、宅基地、土地承包、项目征地、林地收益、扶贫资金项目落实等经济纠纷为主，扶贫与扶志的关系问题，眼前利益与长远利益的关系问题，化解难度较大。正如西北民族地区社会分层结构呈现倒丁字形、中等收入群体不足，反映出社会阶层结构的脆性，整个社会结构在特殊条件下可能发生结构失衡或断裂，产生两极分化的态势，缺乏缓冲和过渡，容易

---

① 侯震梅等：《技术创新对城乡居民收入差距的影响研究——基于西部民族集聚区经验分析》，《数学的实践与认识》2020 年第 2 期。
② 孟凡杰等：《民族地区产业结构变迁对城乡收入差距的影响——来自内蒙古的经验证据》，《中央民族大学学报》（哲学社会科学版）2019 年第 5 期。
③ 赫剑梅、马忠才：《西北民族地区社会分化的基本特征及其对社会稳定的影响》，《前沿》2016 年第 5 期。

引发社会群体之间的对立、矛盾和冲突。①

（四）民族地区转型中的碎片化和离散化

在民族区域自治制度的历史中，民族自治和区域自治、政治因素和经济因素的结合是比较好的，这也是我国民族工作重心在边疆地区、民族聚居区、农牧区的根由。但随着社会主义市场经济的实行，国家城镇化的加快和流动人口的加速，民族自治地方少数民族人口迁往非民族自治地方，导致民族散杂区不断增加，即出现了少数民族从聚居化居住到碎片化和分散化居住的新趋势。如果这样的趋势持续不断发展，那么如何实现民族自治和区域自治相结合、政治因素和经济因素相结合，这也是民族区域自治的新问题。与之相对应的是，民族优惠政策的实施在社会主义市场经济不断深入之前之后，各民族的发展状况也发生巨大变化，如何正确看待和坚持完善民族优惠政策，这是事关民族平等团结的大局。信息化、网络化是一把双刃剑，如何应对由此而生的民族纠纷、民族舆情的变化、带有民族因素的突发事件乃至敌对势力的渗透，以及民族自治地方网络安全和信息安全。这也是近年来边疆政治学中提出的信息边疆和网络边疆议题。民族自治地方治理体系现代化建设中出现碎片化问题，根由也许是随着开放扩大化和经济市场化的深入，集体主义整体观念受到了冲击，许多曾经轰轰烈烈的公共集体活动现在却难以有效举行。譬如，曾经出钱出力修建公共设施的场景难以再现，优良家风不再成为人们模仿的对象，社会风气恶化、拜金主义、享乐主义、世俗化甚嚣尘上，极大地削弱了民族自治地方治理的原本纯朴、善良、乐善好施的思想共识。这也引起了学者对新的民族性权利和利益的失衡问题的担忧："一是自治民族与非自治民族的权利不平衡呈拉大之势；二是自治主体重视权利而轻视义务的问题渐趋严重；三是某些少数民族特别是自治民族的政治权利和利益需求过度增长；四是获得利益的方式和能力有很大差异的不同

---

① 马忠才：《西北民族社会的阶层分化与治理创新——社会分层及其社会效应的微观实证研究》，《西北民族研究》2015年第2期。

民族群体在利益实现水平上产生了新的差异,民族性利益分化逐渐加深。"① 对民族地区在转型发展中出现的碎片化和离散化现象,必须引起高度警惕。

---

① 贺琳凯、汤法远:《新世纪云南民族区域自治的成就、问题及完善》,《黑龙江民族丛刊》2012年第1期。

第七章

民族自治地方治理体系现代化建设的路径优化

党坚持和完善民族区域自治制度，坚定不移走中国特色解决民族问题的正确道路，坚持把铸牢中华民族共同体意识作为党的民族工作主线，确立新时代党的治藏方略、治疆方略，巩固和发展平等团结互助和谐的社会主义民族关系，促进各民族共同团结奋斗、共同繁荣发展。①

治理体系现代化既是过程也是目标，还是价值，是过程、目标和价值的统一体。推进民族自治地方治理体系现代化是一项内容丰富的系统工程，既需要统一思想、凝聚共识的观念先行阶段，又需要调研论证和方案实施的过程阶段，还需要对实施结果的反馈完善阶段，是一项长期而艰巨的任务。因此，实现民族自治地方治理体系现代化，既要尊重现代国家治理所具有的客观规律和运行步骤，绝不可主观臆断，又要立足于民族区域自治的现实基础，充分发挥人的主观能动性，实现民族地区治理价值的共识化、治理主体的互动化、治理结构的科学化、治理功能的最优化、治理方式的法治化、治理结果的效能化。具而言之，在新时代推进国家治理体系和治理能力现代化的时代背景下，从价值领域看，政治认同是民族自治地方治理体系现代化建设的

---

① 《中共中央关于党的百年奋斗重大成就和历史经验的决议》，人民出版社2021年版，第40—41页。

核心内容和思想之本。如何建构民族区域自治地方各民族的政治认同，不仅关系到各族人民群众对党和国家的忠诚问题，还涉及公共政策执行成本的重大问题。因此，推进民族自治地方治理体系现代化建设，就要求不断强化各族群众"五个认同"意识，不断铸牢中华民族共同体意识，形成认同的最大公约数。从治理体系的结构要素来看，治理主体的多层化与多元化、治理结构的分权化与网络化、治理制度的科学化与理性化、治理方式的民主化与法治化、治理手段的文明化与多样化就成为治理体系优化的路径选择。民族自治地方治理体系现代化建设就是要加强制度体系建设，使其各项内容充实完善、规范有序，推动各个民族成为一个联系日益紧密的社会生活共同体，为实现第二个百年奋斗目标、实现中华民族伟大复兴的中国梦做出应有贡献。

一 坚持党的领导，确保民族自治地方治理体系现代化建设的正确方向

全面坚持党在民族自治地方治理体系中的领导地位。中国共产党在现代中国国家治理体系中承担了极其重要的领导角色。民族自治地方的设置和民族区域自治制度的运行是马克思主义民族理论与中国具体实际相结合的产物。进入新时代，为了又好又快地推进民族自治地方治理体系现代化建设，必须全面坚持党的领导。中华民族近代以来的历史充分证明，"中国共产党领导是中国特色社会主义最本质的特征，是中国特色社会主义制度的最大优势，是党和国家的根本所在、命脉所在，是全国各族人民的利益所系、命运所系"。[①]

（一）坚持党对民族工作的领导

进入新时代，必须确保和强化中国共产党在民族事务治理中独一无二的领导地位，充分发挥党在民族地方社会治理和民族区域少数民

---

① 习近平：《在庆祝中国共产党成立 100 周年大会上的讲话》，人民出版社 2021 年版，第 11 页。

族各方面权益保护中总揽全局、协调各方的领导核心地位。中国共产党在领导革命、建设、改革的历史进程中，自始至终以马克思主义民族理论作为处理我国民族问题的基本遵循，并坚持解放思想、实事求是，坚持从我国的民族实际出发，创造性地将马克思主义民族理论与我国的民族发展实际相结合，开创了一条独具中国特色、反映中国实际、指导中国民族问题科学解决的康庄大道。改革开放以来，我国在民族地区的管理和发展问题上，纠正了在民族问题处理上的历史错误，一如既往地贯彻一系列制度安排、政策规划，例如坚持中国共产党在民族事务处理中的领导地位，贯彻民族平等、团结、共同繁荣的原则，不断丰富和充实民族区域自治制度的内容，有计划地锻造和选用少数民族干部担任各级政府职位等等。几十年来，我国民族地区经济社会发展和民族事务处理取得了显著成就。但我们党也始终清醒地认识到，我国的民族工作始终在路上，只有进行时，没有完成时。党的十八大以来，党中央立足民族工作的重要性强调，我国的民族工作关乎国家经济社会发展的大局，面对新形势、新情况、新问题，做好民族工作必须要毫不动摇地坚持社会主义道路，在这个问题上是不容置疑和毫无商量余地的，这是我国社会主义实践证明了的正确道路，同时还必须健全和贯彻党的民族理论、民族政策。坚持党的领导，坚定四个自信，这是我国民族自治地方治理体系现代化事业成功的根本保障。

（二）切实提高民族自治地方党委的谋划发展能力

进入后扶贫时代的民族自治地方如何加强党建，推动乡村振兴和城乡协同发展，这是民族自治地方党委重点谋划的议题。第一，加强民族自治地方党委各方面机制建设，尤其是党内民主与监督的建设，打造良好的党内生态，提升党员工作水平和素质，提升民族地区党的地方组织和基层组织建设的科学化、专业化、制度化水准。第二，从民族自治地方实际出发，科学把握和处理好民族地区社会各方面改革、发展、稳定之间的关系，提升党组织在社会发展、危机处置、风险防控等方面的领导能力。第三，科学处理党内外关系，加强与各民主党派、社会各界的联系沟通，与不同社会力量建立协作关系，增强社会动员能力和复杂关系协调能力。

（三）确保各级党委在民族自治地方治理中引领和保障作用的发挥

在新中国成立以来的相当长一段历史时期内，由于我国经济不够发达，民族地区由于战略地理位置的重要性，国家层面对民族地区首要任务的定位是"固边维稳"，这一定位有其历史及现实必然性，为了国家统一和长期的社会稳定，尤其是边疆民族地区的社会稳定做出了不可磨灭的贡献。然而，从长远来看，"维稳为上"的民族地区的定位，把民族地区党委政府的主要精力放在巩固疆土和维护社会稳定上，客观上分散了民族地方政府谋划发展的精力，这是民族地区社会经济发展长期与内地及沿海发达地区有巨大差距的原因之一。进入新时代，我国的发展进入了新的历史方位，民族自治地方实时转变传统的"维稳为上"的发展模式，从过去的"援疆""援藏"转变为"建疆""建藏"，一字之差，意义大不同。党中央把工作转向以经济为中心的全面建设，并且取得了脱贫攻坚和全面建设小康社会的重大成就，同时地方和基层党组织要进一步把治国先治边，治边先稳藏的战略落实到新疆、西藏等地的实际工作中，继续确保社会和谐、民生改善。云南作为具有代表性的边疆民族地区，在这方面做得颇有成效。20世纪90年代，云南省委提出"三结合一体化"的发展思路，实现了生产方式和经营体制的现代市场化过程。到世纪末，省委又准抓两大战略的历史发展契机，即西部大开发、建设中国—东盟自由贸易区，相应提出了"建设绿色经济强省、民族文化大省、中国连接东南亚南亚国际大通道"三大目标，实施"可持续发展、科教兴滇、城镇化和全方位开放"四大战略，勾画了云南省的百年发展宏图。2012年云南省委又结合变化的国际国内发展态势提出了以打造滇中城市经济圈为龙头，进而辐射引领全省发展的路径。同时云南省委进一步落实习近平总书记2015年考察云南的指示精神，云南各级党委认真落实中央精神，主动融入国家发展战略，努力把云南建设成为我国民族团结进步示范区、生态文明建设排头兵、面向南亚东南亚辐射中心。其他民族自治地方的党委也要审时度势，以问题为导向深化党的建设制度改革，改进制度体系中不适应的体制机制，抓紧建立缺位的制度，尽快完善不全面的制度，坚决革除不科学和不合理的制度，统筹协调党的建设制度改革。中国特色社会主义最本质的特征是坚持党的领导。同样，民族区域自治最本质的特征也是坚持党的领导。因此，只有全面发挥党的引领和保障作用，我国民族自治地方治理体系和治理能力现代化建设才能顺利实现。

二 加强"五个认同"教育，凝聚中华民族伟大复兴共识

任何一个现代国家治理体系背后一定有符合现代性要求的一整套价值体系作为支撑，从这个意义上讲，构建现代价值体系和塑造现代治理理念是中国国家治理现代化的首要前提。价值体系是国家治理之魂、国家治理之神，决定着国家治理的方向。毕竟，国家治理体系的核心主体是具有各种差异化需求的鲜活的人，而人是寻求价值与意义的动物，多元治理主体的价值凝练成为塑造国家治理行为和国家治理运行轨迹的重要力量。面对差异化的、甚至相互冲突的社会需求，要维持社会共同体的正常运转，国家治理活动尤其需要核心价值的统领，具有明显现代性取向的核心价值体系是支撑国家治理现代化的导向性力量。常言道，得道多助失道寡助，得人心者得天下。道和人心就是一种价值认同取向，反映在政治生活中，就是政治共识、政治合法性。所谓政治合法性是政治体系赢得民众认可的能力。按照阿尔蒙德的解释，如果某一社会中的公民都心悦诚服地愿意（而不是基于恐惧）遵守和服从国家和政府制定的各种法制、规章和制度，那么国家和政治体系就拥有了政治合法性，[①]国家治理和政治统治也更容易取得良好的效果。这也是习近平总书记一再强调的：人心是最大的政治、共识是奋进的动力。所以，思想建设和价值引领就成为民族自治地方治理体系现代化建设中的一项极端重要工作。

[①] ［美］加里布埃尔·阿尔蒙德：《比较政治学：体系、过程和政策》，上海译文出版社1987年版，第12页。

中国共产党成立和新中国的成立以及改革开放的实行,民族地区经济社会所取得的成就是以往任何历史时期所无法比拟的。借用马克思的一句话,在短短几十年的民族区域自治中"所创造的生产力,比过去一切世代创造的全部生产力还要多,还要大"[①]。这样伟大成就的取得也是民族自治地方马克思主义五观——国家观、民族观、历史观、文化观、宗教观——教育成效的生动体现。进入新时代,民族自治地方社会思想观念和意识形态面临西化、分化、多元化等新的挑战,如何在"五观"教育的基础上,进一步增强政治认同、铸牢中华民族共同体意识是治理体系现代化建设的思想之本。政治认同是一个国家的国民对政治制度、政治体系、政治文化和政策产出的一种接纳、赞许和同意,是民众基于个体理性而做出的一种情感抉择。政治认同的强弱直接关系到了国家治理体系的良序运转,当代多民族国家的国家建构莫不致力于型构各民族的政治认同。在民族自治地方治理体系现代化建设的今天,凝聚起中华民族伟大复兴的共识,增强政治认同和铸牢中华民族共同体意识的基本途径就要在增强五个认同上下功夫。五个认同是构筑、巩固中华民族共同体意识的思想之本;五个认同是中华民族共同体意识形塑的源头活水;五个认同犹如黏合剂一般,团结各族人民,凝聚政治共识,建设中华民族共有精神家园。

(一)树立各族人民对伟大祖国的认同

祖国的首要之义是国家,其次是自己对该国的归属感。在推进民族自治地方治理体系现代化建设中,要开宗明义地认识到中华人民共和国这一多民族国家诞生的两个必要前提:一个是地理前提,即中华先民以来世代生息的"那一片固定疆土";一个是历史前提,即中华人民共和国是各族人民团结一心、前赴后继,不怕流血牺牲、抛头颅洒热血,经过艰苦卓绝的民族独立战争的洗礼而建立的国家,各族人民既是共和国的缔造者,也是国家理所当然的主人。中华人民共和国的成立、巩固和强大,是国内各族人民利益实现和福祉增长的基础,

---

[①]《共产党宣言》,人民出版社2018年版,第32页。

也是海外华人精神上的祖国归属。在伟大祖国建设的过程中，一方面，全身心投入热爱和建设伟大祖国的行动中，是每一个中国人义不容辞的责任；另一方面，在不同时期都坚决反对并同分裂国家的国内外敌对势力做不懈斗争，捍卫国家的统一和领土的完整，维护国家主权神圣不可侵犯更是各族人民群众的神圣义务。因此，在民族自治地方治理体系现代化建设过程中，特别要树立民族地区各族人民对伟大祖国的认同，从而增强国家认同和政治认同，将国家统一和领土完整视为各民族人民的核心利益和最高利益。

换句话说，推进民族自治地方治理体系现代化的重要目标之一就是深入推进国家的整合性，完成民族国家建设使命。"对任何一个社会共同体而言，秩序都是最为基本的价值，正是有了秩序，人类的公共生活才成为可能。"① 因此，"首要的问题不是自由，而是建立一个合法的公共秩序"②，这就成为处于现代化之中的国家（尤其多民族国家）的首要目标。现代民族国家建设意味着将国民从基于家庭、宗族、区域、宗教等忠诚上解放出来，以建立对于国家的忠诚过程，即国民的国家认同建设过程。因为"边疆地区少数民族的国家认同既是建构起来的，也是历史形成的"③。推进民族认同与国家认同整合机制建设，必须坚持一项基本原则："整合的核心是一体和多元，按照一定的价值和规则形成一定的关系，既要维护一体的权威，又要承认多元的存在。"④ 以中华民族为统称来称谓世代生活在中华大地上的56个民族单元，中华民族是一体，56个民族是多元，这是费孝通先生提出的"中华民族多元一体格局"，在文化上，中华文化是一体，各族文化是多元，各民族共同创造了灿烂辉煌的中华文化。国家和民族是两个不同又有联系的概念，中华人民共和国的建立，实现了两个范围

---

① 周光辉：《政治文明的主题：人类对合理的公共秩序的追求》，《社会科学战线》2003年第4期。

② [美]塞缪尔·P.亨廷顿：《变化社会中的政治秩序》，上海人民出版社2008年版，第6页。

③ 周平：《边疆治理视野中的认同问题》，《云南师范大学学报》（哲学社会科学版）2009年第1期。

④ 常士訚：《和谐理念与族际政治整合》，《政治学研究》2009年第4期。

的基本一致，形成重叠共识。用"中华民族"来统摄各个民族，强调国家的至上性，从而进一步增进对伟大祖国的认同。在民族自治地方，由于特殊的历史宗教文化传统以及地缘政治结构，导致狭义的本民族认同与国家认同之间存在一种张力。① 这种张力则直接与民族自治地方的政治秩序密切相关，因此，增强民族地区广大人民群众尤其是青少年对伟大祖国的认同教育，把民族自治地方的区域发展史和伟大祖国的奋进史统一起来，是消除民族自治区人民群众在本民族认同与国家认同紧张关系的不二法门。

（二）树立各民族对中华民族的认同

中华民族在其建构之时，其首要目标为政治共同体，这是由王朝国家向民族国家急速转型时的内外环境决定的。中华民族之所以能够提出并为国人所接受，则在于其不止是一个利益共同体，更是一个文化共同体，在近代历史演绎过程中，最终凝结成为一个命运共同体。中华民族是我国各民族在长期历史发展与演进中形成的一个民族实体，是中华现代国家的国族。一部厚重而灿烂的中华民族史，既是一部中华各民族诞生、交往、发展、涵化的历史，又是各民族共同开拓守护国家疆域的伟大历史，更是各民族从自发演进到自觉建构从而共同缔造的中华现代国家史。② 中华民族或灿烂或沉重的历史，构成了中华各个民族共有的集体记忆和共享的情感体验，为中华民族共同体的建构提供了深厚的历史底蕴和丰富的历史素材以及有效的建构工具。"中华民族是一个""中华民族多元一体格局"的认识与认同也离不开历史的重大叙事。③ 中华民族认同既源于各个民族"荣辱一体，休戚

---

① 这种张力可表现为"国家认同强于民族认同""民族认同强于国家认同""国家认同与民族认同均较强""国家认同与民族认同均较弱"四种形态。

② 国家民族事务委员会：《中央民族工作会议精神学习辅导读本》，民族出版社2015年版，第25页。

③ 2021年中国共产党的两份重要文献《在庆祝中国共产党成立100周年大会上的讲话》《中共中央关于党的百年奋斗重大成就和历史经验的决议》可以说是中华民族叙事书写的范本，仅"中华民族"在《讲话》中出现43次，在《决议》中出现44次，在习近平总书记《决议》的说明中出现17次。

与共"的历史记忆,也源于各个民族"共同团结奋斗,共同繁荣发展"的现实体验。特别是随着国家治理现代化和中华民族伟大复兴,民族自治地方的中华民族认同教育在方法上还需特别注意以下三点。

其一,加强中华各民族交往史的研究。随着中华民族共同体意识的铸牢和民族团结进步的创建,加强各民族交往交流交融的研究成为我国学术界关注的一个重点、热点和前沿课题。党的十八大以来,习近平总书记多次阐释中国历史上各民族的交融互动及其对中华民族多元一体格局的作用:"各民族之所以团结融合,多元之所以聚为一体,源自各民族文化上的兼收并蓄、经济上的相互依存、情感上的相互亲近,源自中华民族追求团结统一的内生动力。正因为如此,中华文明才具有无与伦比的包容性和吸纳力,才可久可大、根深叶茂。"① "一部中国史,就是一部各民族交融汇聚成多元一体中华民族的历史,就是各民族共同缔造、发展、巩固统一的伟大祖国的历史。"② 为此,我们要加强对各民族交往交流交融史的研究,充分认识其重要性和必要性。通过摆事实讲道理,让各族人民了解掌握各民族交往交流交融的昨天、今天和明天,以史为鉴,面向未来,形成全社会的共识,促进人们的思想进步、观念转变和行为自觉。其中,《中华民族交往交流交融史》编纂工程作为党和国家部署的文化战略工程,受到各方面的高度重视。关于中国各民族交往交流交融的历史进程、经验总结、现代启示、典型案例等方面的研究成果已纷纷见诸报刊。整体来看,民族交往交流交融的系统研究尚处于起步和发展阶段,在理论探讨、史实挖掘、资料整理等方面需要加大力度。从中观和微观来看,民族自治地方的历史同样是一部各民族交往交流交融的历史,各民族交往交流交融这条主线一直贯穿着民族自治地方发展进步的全过程。

其二,加强中华民族历史观的宣传与教育。一部中国史就是一部多元的各民族融合为中华民族一体的发展史,是秦汉以来历代中

---

① 汪晓东、李翔、王洲:《共享民族复兴的伟大荣光——习近平总书记关于民族团结进步重要论述综述》,《人民日报》,2021—08—25。
② 习近平:《在全国民族团结进步表彰大会上的讲话》,人民出版社2019年版,第7页。

央政权与地方政权交流互动的历史。因此，从结构论的视角来看，中华民族的特征是多元一体，即民族多元与国族一体；从过程论的视角来看，中华民族的特点是多元一统，即多元民族不断发展成中华民族共同体。不过，在一段时期的民族研究与民族宣传和民族教育中，单个的民族发展史要多一些，而整全的中华民族共同体发展史的研究要少一些。因此，为了更好地粉碎历史虚无主义，反对大汉族主义和狭隘民族主义，当前我国应该加强中华民族历史观的宣传与教育。具体而言，在教育体系建设上全面启动国家通用语言文字教育全覆盖工作，培育各民族对中华民族正确的历史认知，通过教育和宣传的潜移默化影响，把"爱我中华"的民族情感播种在一代代国人的心中，铸牢中华民族认同的思想阵线。在文化符号建设上，要尊重并充分挖掘各民族的优秀传统文化符号，以各族文化符号为历史基础，打造具有广泛代表意义和普遍认同的中华民族文化符号，增进各民族的凝聚力和归属感。在国家仪式方面，国家可以充分利用和发掘国庆纪念、反法西斯纪念等各种国家仪式来强化中华民族历史的认同。

其三，创新铸牢中华民族共同体意识的途径。第一，中华民族命运共同体的历史书写。中华民族共同体即中华 56 个民族构成的一荣俱荣、一损俱损的命运共同体。古往今来，我国是一个名副其实的多民族国家，在古代具有"百国之和"的美誉，在现代具有"多元一体的格局"。因此，中华民族作为一个整体，是一个多元一体的民族共同体，各民族的地位平等是中华民族整体下各民族关系最本质的特征。第二，开展"统一多民族国家"国情意识教育。中国是统一的多民族国家，这既是历史的基本事实，也是现实的客观写照，把统一的多民族国家上升到基本国情。当前以及今后，通过普及"统一多民族国家"国情意识教育，增强各族群众的中华民族共同体意识的自觉与自信。让各族人民群众都能认同本民族是中华民族整体有机的、不可或缺的组成部分，各民族与中华民族是部分与整体的关系，是荣辱与共的命运共同体。各族人民都能认识到大汉族主义与狭隘民族主义的危害，并积极与西化、分化势力展开坚决斗争，争做国家统一、民族团结的建设者、捍卫者，为新时代中国特色社会主义现代化建设营造和谐团结的民族环境。第三，在全国特别是民族自治地方创建铸牢中华民族共同体意识的研究基地和教育基地。这方面在科学研究上已开始实行。譬如，2020年3月，由中央统战部、中央宣传部、教育部和国家民委四部委联合设立首批10家"铸牢中华民族共同体意识研究基地"，这在我国哲学社会科学领域尚属首次，10家研究基地将从不同的学科视角对铸牢中华民族共同体意识进行全方位研究。作为教育普及也应该尽快设立"铸牢中华民族共同体意识教育基地"。一是选取一些中小学、大学，二是选取一些党校和干部学院，三是选取一些红色文化基地，四是选取一些城市和农村社区。这样就可以实现研究成果转化为现实生产力之目的。

（三）树立各民族群众对中华文化的认同

文化认同是一个民族对自身文化进行认知、接纳、传播和创新的过程。文化认同是建构多元民族共同的文化心理、精神信仰和价值体系的重要法宝。① 中华文化认同，就是56个民族认同中华文化是在长期的历史发展过程中各民族文化汇聚交融的结晶，凝聚着中华民族的文化基因和智慧密码，是各民族文化的集大成。中华文化是中华各民族共有的精神家园，为各民族提供着灵魂栖居之地和心灵安顿之所。因此，对中华文化的深沉热爱和高度认同是民族自治地方治理体系现代化建设的历史之魂。进入新时代，要努力构建各民族共有的心灵家园，既要反对那种以某个民族的文化等同于中华文化的以偏概全的狭隘文化观，又要反对那些把自己民族文化脱钩于中华文化的文化分裂思想。为此，加强民族自治地方各族群众的中华文化认同教育既要旗帜鲜明又要和风细雨。

首先，端正学习态度，树立正确的中华文化观。由于历史的原因，各民族在中华文化观的普及教育中存在着很大的不平衡性，导致一些

---

① 高晓锋：《新疆少数民族中华文化认同的困境与对策》，《贵州民族研究》2014年第8期。

少数民族的民众对本民族的文化与中华文化之间的关系出现认知上的困境。这种不恰当的中华文化认知观在很大程度上削弱了他们的中华文化认同感。正因为如此,我们才要端正学习态度,加强中华文化认同的普及教育。正如习近平总书记所说:"我们广大的党员干部和教育工作者要和风细雨地向各族人民反复讲,各民族都对中华文化的形成和发展做出了贡献,各民族要相互欣赏、相互学习。把汉文化等同于中华文化、忽略少数民族文化,把本民族文化自外于中华文化、对中华文化缺乏认同,都是不对的,都要坚决克服。"① 在教育宣讲中,要强调中华文化多元一体的理念。让大家懂得中华文化并不是某个民族文化的独唱,而是各民族文化的共舞,民族文化与中华文化是部分与整体的关系。那些把中华文化等同于汉文化、把本民族文化独立于中华文化的思想是错误的、危险的。

其次,加强民族地区国家通用语言文字教育。语言是整个社会交流最为基本的桥梁和工具。当前一些民族自治地方国家通用语言文字使用的障碍构成了民族交往和中华文化认同的最大障碍。据相关调研资料显示,在我国一些民族区域自治地方,仍有不少公民对"中国各族人民创造了辉煌灿烂的中华文化"的观念持否定或模糊的态度。"不认同、不知道各民族文化在中华文化传承中都有作用"的占到了被统计人数的13%,"不认同、不知道新疆各民族文化是中华文化组成部分"的占到了被统计人数的10%,仍有部分群众对其他民族文化持狭隘、封闭的文化观,如不重视其他民族节日的占到了被统计人数的28%。② 因此,党的十八大以来,我国下大力气加强民族自治地方国家通用语言文字教学,提高教师的国家通用语言文字核心素养和教学水平,努力构建高质量国家通用语言文字教育体系。

最后,创新中华文化的传播方式。传播是一个认同和接受的过程。中华文化认同不仅是少数民族主动认同的一个过程,而且还是国家主

---

① 《共享民族复兴的伟大荣光——习近平总书记关于民族团结进步重要论述综述》,《人民日报》2021年8月25日第1版。

② 张倩:《新疆多元文化背景下建设中华民族共有精神家园对策探析》,《吉昌学院学报》2010年第3期。

动传播和建构的过程。当前中华文化的传播，必须对少数民族受众群体的心理特征、价值偏好、认知模式做精细化分析，然后找准中华文化与少数民族受众群体的心理契合点、情感共鸣点和利益吻合点，采用各民族喜闻乐见的方法来进行宣传和传播，不断激发各民族理解和青睐中华文化的主动意识。

当然，对民族地区社会中存在的解构中华民族共有精神家园的力量、一些解构中华文化的分裂势力、原教旨主义和极端民族主义思潮必须旗帜鲜明地给予打击。

（四）树立各民族对中国共产党的认同

历史已经证明并将继续证明这样一个真理：没有中国共产党，就没有艰苦卓绝的民族独立战争的胜利，更没有人民当家作主的新中国的成立，更不会有全面建成小康社会的中国奇迹。中国共产党既是中国特色社会主义事业的领导核心，是民族工作的领导核心，我国实现民族平等、团结、共同繁荣离不开中国共产党的坚强领导。中华人民共和国诞生 70 多来，中国共产党带领各族人民积极探索处理民族问题的对策，找到了兼顾国家共同性与民族地区特殊性的处理民族区域事务的制度设计、政策规划，走出了一条适合我国国情的解决民族问题的道路。中国共产党作为中华民族现代建构的凝聚核心，是中华民族伟大复兴的领导者。全国各族人民群众深刻明确认识到：昨日中国之独立、解放和建设，是中国共产党艰苦卓绝领导之功；今日中国之问题、不足，需要中国共产党领导全面深化改革；明日中国之全面发展，需要中国共产党总揽全局、协调各方、科学规划。民族自治地方治理体系现代化能否顺利实现的核心和关键就在于能否认同和坚持中国共产党的领导。因此，民族地区树立各民族对中国共产党的认同还要注意以下两点。

其一，加强对民族地区群众党领导实行民族区域自治制度优越性的教育普及，即科学认识民族区域自治制度。这主要涵盖三方面的内容：一是要充分展示民族区域自治制度实行以来所取得的巨大成就。在普及形式上，这既可以汇编成书进行系统培训，也可以简化为板报壁画进社区,还可以创作出短文趣事通过微信公众号推送等。二是要健全国家地方制定的民族法律法规制度体系。三是国家要继续推进帮扶民族地区发展的优惠政策措施、资金投入、公共设施建设等富民工程。由此可以增加各族群众对党领导民族地区取得来之不易的成就有新的直观认识,对未来美好生活充满信心,从而增强对党的认同。

其二,加强对中国共产党历史的教育普及。正确认识中国共产党百余年来的艰苦卓绝的光辉历史,有利于增强对党的先进性、纯洁性认识。中国共产党领导全国各族人民走出了一条解决民族问题、处理民族事务的正确道路,维护了民族平等、团结与和谐的大局。中国共产党作为中华民族现代建构的凝聚核心,是中华民族伟大复兴的领导者。要正确认识到,中国共产党是由中华各族儿女的优秀分子、先进分子组成的为中国人民谋幸福、为中华民族谋复兴的伟大政党。"党政军民学,东西南北中,党是领导一切的。"① 只有坚持中国共产党的领导,坚持中国特色解决民族问题的正确道路,国家发展才有希望、各民族共同繁荣才有希望。因此要旗帜鲜明地反对在民族问题上削弱党的领导、背离党的民族理论政策而另搞一套的错误言行。

(五)树立各民族对中国特色社会主义的认同

中华人民共和国成立以来,我国之所以能够发挥后发优势,实现赶超性发展,就是因为有中国共产党坚定、正确的领导,全国各族群众万众一心、精诚团结,探索和开辟了一条反映我国国情、符合我国实际的、具有中国特色的社会主义道路。因此,当前民族自治地方治理体系建构就是要形塑各民族群众对这条道路的认同和坚持。道路认同问题至关重要,它关乎党和国家以及整个民族的未来发展、前途命运,更决定了人民的福祉。没有这条道路,就没有今天的大发展,就没有人民生活的改善,一切的社会建设就会失去基础。因此,在这一

---

① 习近平:《决胜全面建成小康社会 夺取新时代中国特色社会主义伟大胜利——在中国共产党第十九次全国代表大会上的报告》,人民出版社2017年版,第36页。

层意义上,形构各族人民的道路认同意识,是最基本的政治共识,更是实现政治稳定、经济社会全面进步的前提条件。

其一,加强对具有中国特色的解决民族问题的方案、政策、制度、道路的历史认识。具有中国特色的解决民族问题的方案、政策、制度、道路是中国共产党在不同历史时期带领全国各族人民经过艰苦卓绝的努力而走出来的一条具有中国特色、符合中国国情的正确道路。人民共和国诞生后,以毛泽东同志为核心的第一代中央领导集体为解决民族问题做了奠基性、开创性的贡献。改革开放后,以邓小平同志为核心的第二代中央领导集体本着以经济建设为中心、发展是解决民族问题的根本出路的思想,制定并颁布了具有重大意义的第一部《民族区域自治法》,为我国解决民族问题提供了法律遵循。随着社会主义市场经济的实行,以江泽民同志为核心的中央领导集体面对国际国内的新情况、新问题,适时提出"民族宗教无小事""三个离不开"等一系列重要的思想观点,开拓和深化了具有中国特色的解决民族问题的道路和认识。21世纪伊始,以胡锦涛同志为总书记的党中央面对着全新的时代使命,提出"两个共同"的主题,民族"三和"理论,丰富了中国解决民族问题的道路的内容和形式。党的十八大以来,以习近平总书记为核心的党中央审时度势,针对各民族活跃的交往交流交融的客观事实,提出一系列重要的命题、理论、理念、思想,诸如追求民族事务法治化、打造各民族互嵌式格局、孕育民族共同体意识、"五个认同"思想等,为新时代我国民族事业建设提供了方法论指导。事实证明,只有坚持中国特色社会主义道路,才能有中国特色民族问题解决的理论、方式方法的不断丰富和完善。

其二,加强对具有中国特色的解决民族问题的理论的认识。超大规模的国土疆域和为数众多的民族成分,使得我国不仅是一个不折不扣的多民族国家,更是一个民族问题复杂的国家,基于这样的基本国情,民族事务治理对于国家政权巩固、社会和谐发展具有十分重要的意义。中国共产党自成立之初,就十分重视我国民族事务的治理,并在马克思主义理论的指导下开展了对民族理论实践的长期探索。经过一百多年的发展，逐渐形成了逻辑自洽、内容丰富和体系完备的中国特色社会主义民族理论体系。其中，民族理论"十二条"①和"八个坚持"②构成中国特色社会主义民族理论体系的基石。因此，要在全党和各族群众中普及宣传"十二条"与"八个坚持"。"十二条"与"八个坚持"，是中国共产党立足我国古代王朝传统时期所形成的具有歧视性、非平等的民族观的实际，充分借鉴马克思主义民族观理论，改变这一陋习，否定了各种形式的不平等民族传统，肯定和颂扬了新时期不以民族大小、历史长短、群体寡众而对民族身份地位进行定位的平等族际关系。中国特色社会主义民族理论体系所蕴含的民族精神还通过《宪法》和《民族区域自治法》等法律予以了确认。

"回顾党的百年历程，党的民族工作取得的最大成就，就是走出

---

① 民族理论十二条是指：1. 民族是在一定的历史发展阶段形成的稳定的人们共同体。2. 民族产生、发展和消亡是一个漫长的历史过程。3. 社会主义时期是各民族共同繁荣发展的时期。4. 民族问题既包括民族自身的发展，又包括民族之间、民族与阶级、国家之间等方面的关系。5. 中国特色社会主义道路是解决我国民族问题的根本道路。6. 我国是各族人民共同缔造的统一的多民族国家。7. 各民族不分人口多少、历史长短、发展程序高低，一律平等。8. 民族区域自治是我们党解决我国民族问题的基本政策，是符合我国国情的一项基本政治制度，是发展社会主义民主、建设社会主义政治文明的重要内容，必须长期坚持和不断完善。9. 平等、团结、互助、和谐是我国社会主义民族关系的本质特征，汉族离不开少数民族，少数民族离不开汉族，各少数民族之间也相互离不开。10. 各民族共同团结奋斗、共同繁荣发展是现阶段民族工作的主题。11. 文化是民族的重要特征，少数民族文化是中华文化的重要组成部分。12. 培养选拔少数民族干部是解决民族问题、做好民族工作的关键，是管长远、管根本的大事。要努力造就一支宏大的德才兼备的少数民族干部队伍。

② 八个坚持具体是指：坚持党的领导，是做好民族工作的根本保证；坚持中国特色社会主义道路，是做好民族工作必须牢牢把握的正确政治方向，是经过历史检验的解决民族问题的正确道路；坚持维护祖国统一，是国家的最高利益所在、各族人民的根本利益所在；坚持各民族一律平等，是社会主义核心价值观的体现，也是立国的根本原则；坚持和完善民族区域自治制度，是中国特色解决民族问题正确道路的重要内容和制度保障；坚持各民族共同团结奋斗、共同繁荣发展，是民族工作的主题，民族团结是我国各族人民的生命线，加快民族地区经济社会发展是关系民族地区长治久安的战略方针；坚持打牢中华民族共同体的思想基础，使各族人民增强对伟大祖国的认同、对中华民族的认同、对中华文化的认同、对中国特色社会主义道路的认同，构建各民族共有精神家园，是国家统一之基、民族团结之本、精神力量之源；坚持依法治国，增强各族群众法律意识，提高运用法治思维和法治方式解决民族问题的能力，是实现民族团结的重要保障。（国家民族事务委员会编：《中央民族工作会议精神辅导读本》，民族出版社2015年版，第35页）

了一条中国特色解决民族问题的正确道路。"① 中央民族工作会议上，习近平总书记发表了重要讲话，"十二个必须"② 的归纳和凝练，形成了党关于加强和改进民族工作重要思想。此外，"《宪法》和《选举法》的相关规定，还从法制层面明晰了少数民族与汉族以平等的地位参与国家事务和地方事务管理的权利；实行民族区域自治制度，尊重和保障各少数民族管理本民族内部事务的权利；帮助少数民族发展语言文字，保障其在语言文化上的平等权利等等"。③ 可以说："中国特色的民族理论秉持马克思主义精髓，不但从理念上强调民族权利平等，而且还强调民族事实上的平等；不但强调民族个体权利的平等，而且还强调民族集体权利的平等；不但强调民族政治权利平等，而且还强调各民族经济文化权利平等、民族发展的机会平等和发展结果的正义。"④ 独具中国特色的社会主义民族理论从两个层面实现了理论和实践双重价值的统一，这昭示着我国民族工作必须以中国特色社会主义民族理论为指导，我国民族自治地方治理体系现代化建设离不开中国特色社会主义民族理论的指导。离开中国特色社会主义民族理论的指导，我国民族自治地方治理体系现代化建设就会迷失方向。

三 提升政府治理能力，打造互嵌与共生的多民族社区共同体

党的十九届四中全会《决定》指出，坚持和完善共建共治共享的社会治理制度，加强和创新社会治理，由政府负责构建社会治理共同体。可见，政府作为一种制度性的子系统，"仍是不可缺席的角色，

---

① 《习近平在中央民族工作会议上强调 以铸牢中华民族共同体意识为主线 推动新时代党的民族工作高质量发展》，《人民日报》2021年8月29日第1版。
② 《习近平在中央民族工作会议上强调 以铸牢中华民族共同体意识为主线 推动新时代党的民族工作高质量发展》，《人民日报》2021年8月29日第1版。
③ 高奇琦：《论西方政治哲学平等思想与民族平等理论的发展》，《民族研究》2013年第3期。
④ 朱碧波：《论中国特色解决民族问题正确道路的评判尺度》，《民族论坛》2015年第11期。

只是角色必须有所调整而已"①，承担整合社会机制和社会凝聚力的责任。进而言之，民族自治地方地方政府的正当性"取决于它对复杂政策网络的应对能力，它必须能够判断自身在各类政策网络中的战术及战略位置，以及在各种治理实践中切实而充分地履行其职能"。②

（一）创建互嵌与共生的多民族社区

涉及族际方面，目前主要有"民族互嵌式社会结构"和"民族互嵌式社区环境"两种提法。换句话说，地方政府在推进互嵌式社区的建构中要承担主要责任。这里的"互嵌"不是政府通过行政手段搞强制的、马赛克式的拼盘混居，而是创造一种为各民族群众共居、共学、共事、共乐的社会生产生活环境，让生活在这样场域中的各民族群众在心理上相互认同、情感上相互亲近、行为上交往互动，住房上交错而居、经济上相互依存、文化上兼容并蓄、生态上共同守护，共同感受着来自祖国大家庭中手足相亲、守望相助、你中有我、我中有你，彼此不分离的深厚情感。③ 因此，地方政府治理能力的提升至关重要。首先，政府要负责打造共建共享共治的多民族社会共同体。为此，包括民族自治地方在内的各级地方政府要做好以下五方面的职责：一是优化组织构成，整合同质权力机构，改进工作流程，提升政府服务的专业化程度、质量水平和管理的科学性、程序性。二是健全各层级主管民族事务部门系统，形成各政府专管民族事务部门横向、纵向的协同与合作。三是科学定位政府资源再分配的角色定位，把资源用到最该用，最能发挥作用的地方、领域中去。四是推进乡村振兴，努力缩小、解决历史遗留下来的发展差距问题。五是为各民族参与国家社会事务创造渠道、提供机会，要多管齐下，从根本政治制度到基本政治制度的完善，再到选举民主和协商民主的大发展，确保各民族群众参

---

① Jon Pierre and B. Guy Peters, *Governance, Politics and the State*, London：Palgrave Macmillan, 2000, pp. 48－49.

② 臧雷振：《国家治理：研究方法与理论建构》，社会科学文献出版社2016年版，第33—34页。

③ 乌小花：《学界关于"民族互嵌"的理论探讨》，《中国民族报》2015年10月26日。

与权的充分实现。

（二）探索互嵌与共生的多民族社区共同体的途径

除了政府负责外，构建互嵌式社区的也有以下一些可供选择的路径。一是以历史文化为嵌入的切入点。在历史的长河中，一个民族的迁徙流动都会与另一个或几个民族发生交往交流，共同的历史交集创造了共同的历史文化叙事，从而为民族互嵌型社区构建找到出路。本来，文化交融就是民族互嵌型社会的内生动力，因为它能以"润物细无声"的方式推动各民族深度交往。譬如，新疆塔城市民族互嵌型社区构建，就是在特殊民族构成及历史传承下，通过和谐共存的地域历史文化和人口较多民族的开放包容的文化特性形塑了各民族互嵌的文化心理基础；和谐共生的多种宗教形成了各民族互嵌的宗教信仰基础；对爱国精神的宣传和崇尚以及地区民族团结政策的有效实施，为各民族互嵌提供了政策和制度基础。还有湖北省襄阳市回族社区建设互嵌式社区环境的关键就是维系文化认同、增强区域认同、培育家乡认同。类似这样的典型案例其实各地都有，还可以进一步挖掘提炼，从而丰富文化嵌入的内容和形式。二是以新型城镇化建设为嵌入点。即将城镇化发展与促进民族交往交流交融结合起来，在新城镇建设和旧城镇改造过程中，通过摸底排查、听取民意、科学规划，逐渐解构原来的民族聚居区，推动构建新型的互嵌式社区，从而实现各族群在大城市和小城镇中的空间融合与社会整合。正如有学者指出，新型城镇化战略带来民族地区的人口变迁、空间重组、家园重塑，为民族互嵌式社区的生成提供了难得的时空条件。三是以包容机制的构建为嵌入点。各民族共同繁荣和包容性发展是铸牢中华民族共同体意识的基础。民族互嵌式社区的实现需要包容性机制的构建，即不仅要有发达地区对贫困落后地区的包容、"大"民族对弱小民族的包容、各民族之间的相互包容，更要有以社会主义核心价值观和五个认同为基础的权威性、持续性的法律制度保障，把民族互嵌关系融入情理法中。这样可消除社会结构分割、社会群体疏离和社会资源排斥，并通过催生社会认同而达到消除社会心理疏离、隔阂的目的。

总之，在开展各民族互嵌式社区建设过程中需要关注"三个结合"和妥善处理"三对关系"。"三个结合"是：互嵌式民族社区建设与新型城镇化战略推进的结合，互嵌式民族社区建设与国家、地方及社区治理体系和治理能力现代化的结合，互嵌式民族社区建设与国家意识、公民意识、中华民族共同体意识等教育宣传的结合。"三对关系"是：少数民族聚居与各个民族杂居的关系，少数民族权益保障与少数民族义务承担的关系，少数民族文化的多样性与国家核心价值的统一性的关系。当然，民族互嵌式社区的建设是一项新型的、复杂的系统工程，既要政府的科学规划和政策支持，又要吸引和动员社会力量的广泛参与。毕竟，民族互嵌式社区建设是一个长时段的历史过程，任何"一刀切"或急躁冒进都是不可取的。同时，在互嵌式民族社区构建的过程中，还需要进行必要的观察评估，及时化解出现的问题。

四 培育治理主体的责权利，实现治理主体的多元化和互动化

根据治理体系现代化的要求以及民族自治地方治理体主体存在的不足，要实现善治的目标，就要对民族自治地方治理体系中的各主体进行调适，以实现治理结构的优化。

（一）发挥中央政府对民族自治地方的指导和帮助作用

作为国家治理现代化的重要组成部分，民族自治地方的社会治理事关国家长治久安和各民族共同繁荣。中央政府作为治理的重要主体，廓清其权责也是非常重要的。

首先，中央政府的制度性职责：第一，既规定了帮助民族地区是国家的法定义务，又规定民族自治地方的义务——自觉捍卫民族团结、祖国统一事业，是每个公民应该履行的神圣职责；自治地方人民政府具有保障宪法基本法和其他普通法在本地区实行的义务，应该积极有为地捍卫国家、民族的整体利益，服从中国共产党的领导。第二，提供根本制度保障，在宪法层次上确立了民族平等的原则。第三，提供

基本法律保障，保障民族区域自治制度的施行。第四，提供相关法律保障，特殊保证少数民族的政治权利和对民族自治地方的特殊政策。第五，提供干部保障。第六，政治上重视民族自治地方的发展。就其要义而言，一是总体规划有重点。国家在制定国民经济和社会发展规划时，充分尊重和照顾民族自治地方的特点和需要，更加凸显民族自治地方在国家全面发展中的战略位置。二是政策落实抓到位。国家优先合理安排民族自治地方基础设施建设和开发资源项目，适当提高投资比重和政策性银行贷款比重。同时，在配套资金方面，国家根据民族自治地方需要的不同情况给予减少或者免除配套资金的照顾。

其次，民族工作机构的设置与规范。在公共管理结构中，特设专门的民族问题的机构和专门的协调部门，是中国处理民族问题的一大特色，也是确保民族区域自治制度施行的重要举措。第一，确保了我党在民族工作中的领导地位。正是基于这一举措，不管是中央还是次级统战单位皆把民族工作纳入其职责范围中并加以高度关注和重视。第二，保障了政府机构专门化管理民族事务部门的从无到有，从不健全到健全。在中央民委统辖之下，从中央到地方，不同层级政府机构当中皆设置具有近似职能的专职部门以管理民族事务，这对于民族事务管理和民族管理事业的发展都是具有奠基作用的，至少让民族事务的管理有了官方化的责任主体，即我国主管民族事务的民族事务委员会要履行其职责，发挥其作用，既要发挥其对国家民族事务的宏观调控作用，又要积极推进各民族的团结合作，消解存在的矛盾，培育新型民族关系，为我国的建设事业营造良好的族群环境。第三，全国人大和政治协商系统参与到民族事务管理职责体系当中，让民族事务的责任主体不断扩大。主要表现为：依据全国人大组织法的有关规定，在1954年9月，在全国人大中架设了专管民族事务的机构，即民族委员会，这一机构的职责是，针对民族事业发展以及解决民族问题提出和审查有关议案，确保民族心声在全国人大中得以代表、倾诉。与此同时，依据政协的性质和职能，关心和重视民族工作并把民族工作当成政协的主要工作内容之一。

再次，中央对民族自治地方经济上支援。第一，民族自治地方由于历史、地理、现实原因的多重因素,经济社会上普遍处于落后状态,如若要改变现状,加速民族地区经济社会发展,中央政府必须在财政上给予最大限度的投入,这样,民族地区才能拥有发展的第一批资金投入,经济社会发展才能搞活。第二,要差异化、有重点地对少数民族地区帮扶,尤其是那些最落后的地区,要列为重点扶持对象,用政策力度减小发展的周期差距,让贫困地区早日脱贫,与其他地区共同致富。第三,积极引导民族自治地方社会各方面的对外开放,充分发挥民族地方资源、地缘等独特优势,积极发展沿边、沿疆产业,积极开展与邻近、周边国家的经济社会往来。第四,充分发挥我国政府的社会动员、组织能力,组织发达地区与民族自治地方开展对口支援,实现发达地区对落后民族地区在社会各方面的支持,促进各种现代化发展所需的资源向落后地区转移,实现先富带动后富,最后实现共富目标的发展诉求。

(二)积极构建民族自治地方精简效能的责任政府

民族自治地方各级政府是一个为民、清廉、法治和有效能的责任政府,它意味着,在宗旨上坚持全心全意为人民服务,在工作作风上必须清正廉洁,在社会管理和自我管理上必须要以法律为准绳,打造法治社会、法治政府,在民族自治地方社会各方面的管理以及自我管理的过程中,充分贯彻落实现代法治精神,在工作目标上一定要打造服务型政府目标,形成政民鱼水情、各族一家亲的良好社会风气,在社会管理的效率上,具有强大的驾驭能力,令行禁止,拥有不容挑战的社会动员能力等等。

明确民族自治地方政府的角色定位及评价指标。现代治理理论特别强调多元治理主体中的政府责任。"政府作为国家治理体系中的重要组成部分,在整个国家治理系统中处于核心位置,对国家治理现代化的成效起到总体性推动作用。"[1] 基于此,在整个治理体系中,政府

---

[1] 潘照新:《国家治理现代化中的政府责任:基本结构与保障机制》,《上海行政学院学报》2018 年第 3 期。

职能如何发挥、发挥程度如何，直接对民族自治地方的社会治理效果产生重要影响。

民族地方政府作用要做到恰到好处的发挥，就一定要做好"退位""归位"和"补位"三个方向的转变。"退位"，即随着社会主义市场经济的发展，在经济领域很多问题政府管不好、管不了，只有遵循市场经济的客观规律，市场经济的发展才能正常运转，因此，政府应该合理"退位"，把某些方面留给市场，做好有关服务和管理工作，积极培育市场，为民族地区市场的繁荣和经济发展营造良好的市场环境。"归位"，即不同政府部门，同一层级的政府部门一定要厘清权责，把该做的事情做好，不要出现政府管理和服务的"盲区""真空地带"等等。"补位"，即市场经济是一种优缺点明显的经济发展模式，其优势是能够充分激发各市场主体的积极性、最大限度地提高各种生产要素的使用率等。但市场经济又具有致命的不足，如自发性、盲目性等固有弊端，会造成极大的资源浪费和社会经济损失，这种市场失灵，通常靠市场自身解决是不现实的，因此，民族自治地方政府必须发挥宏观调控作用，及时"补位"。同时，政府还要做好民族地区各方面的公共补给问题，譬如，公共服务均等化、高质量的基础设施、教育资源均衡配置等等。依据上述要求，并从民族地区实际的发展需要出发，制定如下指标体系，以对民族地方政府治理能力进行评估，如表7-1所示。

表7-1　　　政治视角下民族自治地方政府绩效评估指标体系

	一级指标	二级指标	三级指标
民族自治地方政府	政治稳定	1. 社会稳定	1. 刑事案发率；2. 治安案发率；3. 非正常死亡人数占总人口的比率；4. 集体上访次数。
		2. 人民对政府满意度	1. 找政府办事的程序较以前是否简洁；2. 找政府办事与过去办事的政府人员的态度比较；3. 官员的廉洁；4. 民族政策的落实情况。
		3. 政府自身建设	1. 行政成本支出增长速度与经济发展速度的比率；2. 社会组织的数量；3 政府回应的速度。

续表

一级指标	二级指标	三级指标
民族自治地方政府	民族团结	
	1. 民族干部管理	1. 少数民族干部在基层政府组织中的比例；2. 少数民族干部在中层政府组织中的比例；3. 少数民族干部在高层政府组织中的比例。
	2. 尊重民族习俗	1. 民族干部掌握不同的民族语言数量；2. 政府对少数民族节假日安排；3. 对少数民族文化的保护；4. 政府公文是否使用（或使用多种）少数民族的文字。
	3. 维护民族团结	1. 打击民族分裂活动；2. 宣传民族政策；3. 塑造民族形象。
	人民幸福	
	1. 生活幸福	1. 生活环境卫生；2. 交通管理；3. 文化体育设施；4. 水电气供应；5. 医疗保障；6. 物价水平；7. 恩格尔系数。
	2. 公平正义	1. 贫困人口比例；2. 城乡收入之比；3. 社会保障率；4. 最高收入的20%与最低收入20%的比值；5. 基尼系数；6. 少数民族中贫困人口的比例；7. 少数民族义务教育、高中、大学的入学率和受教育程度。
	3. 工作幸福	1. 工作收入；2. 工作环境；3. 收入分配；4. 就业机会。
	经济发展	
	1. 经济发展速度	1. GDP 增长速度；2. 人均 GDP 增长率；3. 城镇化速度；4. 少数民族人均 GDP 与汉族人均 GDP 的比率；5. 贫困人口比例；6. 地方财政收入增长率。
	2. 经济发展质量	1. 万元产值能耗；2. 高新技术产业增加比重；3. 第三产业劳动人口占总劳动人口比例；4. 第三产业占 GDP 的比重；5. 万元废水（或固体废物）的排放量；6. 贫困发生率。
	环境友好	1. 自然生态环境	1. 空气质量；2. 水源质量；3. 森林、草原覆盖率。
		2. 政治生态环境	1. 党风及执纪审查；2. 政风及党纪政务处分；3. 社会风气。

总之，构建一个精简、有效能、可监督的民族地方政府，这是为防止公共权力的异化而导致腐败行为的发生的必要举措，要进一步提高民族自治地方各级政府的服务效能，重点加强决策机制、执行机制和监督考核机制的建设。同时，进一步研究和完善政府绩效评估的指标体系、权重占比、方式方法，提高评估的科学性和实效性。对服务过程中体现出的消极作为、绩效不佳、滥用职权等行为要积极问责。

(三）完善民族自治地方市场体系，推动市场体制机制创新

民族地区的发展，必须融入全国乃至全球大市场。因此，构建一个既健全又充满生机与活力的市场经济制度体系，充分尊重市场规律，发挥市场决定资源配置的一整套制度架构和实践模式是民族地区的必然选择。

随着改革开放特别是社会主义市场经济的实行，我国的市场主体获得巨大发展。据统计，"从改革开放初期的49万户，增长到2018年11月底的1.09亿户，增长了222倍。其中，实有企业数量达3434.64万户，日均新设市场主体5.8万户，日均新设企业1.8万户。千人企业数量达24.7户，较商事制度改革前的2013年11.36户增长了117%"。① 在此基础上，进一步完善民族地区市场体系还需在以下方面着力：第一，推动民族地区流通产业市场体系建设。注重提高民族地区商企经营管理水平，特别是要积极拓展大型连锁企业的电商化运营和民族特色的自主化品牌建设。第二，加强民族地区金融市场体系建设。民族地区的金融体系建设既需要中央的支持和帮助，又需要本地区的相关部门的科学研判。为此，一是要增强全社会信用意识，多渠道加快建设民族地区的企业和个人信用服务体系。二是要加强政策扶持，促进民族地区金融市场的发展和金融组织体系建设。三是加强金融创新，发挥金融助推名特优产业发展的"杠杆作用"。第三，健全民族地区劳动力市场就业服务体系。就业是民生之本。尽可能实现民族地区劳动力的就地转移，建立多层次的培训机构，加大社会用工的职业技能培训，以及紧缺人才的引进机制。第四，拓宽民族地区技术市场的融资渠道，建立多渠道、多元化的技术市场发展基金。

立足于民族地区市场体系建设的基础上，民族地方政府既要抓住兴边富民、脱贫攻坚、产业结构调整等有利政策，还要抓住战略机遇，如西部大开发战略、区域协调发展战略、"一带一路"倡议等，充分

---

① 陈晨：《改革开放40年我国市场主体数量增长222倍》，《光明日报》2018年12月26日第10版。

利用发展战略、民族政策的帮扶,创新市场各方面体制机制,缩小与发达地区在体制机制上的差距。同时还要积极引入外部力量,对先进的体制机制进行引进吸收再创新,发挥民族地区的后发优势。如2019年云南自贸区建设就是国家出台的重要举措之一。

(四) 培育民族自治地方社会组织

在一个现代化的治理体系中,要拥有一个强大的、高度专业化、制度化的现代社会力量,足以调平国家、资本、社会三者之间力量,以实现力量制衡进而防止一家独大对社会带来的消极影响。民族自治地方的社会组织是推进民族事务治理体系现代化的重要力量。民族事务治理体系现代化需要借助社会组织的协同来予以完善。在我国民族自治地方,社会组织具有一些独特的功能,它在某些方面可以弥补政府功能之不足。民族地区一些涉及民族因素的社会事务,如少数民族留守儿童的心理关怀问题、国家通用语言文字的民族地区的传播问题等,需要社会组织的协同推进。当然,社会组织在协同推进民族事务治理的过程中,还需要民族自治地方的党和政府加以引导,推进社会组织管理的规范化和制度化,强化社会组织的公信力,提升社会组织的效能。

(五) 培育现代公民意识

治理体系现代化需要拥有现代化社会发展所要求的具有基本素养的现代公民,诸如现代政治所要求的民主法治意识、权利与义务观念等。公众参与既是现代民主政治的内在要求,更是实现我国人民当家作主的必然要求。因此,为了培育公众的社会参与能力,需要推进民族地区公民有关素质工程建设,通过制度化、常规化培育渠道,培育民族地区民众的现代公民意识,借此推动民族地区民众素质的现代化。正如毛泽东同志所说,"只有让人民起来监督政府,政府才不敢松懈。只有人人起来负责,才不会人亡政息"[①]。生活在民族地区的广大人民

---

① 黄炎培:《八十年来》,中国文史出版社1982年版,第156—157页。

群众是当地社会治理的主力军,因此,要创造渠道为公众参与社会治理提供方便,发挥大众智慧在社会治理中的应有作用。在自媒体时代,专业的和业余的媒体人要遵法守法,积极传播有利于宣传民族平等、民族团结和各民族共同繁荣的知识,特别是脱贫攻坚中涌现出的先进典型,营造优良的社会氛围和积极的社会环境,为实现民族平等团结的奋斗目标打造积极向上的社会生态和舆论生态。

总之,一种文明的现代治理模式,强调的是"公共事务的公共治理",民族自治地方治理体系现代化是一个涉及中国共产党及各民主党派、人大、政协、中央及地方政府、各类不同性质的企业、不同性质的社会组织、各族人民以及不同媒体等多主体互动的过程,只有多主体相互协调、共同发力,民族自治地方治理才能达到良政善治的状态。

五 调适治理体系结构,推进治理结构的网络化和功能优化

民族自治地方治理现代化意味着:第一,民族自治地方党委与各方的关系得到理顺,党总揽全局、协调各方的领导能力全面提升。第二,民族自治地方政府和企业的关系朝着放管服良性发展,二者的交集在于社会主义市场经济,二者关系改革的基本方向是权力下放、服务提升。第三,民族自治地方政府和居民的关系和顺,中间有一个社会、组织或团体,关键是民主与法治,改革的方向是向社会放权让权。第四,中央政府与民族自治地方政府的关系,改革的方向是落实《民族区域自治法》,落实自治权。一句话,民族自治地方治理体系核心和关键的问题是在现代治理理念的指引下实现政治权力资源的科学合理配置和治理体系的结构调适与功能优化。对于一个地域广阔、民族众多、地区之间发展不平衡的民族地区,权力资源科学合理配置是受益巨大的,民族区域自治就是国家权力配置的体现。同时,制度化的权力配置和治理体系的结构调适既是市场化改革的内生需求,也是一个国家和地方实现治理体系现代化合乎逻辑的发展结果。

（一）推进治理结构网络化

民族自治地方经过改革开放四十多年的发展，已经成为一个高度组织化的网络社会。一方面，民族自治地方党委和政府系统内部的专业化、精细化发展，治理力量、主体的多元化发展，促使自治地方治理资源也必然分散于不同性质的社会组织中。另一方面，不同社会问题的出现更趋多样、动态、复杂化，各级政府尤其是下级政府在面对这些社会问题时，在坚持以原有的党政体制应对和处理公共事务外，必须得与各类合法的社会组织、利益关系者尤其是各类问题专家建立协作关系，调动各方社会资源，协同共进、形成合力，共同参与处理各种棘手的社会问题。由于互联网的加速发展，原先简单化的单向信息传递结构模式向复杂化的双向甚至是多向信息传递结构模式转化，网络空间迅速进入民族地区公众日常社会生活，带来了民族地区社会治理结构的新变化，民族自治地方各级政府要积极应对，提升网络结构中各主体间正向的互相激励，避免负向的互相掣肘，从而实现治理结构的协同化与一体化。

（二）优化治理结构的功能

首先要发挥社会动员功能，提高公众参与度。社会动员历来是党和政府的一项优势，在新的历史条件下，要通过治理体系的调适，形成分权化、网络化的治理主体，不断扩充民族地区社会治理主体的社会基础和群众基础。因为各治理主体作为联系不同社会群体、阶层、集团的社会治理资源、力量，是治理本身的内生性需求。因此，各治理主体只要履职尽责、担当作为，那么，整个民族地区社会治理便会呈现良好的治理生态，各主体的社会动员能力会得到淋漓尽致的展现。譬如，党的十八大以来开启的脱贫攻坚、决胜全面小康社会，在党的领导下实现了全面的社会动员，调动了各方的积极参与，最终成功实现全社会脱贫摘帽。

其次要发挥社会组织功能，集中优势攻坚克难。民族地区的治理尤其是老少边穷的治理离不开社会组织所形成的集中优势力量。因此，在民族地区,"完善党委领导、政府负责、民主协商、社会协同、公众参与、法治保障、科技支撑的社会治理体系,建设人人有责、人人尽责、人人享有的社会治理共同体"①,才能发挥集中力量办大事的组织优势,才能集中各方优势资源,形成精准治理效应。不言而喻,现代国家如果具有强大的软实力,发挥社会组织功能,使具有切身利益关系的社会共同体在行动上更趋一致性,那么,就有利于形成国家和地方治理的组织优势,就有利于打造一个强大的社会治理共同体,这个共同体会尽可能地包容和团结各种民族群体,从而加强党和政府组织力,增强国家凝聚力。

第三是发挥监管功能,形塑良好政治生态。清亲政商关系是发展民族地区经济社会的重要软环境。贫困的治理、全面小康社会的建成,以及进入后扶贫时代,既需要国家在政策上给予支持,更需要完善监管体系。因为,对国家政策的贯彻落实和资金资源等人财物的科学合理配置,只有建立完善的监管体系,才能防止对援助、建设的各类资金雁过拔毛、截留他用、利益输送等贪腐行为滋生,从而切除影响目标实现的各类毒瘤因素,确保民族地区政治清明、经济发展、社会和谐、民族团结愿景成为现实。

第四要以人为本,提升服务质量。新时代社会主要矛盾的变化,要求党和政府立足于继续发展生产力,坚持以人民为中心的发展思想,向民族地区人民群众提供既丰富又高质量的物质和精神产品,满足人们的物质和精神需求。因此,对人民群众关注的教育、医疗、卫生、就业等领域,要通过供给侧结构改革,切实提高社会公共服务均等化水平。

第五要充分发挥"两只手"(有为政府、有效市场)的配置功能,补齐民族地区经济社会发展中的短板。中国特色的经济发展道路同时发挥计划手段和市场手段的优点,有效解决了不同民族经济发展的普遍性和特殊性问题,一方面坚持了市场在全国各地区地区对资源配置

---

① 《中共中央关于坚持和完善中国特色社会主义制度 推进国家治理体系和治理能力现代化若干重大问题的决定》,人民出版社2019年版,第28页。

的决定作用的发挥，另一方面也发挥了计划在关系国计民生领域以及民族地区发展中的调控作用。通过优先发展、重点解决等具有规划性质的政策倾斜，缩小了历史遗留的发展差距，充分依托国家的制度和政策红利，实现民族地区经济社会可持续发展。

六 健全民族法律制度体系，实现民族事务治理的民主化法治化

制度是任何社会形态中具有决定性、根本性、基本性的构成要素。法律制度作为人类文明发展的产物，是社会政治文明的重要标志，更是民族自治地方治理体系现代化建设的制度保障。

（一）提高民族事务治理民主化法治化的认识

民族事务治理民主化法治化是民族自治地方治理成熟的根本标志，是民族自治地方可预期发展的动力与保障，是民族自治地方治理体系确立的稳定器，是民族自治地方治理制度理性化的表征。"治理制度的理性化意味着民族自治地方具有了'成本—收益'的'计算'能力，民族自治地方的党委政府和其他组织解决社会问题的能力日益提高，以法理型权威为基础的国家或地方政治生活日益制度化与程序化。"[①] 而法律作为国家或民族自治地方正当、有效、权威的治理工具，表面上中立和超脱于社会各个阶层、利益集团的法律，在公权力和公民之间树起了一道防火墙，避免了公权力与公民之间的直接对垒，成为一种现代国家最为基本的治理手段，使统治成本和社会风险大大降低，这也是民族自治地方治理制度理性化的集中体现。良法善治把确定性、可预测性、可操作性等引入社会生活，实现了社会生活的可预期和正常化运转，同时，也让每一个公民成为遵纪守法、对自己行为负责的、拥有自主和尊严的个体。另外，良法善治通过把公权力关

---

① 唐皇凤：《理性化与民主化——西欧现代制度文明成长的内在机理分析》，《武汉大学学报》（哲学社会科学版）2007年第4期。

进制度的笼子，从而保障公民权利，维护民主秩序。法律之治与人为之治相比，其优越性是显著的：第一，法律是"公意"的官方化、权威化产物，而非朝令夕改的个人意志；第二，法律是中立的，只为正义偏袒，公正是法律的至高追求；第三，法律稳定输出，具有明确性，有效规避了不确定性。在现实的国家和地方治理体系建设中，我们可以明确看到，民主与法治越来越具有相辅相成的密切联系。一方面，民主为法治提供价值理念和指导，民主精神渗透在法治中，为法治增添了活力和内容，在现代国家，法律作为公共意志官方化、权威化的产物，都是通过民主的形式得以产生、发展和完善的，法治代表了普遍社会成员的心声和利益，法治越来越发挥其在保障人权、自由及其他方面的幸福等方面应有的作用；另一方面，法治作为民主精神、民主制度、民主程序的产物，反过来对于民主建设具有保驾护航的作用，法治（法制）的过程，本来就是一个进一步将民主更加制度化、法律化的过程，这一过程让民主的运行更具可控性和稳定性，法治牢牢地把民主的激情规制在理性的范围和法律的轨道上，为民主的进步提供法治保障和法治环境。

（二）继续推进民族自治地方法治的"立、改、废"工作

民族问题治理制度体系内在地包括法制体系、激励制度、协作体系等几方面的内容。"制度建设在民族自治地方治理中具有根本性、全局性、长远性作用，深入推进民族自治地方治理体系现代化，必须深入推进民族自治地方治理制度化。"① 打造健全的民族问题治理体系一方面是多民族国家处理、解决民族问题的现实需求，另一方面是多民族国家持续建设的根本保障。在推进国家治理现代化的大背景下，国家和民族自治地方的相关立法部门要适时对民族自治地方的法制进行"立、改、废"工作，抓好法制的"破与立"工作，健全民族法律法规制度体系，为民族自治地方治理体系现代化建设夯实法治基础。这种制度化应从以下视角入手：一是宏观性架构。一

---

① 刘宝明：《推进民族事务治理现代化的途径》，《中国民族报》2014年3月28日第5版。

方面要加强规制性制度在技术、价值、运行层面的建设，保障规制性制度具有科学性、合理性；另一方面，要积极做好民族自治地方工作，加强普法教育，保证规制性制度得到民族自治地方民众的接受和认可，让规制性制度深深扎根民族自治地方的沃土之中。二是持续推进制度建设探索。在法制范围内，要大胆探索和实践有助于决策民主化、科学化、专业化发展的制度，如决策咨询、社会听证、专家咨询等制度建设，即要与时俱进健全民族法治体系，为民族地方治理提供法律支撑。法治社会建设的前提是法制建设。因此，要认真吸取新中国成立七十多年来民族法制建设和运行过程中的惨痛教训，及时依据民族地区社会发展变迁的实际需求，不断对法治体系进行修改完善，从而不断健全以《宪法》为引领，以《民族区域自治法》为基本架构而形成的民族法律体系，为民族地区的社会治理提供配套的、可操作的法律法规和政策体系。法律的生命和权威在于实行，要用法律规制民族地区社会各方面活动，既确保各方面社会活动的依法进行，又确保对那些破坏民族团结事业的思想行为给予坚决打击，从而更好地树立法律制度在民族自治地方的权威。三是健全微观视阈下各类制度的目标导向、激励和约束作用。要积极探索实行具有激励性质的制度建设，对那些在民族地区社会治理中发挥示范作用、在民族团结事业中发挥黏合剂作用的治理主体进行精神和物质层面的激励，这一方面是对这些组织所做贡献的肯定和尊重，也可以在整个社会中树立模范和典型，发挥示范效应，让各治理主体的潜能和活力得到激发，增强各民族群众的"四个自信"。同时推进民族自治地方《问责条例》等监督制度的贯彻落实，探索监督问责制度的配套体系建设。

七 创新和转化治理方式，推进治理手段的多样化文明化

治理相较于统治而言，意味着手段和方法的多样化、体系化和文明化。经过改革开放四十多年的发展，民族自治地方治理的方法选项

不再单一，而是呈现多样化和体系化。

第一，完善自治立法，充分运用法律手段。依法治理是现代政治文明的重要标志。依照《宪法》《民族区域自治法》等法规体系开展治理，同时进一步加快民族自治地方相关的立法和法律的配套措施，突出自治立法自身的变通性、特色性价值，突出单行条例的民族性与创制性，关注民族自治地方法律需求，持续丰富自治立法内容，将自治立法体系化，为依法治理提供切实可行的法律供给。

第二，规范行政行为，运用必要的行政手段。我国是一个民族构成成分众多的国家，民族地区差异性较大，有时候在解决和处理某些问题上恰当采用某些行政方法，例如行政命令以及相关的指示、规定等，具有现实的必要性和可行性。但是，这种方法的使用一定要控制好度，因为惯用这种方式会具有明显的弊端——下车伊始、前呼后拥，打击报复，任性用权，瞎指挥，一言堂，等等。总之，稍有不慎便会带来诸多问题，所以行政手段的使用一定要谨慎。

第三，完善市场机制，运用经济手段配置资源。改革开放以来，国家通过沿边开发开放、西部大开发战略和兴边富民行动加大扶持力度。同时赋予民族地区和少数民族特定的经济政策，同时为民族地区经济发展牵线搭桥，内引外联，扶持特色农牧业发展，把扶贫和扶志（智）结合起来，做到在社会主义市场经济的发展过程中，一个民族、一个地区都不能落下，到2020年，已与全国同步建成小康社会，在此基础上，促进经济的持续发展。

第四，加强诚信建设，提升道德水平。民族地区一向具有质朴勇敢、诚实守信、集体主义等悠久的道德传统和深厚的道德底蕴，这些宝贵的历史资源在市场经济过程中受到了巨大冲击，随着市场经济的成熟和完善，民族地区要注重在全社会加强社会公德、职业道德、家庭美德、个人品德的宣传教育，要充分利用各民族的道德准则，在社会主义道德基础上加强各民族道德大厦的构筑，充分发挥道德等非正式制度在社会治理中的积极作用，实现社会秩序和公序良俗之风尚的形成。

第五，加大教育投入，推进教育治理现代化。十年树木，百年树人。国家和与民族地区结对帮扶的省份要加大教育帮扶力度,切实帮扶民族地区全面普及中小学教育,大力发展职业技术教育,合理发展高等教育,最大限度地提升民族地区人民群众受教育的程度。还要多形式地推进不同教育主体作用的发挥,形成学校教育、社会教育、家庭以及个人自我教育的综合效应。譬如2000年开始实行的新疆内地高中班教育、在全党干部开展"民族、宗教无小事"教育,这些都取得了显著成效,各地要结合自身实际进一步探索民族教育开展的形式,梳理总结形成可复制、可推广的典型方案。

第六,大力发展民主,推进民主协商。1954年毛泽东同志在接见民族代表时提出:"商量办事,这是共产党和国民党不同的地方","做好事也要商量着做"。① 除了全国政协会议中的"少数民族界主题协商"座谈会外,各地还应该进一步创新协商的多样化形式,可以探索从自治区、自治州、自治县以及到乡镇和社区等不同层级的协商体制机制,满足各族群众多样化的社会参与需求。所以,协商办事一方面是我国政治生活中民主集中原则的应有要求,另一方面也是对各族人民群众各种权益和利益的尊重的生动体现。

第七,与时俱进,创新民族事务治理的柔性方式。治理手段的文明化意味国家暴力机关的慎用和国家行为最大可能的去暴力化发展。从宏观层面来看,国家充分运用越来越健全的法律、行政、市场、教育、道德等非暴力途径对各种社会经济问题进行处理和解决,这种处理和解决问题的智慧便是治理与统治的区别之一。在民族自治地方治理中,我国为有效地遏制宗教极端主义蔓延扩散、暴力恐怖案(事)件多发频发势头,新疆依法开展教育培训工作,在一些区、县设立教培中心。随着新疆教培工作的有效开展和推进,新疆的反恐和去极端化取得了良好效果。此外,还要继续推进民族理论政策体系建设。理论是实践的指导,民族理论政策作为开展民族工作的理论指导,为民族问题的处理提供了基本遵循。在这一意义上来看,要把推进民族理

---

① 毛泽东:《接见西藏国庆观礼团、参观团代表的谈话》(1953年10月18日),《毛泽东文集》第6卷,人民出版社1999年版,第311页。

论政策体系建设作为一项重要的民族事业来抓，必须健全民族理论政策体系。要把这一体系建设作为习近平新时代中国特色社会主义思想的重点研究和建设的实践对象，要坚持马克思主义的科学世界观和方法论指导，不断推动这一体系在内容和形式上的与时俱进，这不仅是这一体系自身理论发展的迫切需要，还是我国民族工作能否实现科学发展的现实需求。在体系建设过程中，中国共产党要充分发挥其领导作用，带领民族政策制定和实施的单位部门，协同广大民族理论与民族问题研究的科研工作者，共同参与到这一工作中来，保障民族理论政策体系建设沿着正确的方向前进。

参考文献

一 中文著作

《马克思恩格斯选集》第1—4卷，人民出版社2012年版。
《毛泽东选集》第1—4卷，人民出版社1991年版。
《习近平谈治国理政》第1卷，外文出版社2018年版。
《习近平谈治国理政》第2卷，外文出版社2017年版。
《习近平谈治国理政》第3卷，外文出版社2020年版。
《习近平谈治国理政》第4卷，外文出版社2022年版。
习近平：《摆脱贫困》，福建人民出版社1992年版。

常士訚主编：《异同求和：当代西方多元文化主义政治思想研究》，人民出版社2009年版。
陈建樾、周竞红主编：《族际政治在多民族国家的理论与实践》，社会科学文献出版社2010年版。
陈霖：《中国边疆治理研究》，云南人民出版社2011年版。
方盛举：《中国民族自治地方政府发展论纲》，人民出版社2007年版。
房宁、王炳权：《民族主义思潮》，高等教育出版社2004年版。
费孝通：《中华民族多元一体格局（修订版）》，中央民族大学出版社2003年版。
关凯：《族群政治》，中央民族大学出版社2007年版。
国家民族事务委员会：《中央民族工作会议精神读本》，民族出版社2015年版。

郝时远、王希恩主编：《中国民族发展报告（2001—2006）》，社会科学文献出版社 2006 年版。

郝时远：《中国特色解决民族问题之路》，中国社会科学出版社 2016 年版。

郝时远主编：《解决民族问题的理论思考》，社会科学文献出版社 2009 年版。

和少英等：《云南跨境民族文化初探》，中国社会科学出版社 2011 年版。

贺金瑞：《中国民族发展：概念、途径和理论体系》，社会科学文献出版社 2012 年版。

黄光学：《当代中国的民族工作》（上卷），当代中国出版社 1993 年版。

姬虹：《美国新移民研究（1965 年至今）》，知识产权出版社 2008 年版。

金炳镐主编：《民族理论前沿研究》，中央民族大学出版社 2014 年版。

金炳镐主编：《评析"第二代民族政策"说》，中央民族大学出版社 2013 年版。

雷振扬：《坚持和完善中国特色民族政策研究》，中国社会科学出版社 2014 年版。

李静：《民族交往心理的跨文化研究》，中国社会科学出版社 2010 年版。

李俊清等：《自治县政府管理》，人民出版社 2009 年版。

刘广安等：《中国古代民族自治研究》，中央民族大学出版社 2009 年版。

刘祖云：《当代中国公共行政的伦理视角》，人民出版社 2006 年版。

卢盛等：《中华民族凝聚力的形成与发展》，社会科学文献出版社 2007 年版。

鲁刚等：《社会和谐与边疆稳定》，中国社会科学出版社 2011 年版。

马戎：《民族社会学》，北京大学出版社 2004 年版。

马戎：《西部开发中的人口流动与族际交往研究》，经济科学出版社 2012 年版。

马戎：《中国民族关系的现状与前景》，社会科学文献出版社 2014 年版。

马戎：《中国民族史和中华民族共同文化》，社会科学文献出版社 2012 年版。

马戎：《中国少数民族地区的社会发展与民族交往》，社会科学文献出版社 2012 年版。

马戎：《族群、民族与国家构建》，社会科学文献出版社 2012 年版。

青觉、栗献忠：《苏联民族政策的多维审视》，中央民族大学出版社 2009 年版。

宋蜀华、陈克进主编：《中国民族概论》，中央民族大学出版社 2001 年版。

王建娥等：《族际政治与现代民族国家》，社会科学文献出版社 2004 年版。

王建娥：《族际政治：20 世纪的理论与实践》，社会科学文献出版社 2011 年版。

王俊芳：《多元文化研究——以加拿大为例》，中国书籍出版社 2013 年版。

王联主编：《世界民族主义论》，北京大学出版社 2002 年版。

王浦劬等：《政治学基础》，北京大学出版社 2006 年版。

王希恩：《20 世纪的中国民族问题》，中国社会科学出版社 2012 年版。

王希恩：《问题与和谐——中国民族问题寻解》，中国社会科学出版社 2012 年版。

吴晓萍、徐杰舜主编：《中华民族认同与认同中华民族》，黑龙江人民出版社 2009 年版。

伍雄武：《中华民族的形成与凝聚力新论》，云南人民出版社 2000 年版。

肖滨、郭忠华、郭台辉：《现代政治中的公民身份》，上海人民出版社 2010 年版。

谢立中主编：《理解民族问题的新思路：少数族群问题的去政治化》，社会科学文献出版社 2010 年版。

徐杰舜：《从多元走向一体：中华民族论》，广西师范大学出版社 2008 年版。

徐晓萍、金鑫：《中国民族问题报告》，中国社会科学出版社 2008 年版。

徐迅：《民族主义》，中国社会科学出版社 2005 年版。

严庆：《冲突与整合：民族政治关系模式研究》，社会科学文献出版社 2011 年版。

燕继荣：《服务型政府建设：政府再造七项战略》，中国人民大学出版社 2009 年版。

燕继荣：《政治学十五讲》，北京大学出版社 2004 年版。

杨盛龙等：《民族交往与发展》，民族出版社 2010 年版。

叶小文：《中国破解宗教问题的理论创新和实践探索》，中共中央党校出版社 2014 年版。

于春洋：《民族政治发展导论》，社会科学文献出版社 2013 年版。

于春洋：《现代民族国家建构：理论、历史与现实》，中国社会科学出版社 2016 年版。

余志森主编：《美国多元文化研究——主流与非主流文化关系探索》，华中师范大学出版社 2012 年版。

张会龙：《当代中国族际政治整合：结构、过程与发展》，北京大学出版社 2013 年版。

张康之：《寻找公共行政的伦理视角》，中国人民大学出版社 2002 年版。

张媚玲：《中国近代西南边疆的政治关系：以民族国家认同为基点》，民族出版社 2014 年版。

张桥贵：《云南跨境民族宗教社会问题研究（之一）》，中国社会科学出版社 2008 年版。

赵丽珍：《当代中国边疆五省区乡村民主发展研究》，人民出版社 2011 年版。

韩震：《全球化时代的文化认同与国家认同》，北京师范大学出版社 2013 年版。

郑师渠、史革新主编：《历史视野下的中华民族精神》，广东人民出版社2014年版。

周平：《多民族国家的族际政治整合》，中央编译出版社2012年版。

周平、方盛举、夏维勇：《中国民族自治地方政府》，人民出版社2007年版。

周平：《民族政治学》，高等教育出版社2007年版。

周平：《中国边疆治理研究》，经济科学出版社2011年版。

周平：《中国少数民族政治分析》，云南大学出版社2000年版。

周尚文等：《苏共执政模式研究》，上海人民出版社2010年版。

周晓红：《现代社会心理学——多维视角中的社会行为研究》，上海人民出版社1997年版。

朱碧波：《苏联族际政治整合模式研究》，中国社会科学出版社2015年版。

朱伦：《民族共治——民族政治学的新命题》，中国社会科学出版社2012年版。

左凤荣、刘显忠：《从苏联到俄罗斯：民族区域自治问题研究》，社会科学文献出版社2015年版。

［英］埃里克·霍布斯鲍姆：《民族与民族主义》，李金梅译，上海人民出版社2000年版。

［美］本尼迪克特·安德森：《想象的共同体：民族主义的起源与散布》，吴叡人译，上海人民出版社2005年版。

［美］加布里埃尔·A.阿尔蒙德、小G.宾厄姆·鲍威尔：《比较政治学——体系、过程和政策》，曹沛霖等译，东方出版社2007年版。

［美］戴维·伊斯顿：《政治生活的系统分析》，王浦劬译，华夏出版社1999年版。

［英］斯蒂夫·芬顿：《族性》，劳焕强等译，中央民族大学出版社2009年版。

［美］菲利克斯·格罗斯：《公民与国家——民族、部族与族属身份》，王建娥译，新华出版社2003年版。

［美］菲利普·塞尔兹尼克：《社群主义的说服力》，马洪、李清伟译，上海人民出版社 2009 年版。

［美］盖伊·彼得斯：《政府未来的治理模式》，张成福译，中国人民大学出版社 2001 年版。

［西］胡格·诺格：《民族主义与领土》，徐鹤林、朱伦译，中央民族大学出版社 2009 年版。

［美］基思·福克斯：《公民身份》，郭忠华译，吉林出版集团有限责任公司 2009 年版。

［法］吉尔·德拉诺瓦：《民族与民族主义》，郑文彬、洪晖译，生活·读书·新知三联书店 2005 年版。

［南斯拉夫］吉拉斯：《同斯大林的谈话》，司徒协译，世界知识出版社 1989 年版。

［美］罗伯特·达尔、布鲁斯·斯泰恩布里克纳：《现代政治分析》，吴勇译，中国人民大学出版社 2012 年版。

［比利时］马可·马尔蒂尼埃罗：《多元文化与民主》，尹明明、王鸣凤译，社会科学文献出版社 2015 年版。

［美］迈克尔·赫克特：《遏制民族主义》，中国人民大学出版社 2012 年版。

［美］麦克斯怀特：《公共行政的合法性》，中国人民大学出版社 2002 年版。

［美］曼瑟尔·奥尔森：《集体行动的逻辑》，陈郁等译，格致出版社 2011 年版。

［法］孟德斯鸠：《论法的精神》，张雁深译，商务印书馆 1982 年版。

［法］让－马克·夸克：《合法性与政治》，佟心平、王远飞译，中央编译出版社 2002 年版。

［美］塞缪尔·亨廷顿：《变动社会的政治秩序》，张岱云等译，上海译文出版社 1999 年版。

［美］塞缪尔·亨廷顿：《我们是谁：美国国家特性面临的挑战》，程克雄译，新华出版社 2005 年版。

［加］威尔·金里卡：《少数的权利：民族主义、多元文化主义和公

民》，邓红风译，上海译文出版社 2005 年版。

[以] 耶尔·塔米尔：《自由主义的民族主义》，陶东风译，上海译文出版社 2005 年版。

[德] 尤尔根·哈贝马斯：《合法化危机》，刘北辰、曹卫东译，上海人民出版社 2009 年版。

二 外文著作

Alisa Henderson, *Hirerarchies of Belonging, National Identity and Political Culture in Scotland and Quebek*, Montreal: McGill-Queen's University Press, 2007.

Aliain-G. Gagnon & James Tully eds., *Multinational Democracies*, New York: Cambridge University Press, 2001.

Andrew Geddes, *The Politics of Migration and Immigration in Europe*, London: Sage Publications, 2003.

Anthony D. Smish, *The Nation in History: Historiographical Debates about Ethnicity and Nationalism*, Cambridge: Polity Press, 2000.

Brian Barry, *Culture and Equality*, Cambridge, MA: Harvard University Press, 2001.

Floya Anthias and Cathie Lloyd ed., *Rethinking Anti-racisms: Form Theory to Practice*, New York: Routledge, 2002.

Heather Rae, *State Identities and the Homogenisation of Peoples*, New York: Cambridge University Press, 2002.

Krishan Kumar, *The Making of English National Identity*, New York: Cambridge University Press, 2003.

Laure Paquette, *Strategy and Ethnic Conflict: A Method, Theory and Case Study*, Westport, CT: Praeger, 2002.

Margaret Moore, *The Ethnics of Nationslism*, Oxford: Oxford University Press, 2001.

Nicola Siva, *The Gendered Nation: Contemporary Writings from South Asia*, London: Sage Publications, 2004.

Nicola Yeates, *Globalization and Social Policy*, London: Sage Publications, 2001.

James Critchlow, *Nationalism in Uzbekistan: A Soviet Republic's Road to Sovereignty*, Boulder, CO: Westview Press, Inc., 1991.

John B. Dunlop, *The New Russian Nationalism*, New York: CBS Inc., 1985.

Shafer, Boyd C., *Nationalism: Myth and Reality*, New York: Harvest, 1955.

Shivdan Tarrow, *Between Center and Periphery*, Yale: Yale University Press, 1977.

Tom Nairn, "Nationalism after the Deluge", Legal Conference, Glasgow, September 6, 1991.

Walter D. Connor, *The Accidental Proletariat: Workers, Politics, and Crisis in Gorbachev's Russia*, New Jersey: Princeton University Press, 1991.

Walter Laqueur, *The Dream That Failed—Reflections on the Soviet Union*, New York: Oxford University Press, Inc., 1994.

Zoltan Barany, Robert G. Moster, *Russian Politics: Challenges of Democratization*, New York: Cambridge University Press, 2001.

Zvi Gitelam, *Jewish Nationality and Religion in the USSR and Europe*, Durham: Duke University Press, 1989.

三 论文

白利友：《中国共产党在边疆地区少数民族中的政党认同建设研究》，《西南民族大学学报》2016年第1期。

曹爱军：《经济社会转型中民族问题的治理逻辑》，《云南民族大学学报》2016年第5期。

陈纪：《多维互动：族际政治整合机制研究》，《广西民族研究》2007年第3期。

陈建樾：《多民族国家和谐社会的构建与民族问题的解决》，《世界民族》2005年第5期。

陈建樾:《多元一体:多民族国家内部的族际整合与合法性》,《中央民族大学学报》2003 年第 5 期。

陈建樾:《族际沟通与民族主义——族际政治的一种分析框架》,《世界民族》1996 年第 1 期。

陈庆德:《试析民族理念的建构》,《民族研究》2006 年第 2 期。

达久木甲:《发挥民族自治地方立法优势 推进重点领域立法》,《民主法制建设》2021 年第 11 期。

丁忠毅:《对口支援边疆民族地区中的府际利益冲突与协调》,《民族研究》2015 年第 6 期。

方盛举:《政治发展与民族自治地方的现代化》,《云南民族大学学报》2009 年第 5 期。

高永久、秦伟江:《"民族"概念的演变》,《南开学报》2009 年第 6 期。

高永久、秦伟江:《论民族政治体系的建构》,《西南民族大学学报》2007 年第 6 期。

韩震、韩璐:《民族自治地方立法的实践探索与改革路径——对广西壮族自治区地方立法的实证分析》,《广西民族研究》2020 年第 4 期。

韩震:《论国家认同、民族认同及文化认同》,《北京师范大学学报》2010 年第 1 期。

郝时远:《民族分裂主义与恐怖主义》,《民族研究》2002 年第 1 期。

郝亚明:《论中华民族共有精神家园的功能定位》,《北方民族大学学报》2011 年第 2 期。

贺金瑞、燕继荣:《从民族认同到国家认同》,《中央民族大学学报》2008 年第 3 期。

贺琳凯:《边疆多民族地区政治参与的治理成本研究》,《云南师范大学学报》(哲学社会科学版) 2011 年第 5 期。

何明:《国家认同的建构——从边疆民族跨国流动视角的讨论》,《云南师范大学学报》(哲学社会科学版) 2010 年第 4 期。

黄清吉:《国家能力基本理论研究》,《政治学研究》2007 年第 4 期。

黄其松、顾裕男：《族际政治整合：民族共治、多元一体与国家建构》，《贵州师范大学学报》2014年第5期。

侯万锋：《对多民族国家政治整合的新思考》，《青海民族研究》2006年第4期。

江秀平：《国家能力与政治发展》，《厦门大学学报》2000年第4期。

金太军、姚虎：《国家认同：全球化视野下的结构性分析》，《中国社会科学》2014年第6期。

雷勇：《论跨界民族的多重认同》，《内蒙古社会科学》2008年第5期。

李朝祥：《公民政治意识和国家意识形态的背离与整合》，《南京邮电大学学报》2007年第4期。

李红杰、严庆：《论民族和谐与社会整合》，《中南民族大学学报》2007年第3期。

李亢：《民族自治地方人民代表大会的"统一"功能》，《民族论坛》2020年第4期。

雷振扬、裴圣愚：《如何看待美国等西方国家的民族政策和民族关系》，《中央民族大学学报》2013年第6期。

廖林燕、王燕飞：《云南跨界民族国家认同研究》，《云南行政学院学报》2014年第4期。

廖为健：《论政府形象的构成与传播》，《中国行政管理》2001年第3期。

林尚立：《现代国家建构的政治逻辑》，《中国社会科学》2013年第8期。

梁浩翰：《21世纪加拿大多元文化主义：挑战与争论》，《广西民族大学学报》2015年第2期。

刘永刚：《边疆民族地区国家认同的多维空间与空间构设》，《思想战线》2016年第5期。

刘永刚、李丹：《国家与社会关系视域下的民族权力析论》，《广西民族研究》2015年第2期。

陆海发：《民族国家视阈下的中华民族共同体建设研究》，《云南民族大学学报》2016年第2期。

何立慧：《论少数民族人权的特殊保护——从国际人权立法与实践的视角》，《民族研究》2007 年第 1 期。

马戎：《理解民族关系的新思路——少数族群问题的"去政治化"》，《北京大学学报》2004 年第 6 期。

米恩广、李若青：《道器相济：民族自治地方政府治理能力现代化的柔性逻辑——一个理性分析框架及其解释》，《广西民族研究》2018 年第 5 期。

潘广辉：《民族问题与苏联解体——欧美学界的研究》，《世界民族》2006 年第 1 期。

彭中礼：《改革开放四十年我国民族自治地方立法权行使研究——以云南 8 个自治州为例（1984—2017）》，《云南师范大学学报》（哲社版）2018 年第 5 期。

汤法远：《民族自治地方的政策制定与族际政治互动》，《云南社会科学》2011 年第 1 期。

袁娥：《民族认同与国家认同研究述评》，《民族研究》2011 年第 5 期。

钱皓：《美国民族理论考释》，《世界民族》2003 年第 2 期。

钱雪梅：《从认同的基本特性看族群认同与国家认同的关系》，《民族研究》2006 年第 6 期。

青觉、王伟：《系统论视域下我国城市民族工作的特质、构架和方法》，《中国行政管理》2016 年第 9 期。

高永久、朱军：《论多民族国家中的民族认同与国家认同》，《民族研究》2010 年第 2 期。

任一鸣：《美国和前苏联民族政策比较及对中国的启示》，《国际观察》2013 年第 2 期。

石亚洲：《大数据时代民族事务治理创新研究》，《中央民族大学学报》2015 年第 6 期。

宋衍涛：《对政治整合的理性反思》，《华中科技大学学报》（社会科学版）2005 年第 5 期。

孙立平：《异质性社会·政治整合·政治稳定》，《学习与探索》1990 年第 6 期。

孙保全：《论中华民族构建过程中的边疆整合》，《西北民族大学学报》2016年第1期。

王邦佐、罗峰：《关于中国执政党政治整合方式的对话：从一元转向多元》，《探索与争鸣》2003年第7期。

王丽春：《民族自治地方立法困境与探索——以广东3个自治县立法实践为例》，《人民之声》2021年第2期。

王建娥：《族际政治民主化：多民族国家建设和谐社会的重要课题》，《民族研究》2006年第5期。

王建娥：《世界体系和民族关系：解读现代民族问题的一个视角》，《民族研究》2004年第3期。

王军：《民族与民族主义研究：从实体论迈向关系实在论初探》，《民族研究》2008年第5期。

王希恩：《中国特色民族理论政策十年发展观》，《中南民族大学学报》2015年第3期。

王希恩：《族性及族性张扬——当代世界民族现象和民族过程试解》，《世界民族》2005年第4期。

王永明：《民族事务治理体系的现代化：标准、困境及路径》，《云南行政学院学报》2019年第3期。

王敏：《多元文化主义差异政治思想：内在逻辑、论争与回应》，《民族研究》2011年第1期。

王文光：《"大一统"中国发展史与中国边疆民族发展的"多元一统"》，《中国边疆史地研究》2015年第4期。

王允武：《民族事务法治化：民族自治地方改革社会治理方式的可行路径》，《西南民族大学学报》2014年第5期。

汪亭友：《论西方和平演变战略在苏联演变中的作用》，《学术探索》2004年第5期。

吴恩远：《对苏联解体教训一些流行观点的反思》，《决策与信息》2006年第7期。

肖滨：《两种公民身份与国家认同的双元结构》，《武汉大学学报》2010年第1期。

徐杰舜：《论族群与民族》，《民族研究》2002 年第 1 期。

徐葵：《勃列日涅夫年代：苏联走向衰亡的关键性转折时期》，《东欧中亚研究》1998 年第 1 期。

严庆：《解读"整合"与"民族整合"》，《民族研究》2006 年第 4 期。

杨顺清：《论边疆多民族地区政治文化的失谐与治理》，《思想战线》2015 年第 4 期。

于春洋：《外观与内核：论现代民族国家的双重建构》，《中央民族大学学报》2013 年第 4 期。

袁明旭：《从精英吸纳到公民政治参与——云南边疆治理中政治吸纳模式的转型》，《思想战线》2014 年第 3 期。

杨恕、李捷：《当代美国民族政策述评》，《世界民族》2008 年第 1 期。

杨鹍飞：《论我国民族事务治理法治化：理念转变、现实困境与路径选择》，《广西民族研究》2015 年第 5 期。

张会龙：《论各民族相互嵌入式社区建设：基本概念、国际经验与建设构想》，《西南民族大学学报》2015 年第 1 期。

张会龙：《论我国民族互嵌格局的历史流变与当代建构》，《思想战线》2015 年第 6 期。

张锦鹏：《公民文化：构筑边疆民族地区和谐发展的基石》，《云南师范大学学报》（哲学社会科学版）2013 年第 5 期。

张绍能、刘亚玲、王冬妮：《协商民主在民族自治地方实践中存在的主要问题分析》，《云南行政学院学报》2019 年第 3 期。

张友国：《族群认同与国家认同：和谐何以可能》，《首都师范大学学报》2008 年第 5 期。

郑流云、李乐为：《民族自治地方少数民族政治发展探析》，《贵州民族研究》2017 年第 7 期。

左宏愿：《中国现代国家构建中的族际政治整合》，《广西民族研究》2011 年第 1 期。

张奇、高鹏怀：《民族自治地方政府生态治理有效性的三重维度考察》，《黑龙江民族丛刊》2021 年第 1 期。

钟贵峰、张会龙：《民族国家建设的多维向度》，《广西民族研究》

2013 年第 7 期。

周朗生:《云南民族地区基层治理中制度整合机制的现代构建》,《云南行政学院学报》2019 年第 5 期。

周平:《边疆治理视野中的认同问题》,《云南师范大学学报》(哲学社会科学版)2009 年第 1 期。

周平:《对民族国家的再认识》,《政治学研究》2009 年第 4 期。

周平:《论族际政治与族际政治研究》,《民族研究》2010 年第 2 期。

周平:《民族政策的价值取向及我国民族政策价值取向的调整》,《学术探索》2002 年第 6 期。

周平:《我国的边疆与边疆治理》,《政治学研究》2008 年第 2 期。

周平:《中国的边疆治理:族际主义还是区域主义?》,《思想战线》2008 年第 3 期。

周平:《中国族际政治整合模式研究》,《政治学研究》2005 年第 2 期。

周平、贺琳凯:《论多民族国家的族际政治整合》,《思想战线》2010 年第 4 期。

周少青:《多元文化主义视阈下的少数民族权利问题》,《民族研究》2012 年第 1 期。

朱碧波:《论中国民族事务能力的当代建构》,《北方民族大学学报》2016 年第 1 期。

朱碧波:《论我国民族事务治理的若干基本问题》,《云南师范大学学报》(哲学社会科学版)2016 年第 2 期。

朱碧波:《论我国民族优惠的政策转向与话语重构》,《中南大学学报》2016 年第 4 期。

朱碧波、王砚蒙:《论我国边疆治理的体系转型与能力重构》,《湖南师范大学社会科学学报》2014 年第 6 期。

朱碧波、王砚蒙:《中国族际政治整合的价值取向析论》,《理论导刊》2014 年第 1 期。

朱碧波:《民族互惠:我国民族理论体系建构的拾遗与补正》,《思想战线》2016 年第 6 期。

朱军:《中国经济社会转型中的民族问题与民族事务治理——以国家

治理能力为分析视角》,《民族研究》2015 年第 1 期。

四 政府白皮书

国务院新闻办公室:《中国的少数民族政策及其实践》白皮书,1999 年。

国务院新闻办公室:《中国的民族区域自治》白皮书,2005 年。

国务院新闻办公室:《中国的民族政策与各民族共同繁荣发展》白皮书,2009 年。

国务院新闻办公室:《民族区域自治制度在西藏的成功实践》白皮书,2015 年。

国务院新闻办公室:《新疆的若干历史问题》白皮书,2019 年。